华夏传播学文丛之四

# 水舟论：中国古代政治传播观念的隐喻

谢清果　王　婕　著

九州出版社 JIUZHOUPRESS ｜全国百佳图书出版单位

图书在版编目（CIP）数据

水舟论：中国古代政治传播观念的隐喻 / 谢清果，
王婕著. -- 北京 : 九州出版社，2025. 1. -- ISBN 978-
7-5225-3565-4

Ⅰ. D691.2

中国国家版本馆CIP数据核字第2025GD2351号

水舟论：中国古代政治传播观念的隐喻

| | | |
|---|---|---|
| 作　　者 | 谢清果　王婕　著 | |
| 责任编辑 | 郝军启 | |
| 出版发行 | 九州出版社 | |
| 地　　址 | 北京市西城区阜外大街甲 35 号（100037） | |
| 发行电话 | （010）68992190/3/5/6 | |
| 网　　址 | www.jiuzhoupress.com | |
| 印　　刷 | 鑫艺佳利（天津）印刷有限公司 | |
| 开　　本 | 720 毫米×1020 毫米　16 开 | |
| 印　　张 | 15 | |
| 字　　数 | 300 千字 | |
| 版　　次 | 2025 年 1 月第 1 版 | |
| 印　　次 | 2025 年 1 月第 1 次印刷 | |
| 书　　号 | ISBN 978-7-5225-3565-4 | |
| 定　　价 | 68.00 元 | |

凡船性随水，若草从风。

——宋应星《天工开物》

# 目　录

绪论　何以水舟隐喻？——构建华夏政治传播理论的观念基础……………………1

一、引言………………………………………………………………………1

二、研究对象：水舟观念……………………………………………………7

三、研究视角：政治传播…………………………………………………11

四、研究方法：隐喻与观念史……………………………………………15

第一章　水舟观念：水舟话语的历史流变与隐喻生成…………………22

一、"水舟观念史"的数据耙梳…………………………………………24

二、援舟入水的话语演变路径……………………………………………29

三、水舟观念的政治隐喻生成……………………………………………37

第二章　载舟覆舟：舆论博弈视角下的水舟政治实践…………………45

一、顺水行舟：自上而下的舆论管控……………………………………45

二、顺水推舟：士人政府的理想情怀与政治实践………………………50

三、弱水承舟：被统治者舆论建构的传播机制…………………………54

第三章　舟行水上：民心政治的传播逻辑与理论胚胎…………………59

一、从"得民心者得天下"说开去………………………………………59

二、水载舟行：以水舟论为典型体现的民心传播逻辑…………………62

三、作为民心政治传播理论胚胎的水舟观念……………………………67

第四章　民水君舟：传统民心政治交流模式的权力偏向………………70

一、天何言哉：中国传播思想史的基源问题……………………………70

二、代天言说：言说嵌入政治框架………………………………………73

三、中国古代政治场域中的信息交流路径与传播模式…………………79

第五章　水舟相济：新时代民心政治的人民至上逻辑…………………88

一、舟领水疆：解蔽传统民心政治的传播"陷阱"……………………88

　　二、新水舟论：社会主义民心政治对传统民心的超越 …………………… 94

　　三、民心是最大的政治：马克思主义中国化与党的政治建设 …………… 98

第六章　水舟原型：中西文明与媒介叙事的比较研究 …………………………… 113

　　一、从媒介本体的"水舟"隐喻追问水舟原型差异何以必要？ ………… 114

　　二、中西水舟的原型比较及其叙事建构差异 …………………………… 119

　　三、中西船的结构隐喻比较与认知路径差异 …………………………… 126

　　四、中介与中连：中西水舟叙事的媒介性分野 ………………………… 130

第七章　上善若水：《道德经》水道隐喻的镜像媒介功能 …………………… 139

　　一、以水喻道：上善若水的本体隐喻 …………………………………… 141

　　二、以道观水：水与道的镜像映射路径 ………………………………… 144

　　三、媒介道说：老子水道隐喻对媒介哲学的本体论启示 ……………… 148

第八章　千舟并发：中国古代航海与海洋文明价值重估 …………………… 153

　　一、华夏航海史的媒介阐释：一种技术取向的文明传播实践 ………… 154

　　二、文化地理学视角下中国古代海船的物质性考察 …………………… 156

　　三、海船技术传播的媒介偏向与文明特性的调节作用 ………………… 160

　　四、重构中国航海叙事：中华文明传播复兴的时代答卷 ……………… 164

　　五、浮游于多舟之上 ……………………………………………………… 167

后　记 …………………………………………………………………………… 169

附录：水舟二十四史梳理表 ………………………………………………… 170

参考文献 ……………………………………………………………………… 221

# 绪论 何以水舟隐喻？

## ——构建华夏政治传播理论的观念基础

### 一、引言

"水能载舟，亦能覆舟"，这句话太过于耳熟能详，以至于我们很容易忽略日用而不知话语背后埋藏着诸多自以为熟知实则陌生的玄机。面对水舟隐喻，大部分学者多从中国古代政治传播情境出发，去思考中国古代对君民关系的认知，将其解读为一种辩证思维的、注重民心的政治智慧表现。实则，"水能载舟亦能覆舟"这一政治价值理念，诞生于特定政治环境下随权力博弈应运而生的舆论与民心运作的实践。

在简单的八个字背后，暗藏了诸多现实的历史故事。"大风暴起，龙舟沉没"①的国家治理隐喻最初是载舟覆舟的现实境况。即便到了明代，仍有皇帝覆舟暗示丢失政权的案例记载。正值宁王朱宸濠叛乱之际，明武宗朱厚照热衷北巡南征，劝阻的群臣被下狱高达百余人。此时王守仁已擒获贼首，武宗竟然压下捷报游乐江南整整一年。正是在游乐途中，明武宗"舟覆被湖，遂得疾"②，并在短短7个月后去世，年仅31岁。在水舟隐喻背后，既有中国人的人格理想，也有无数错综复杂的舆论博弈。在唐代甚至出现了学子因赶考途中不幸翻船，最终因"失所载，考中下"③的案例，并被收录在正史之中。与此相对应的是，史书中多处记载官员遇风浪而临危不惧，平安上岸后被加封的例子。如《宋史》中记载丰稷在出使高

---

① （北齐）魏收：《魏书（简体字本）》，北京：中华书局，2000年，第1427页。

② （清）张廷玉等：《明史（简体字本）》，北京：中华书局，2000年，第5282页。

③ （宋）欧阳修、宋祁：《新唐书（简体字本）》，北京：中华书局，2000年，第3236页。

丽的航行中遭遇大风，"舟几覆，众惶扰莫知所为，稷独神色自若"[1]，宋神宗因此晋升其为监察御史。

多方主体在漫长的历史长河中反复交锋，产生了配套变动的制度博弈。世界由各种实力结构连接起来，武力只是博弈实力最显而易见的一种，民心代表着实力博弈的一个重要环节——如何将认知的观念，通过舆论的操作转化为一种政治实力，才是关键所在。武装军事、舆论角逐、制度规则、道德伦理、政治哲学……在"水舟"观念背后牵连着一系列的政治实践，水舟也成为华夏政治传播智慧的元隐喻。

（一）本书主要内容

在水舟隐喻的背后，首先是道与器物的合一——水舟不仅是一种观念，更是一种器物。为此，首当其冲的问题是：水与舟是如何勾连在一起，并形成一种政治传播观念的？从一种物质实体到一种观念的形成，离不开社会环境的培育。河流和海洋对早期文明的起源和发展有着重大影响，只有返观最原初的文化情境中去探寻水舟的物质原型，才有可能对这一问题做出回答。

其次，水舟可以成为诠释中国古代政治实践与权力博弈的框架。作为政治文化的经典隐喻，水舟论通常出现在臣子或知识分子对统治者的劝谏情境中，它是古代统治阶级和知识分子对政府统治与社会发展之间的互动传播关系的共同认知，具体体现在社会各方借用民意而展开的权力博弈与制度设计上，充斥着古代知识分子肩负家国的理想情怀和腥风血雨的民意争夺与舆论争斗。从水舟的隐喻中，我们或许能够管窥王朝更替的传播密码。

再者，对中国人而言，追问"水舟"最重要的意义在于它是一种精神上的信仰。以水舟论为典型体现的政治传播观念正是管窥中国古代民心政治思想的一块棱镜，它根于中华民族文化之中，为马克思主义基本原理同中华优秀传统文化相结合、发展社会主义民心政治理论提供了观念的胚胎。从水舟观念切入中国古代民心思想研究，恰如在政治学天空与历史学海洋的交界之处，撑一艘政治传播的竹筏，以水舟观念史为线索勾勒中国古代民心的思想图谱，进而为社会主义民主政治的理论建构挖掘来处、探寻归处。

最好的继承即为创新，这就要求我们首先透过"水舟"观念的表象，去追问水舟隐喻底层的交流路径与传播模式，在此基础上方能看清楚传统民心政治的困

---

① （元）脱脱等：《宋史（简体字本）》，北京：中华书局，2000年，第8383页。

境。回望华夏历史，政治秩序的基源性问题指向"大一统"①，哲学的基本问题指向"天人关系"②，交流作为贯穿政治生活场域的一条主线，其最为突出的特色在于将言说嵌入宇宙论之天人关系，在言说与秩序的交互建构③下形成了定于一尊的一元传播体制④。"传播与秩序"构成中国传播思想史研究的基源问题，具体涉及天道、传播与秩序三个主体⑤，由此引申出"传播何以在观念上连接道与秩序，何以在实践中平衡自由与秩序"⑥两条重要线索。在政教文明的逻辑下，天人关系想象影响着中国古代一元化的传播体制格局与"大一统"的政治秩序的互构。

作为中国古代政治哲学的思想遗存，中国古代的民心思想难免因其时代的局限性而存在诸多隐秘的圈套，天道民心的政治叙事和圣君贤臣的政治想象在增强文明韧性的同时也使中国社会不免坠入王朝更迭、文明止步的陷阱。为此，在解构传统民心思想陷阱的基础上，创造性转化和创新性发展新时代水舟论的新内涵，是建构起具有中国特色的社会主义政治文明的应有之义。

最后，自然的意义有待人类去开显。从媒介的视野出发，以"船作为一种媒介技术"为切片，显现中西两种不同的文化处境对媒介、技术、自然、文化的感知差异。这部分的灵感最初来自《奇云》中海船的媒介隐喻，这个媒介隐喻不仅在全文中多次出现，彼得斯还在对海洋和河流的差异剖析中直接点明这是"两个文明之间的轴心差异"，他所引用的海船媒介隐喻会不会同样存在这种差异？即基于中西对"水舟"自然感知态度下的媒介理解差异？基于这一设问性质的思考，我们在文献阅读中发现很多有趣的探究，比如黄旦就以"海之'船'"为引，将中国天地人船共在的关联意象与海德格尔"天地人神"类比，"船"与"神"一字之差，看似共性，却恰恰与水舟原型的比较相暗合——中方船代表人类智慧，将天地人中和在一起；西方船是上帝（神）的化身，是人类渡河的工具。更有趣的是，研究发现这一媒介理解的分野在水舟原型中就已经赫然显现了。

水舟作为一个世界范围内广泛存在的意象，是人类文明的一个极为相似的共同概念隐喻。物质性的水在早期的东西方文明中都扮演了重要角色，而具有独特生物学意义的舟，则揭示了人的技术属性。在不同文明中，水舟形成了不同的叙

① 任锋：《大一统与政治秩序的基源性问题：钱穆历史思维的理论启示》，《人文杂志》2021年第8期。
② 郭沂：《中国哲学的元问题、组成部分与基本结构》，《哲学研究》2022年第11期。
③ 胡百精：《重返基源问题：中国传播思想史的知识建构》，《中国人民大学学报》2021年第4期。
④ 孙旭培：《华夏传播论》，北京：人民出版社，1997年，第33页。
⑤ 胡百精：《共识与秩序：中国传播思想史》，北京：中国人民大学出版社，2022年，第34页。
⑥ 胡百精：《共识与秩序：中国传播思想史》，北京：中国人民大学出版社，2022年，第427页。

事建构。例如西洋文明传统中，船几乎是一个永恒意象，贯穿于其宗教、政治、社会、文化等各个层面，其中引用最广泛的代表莫过于柏拉图在《理想国》中创造的"国家之船"的结构隐喻，而同时期的中国则诞生了圣人作舟的政治叙事，哲人王与内圣外王的政治理念在船喻中不期而遇。东西方水舟叙事的差异彰显的并非文明的隔阂，反而暗藏着中西文明的交汇与人类文明的共性，揭示了人类共同的核心议题，其差异则暗含着不同的文明对待人与自然关系的不同思维。这种方向性的差异不仅仅是研究本国政治观念的一个他者镜鉴，更是不同文明面对人类政治发展这一核心命题的不同实践方案。中西"水舟"原型叙事同样暗含着中西媒介观念的潜在差别。水舟有着天然的媒介意象，其中彼得斯的媒介反思最具有代表性，"对于人类这个物种而言，只有通过存有中航行的各种舟楫，自然的意义才能被显现出来"①。由此，彼得斯开启了一股从媒介角度切入理解海洋的浪潮：正因为有了船，海洋才由沟壑变成了媒介，船因此成为媒介之媒介。

　　跨文化比较研究的意义在于，一方面于共性中寻找差异，集中比较"中""媒""介"等概念，并借助关于生死媒介的不同感知来阐释"介"和"和"的效果偏向，并与媒介学的发展路径相结合分析；另一方面于差异中寻找共性：在西方从工具论走向本体论、存在论的过程中，海德格尔、维特根斯坦和德里达等都深受《道德经》《庄子》的影响。德国学者卜松山就认为道家不言、容器、人与自然一体的观念以及其文明批判倾向对西方存在主义和现象学的探索提供了理论资源。由此引申传播学本土需要警惕的问题：西方对整合技术与自然、媒介与存在的思考深受中国哲学的熏陶，但中国传播学界对媒介学的接受仍主要依赖于西方传播思想史的主流路径，跟在西方后面亦步亦趋，却没能利用好自己传统资源的创新性转化。本研究以《道德经》文本为语料，通过认知语言学分析的路径，从本体论及认识论意义上去剖析《道德经》文本中由水及道的、镜像一般的映射机制，以剖析水与道在隐喻构建过程中所发挥的镜像一般的媒介功能。以期在此基础上，探讨《道德经》的水道隐喻能够为理解当下媒介的特性及其功能带来哪些启示。

　　彼得斯的可贵之处在于揭示了舟船的媒介属性——在致力于探索人类交往空间的航海实践中，舟船作为信息交流的物质载体将不同的文化运送到更为广阔的地理空间，航海实践本身就是多元文化传播、碰撞和交流的旅程。海洋与陆地的自然环境决定了人类生存的境况，也影响了中西文明的分野。通常认为，中国是陆地文明，实则华夏也拥有灿烂辉煌的航海历史。为此，最后一章节从传播学角

---

① ［美］约翰·杜海姆·彼得斯：《奇云：媒介即存有》，邓建国译，上海：复旦大学出版社，2020年，第413页。

度重新审视中国古代航海实践，不仅仅是在立足史料的基础上还原中国古代航海实践的真实面貌，更具有深刻的媒介学意义，同时也是建构华夏文明传播话语体系的重要一环。

（二）文明的传播偏向

回到文明传播，中国这片土地似乎有着神奇的魔力，来到这里的文明都在这里得到了交融，实现了时间上的延续。从文明的源头走来，古巴比伦、古埃及、古印度、古中国相继仰赖于大河的滋养而形成人口集聚，纷纷创造出青铜器、原创的文字和最初的国家制度。和汉谟拉比法典与空中花园等历史遗迹一般，文化遗迹诉说着祖先的骄傲成绩，那是一个文明创生时代的荣耀。然而，似乎晚生的文明更具有生命的活力，最早出现的巴比伦、埃及及印度古文明都在一次次外族入侵的铁蹄下被消磨殆尽，古老的文字成为难以破解的万古谜团，只留下空中花园、金字塔等遗迹，给后人留下无尽的想象和遗憾。远在美洲的玛雅文明更是因地处偏远而一无所知。出生最晚的华夏文明和希腊文明同期发展，希腊有雅典书院，中国有稷下学宫；泰勒斯说水滋养万物，于是提出万物源于水的哲学命题，老子则说水生万物，提出了上善若水的道论；柏拉图提出了哲人王，华夏则出现内圣外王的圣王观念。在这一被雅思贝尔斯称为轴心文明的时代，人类的思想在这一时期发轫，奠基了人类文明的基调。

然而，从波斯帝国到罗马帝国再到贵霜帝国，国家的强大总是带来国土的入侵和扩张，而其文明也在一次次被征服的动乱中难以被完整地留存。于雅典创办的柏拉图学园代表着古希腊罗马哲学和知识的高峰，却在千余年的历史中沉寂，直至文艺复兴时期才重新回到人们的视野。拉斐尔创造出《雅典学院》壁画，把古希腊以来的哲学家和思想家如亚里士多德、苏格拉底、柏拉图、毕达哥拉斯等聚于一堂，并将自己也画在了雅典学院之中，大众才惊奇地发现雅典学院的存在。反观中国，从殷商的甲骨文开始，文字始终延续未曾断代。老子的《道德经》《周易》等很多文字内容都延承于甲骨文、金文之中。稷下学宫的故事更是影响了中国文化教育体系的发展。从秦汉唐宋的政治，无非是法家、道家、儒家、佛家等综合的文化实践。而在漫长的中世纪里，东方想象更是占据着西方人的心。虽然也历经外族的入侵和洗礼，但中华文明的血脉从未中断，并留存至今。发源于印度的佛教历经千年而衰竭，而传入中国的佛教却至今方兴未艾。在中国这片土地上，文明的传承似乎有种特殊的魔力，那是一种跨越时间的传播偏向，其典型体现为文明在人的身上的延续，特别是作为一种集体人格而被继承和改造。

时间来到1912年，清政府在传统意义上也是一个盛世。从盛世到封建腐败的距离有多远？这恰恰体现了文明传播时间偏向的弊端，即落入历史轮回的怪圈。阿伦特认为历史是事件推动的而非观念，对比大航海时期的西欧文明凭借血腥的扩张迅猛崛起，而同时期的中国虽然航海先进（以郑和下西洋为巅峰的代表）却并不倚强凌弱。中国的水舟遵循着交往共生的逻辑，自汉武帝派张骞出西域打通海上丝绸之路，而后形成的被西方广为诟病的天朝与天下体系，往往更愿意通过和平的方式与其他国家进行交流和合作，而不是通过武力征服，其不过也是水舟政治观念从国内政治走向国际关系的海上延伸。正是共生的文明交往带来了时间的延续，避免了同西方那些大帝国一样的快速扩张带来的文明毁灭。但这套传播观念在保证帝国王朝漫长而稳定的统治之余，也让中国两千年文明故步自封。

　　李约瑟难题从清代历史的媒介选择中或许可以得到答案：放弃航海技术，投入大量经费转而选择偏向时间的媒介——投入对古代经典的整理和研究以维护社会稳定和道德秩序，耗时 20 余年完成了约 8 亿字的《四库全书》的编纂。中国在科技方面的停滞与航海发现机遇的错失恰恰与这些事件密切相关。反观近代中西势力的易位，中国的改变微乎其微，改变的是西方世界。从工业文明到航海大发现再到殖民入侵，强势地位的文化主张主导着世界历史进程的命运。而中国也从曾经的天朝上国在世界形势的更易下变成了愚昧落后的代表。然而，中国做出这样的媒介选择是一种偶然还是必然呢？文明本身是否存在着对技术发展偏向的影响？文化属性与媒介技术是否存在相生相克的关系？

### （三）民心与水舟之光

　　与以往对中国新闻舆论史的研究不同，本研究认为舆论伴随着政治的发展而具有适应性，本质上是有自生力的，由此产生了民心、舆论与政权之间的博弈与互生。布尔迪厄在 1982 年《"人民"一词的使用》中指出人民大众这一类字眼，其实是知识分子在符号斗争中争夺的符号筹码，知识分子通过控制言说"人民""大众"的表征权威，可以获取他所希望得到的符号利润，由此也就不难理解为何出现了圣贤治世与天道民心叙事在中国古代政治实践中实现了系统性整合，对这一秩序建构模式的反思正是本研究联想的开始。

　　福柯认为权力关系生产知识，而知识则维护和强化了权力关系。卡斯特在《传播力》中进一步将之阐释为权力关系说：权力的本质就是关系，即拥有权力的人和臣服于权力的人的关系。维护权力有两种办法，一种靠武力，另一种是思想控制。思想控制，其实就是借助一套话语体系去实现国家权力合法化的过程。在此视角下，文化就被解构了。民心，作为一种舆论建构，被多种力量所利用和争夺，目的就是为了稳固统治。就像唐纳顿在《社会如何记忆》中说的那样，过去发生的事情如果对现有秩序产生不利影响就会被抹去，传统是固定下来的被选择的意识。那么，"天道"信仰，"德""礼""圣贤"，全部都被去魅了，都沦为政治手段的遮羞布。

然而，真的仅仅只是这样吗？这显然与我们的文化体验相矛盾，令人深感痛心。离开中国政教文明的内在逻辑和德性文化背景，忽略政治实践的结构性差异，套用西方概念阐释中国历史，就会陷入怀疑和虚无的陷阱。对上述疑惑的解答需要我们反观中华文化背景，从文明的源头去梳理和寻找依据，方能给出一套有力的说服。

本研究以为，以民心传播为底层逻辑、以得民心者得天下为标志性论调的水舟论，闪耀着民本思想的光芒，为社会主义民心政治理论的建构提供了坚固厚实的理论根源和思想灵光。华夏传播理想之要旨在西周时期就已成型：以自我身心的内在传播（修身）为整套传播系统的起点，通过坐忘、慎独、诚意正心（儒释道殊途同归）等种种路径"内求诸己"以求"内圣"，而后以心传心、推己及人、通过言传身教等灵活的教化方式"外求诸人"（《周易程氏传》）实现"外王"，由此构成一种"意—心—身—家—国—天下"同频共振式的传播体系。这套模式呈现为修身与治国相统一的同心圆结构，进一步延伸出圣贤的理想人格和礼乐教化的社会传播方案，最终形成一套天人合一的、系统性的、整体性的传播模式。但当代的民心政治理论并不是对传统思想的照搬全抄，在借鉴传统民心思想的同时，首当其冲的就是要解蔽传统民心政治的困境，发展出新的民心政治理论。

中华文化的修身养性，一是由内及外的传播结构，二是在与自然、自我、他者关系的调试中实现理论与实践的紧密结合，也就是藏在修身养性里的第二个重要的传播逻辑。钱穆在《民族与文化》中言："科学发现似乎定要一种向外精神的。可是人类相处却不能如此，一定要一种各自反求诸己、尽其在我的精神。"或许这也隐藏着中西交流观的关键差异。无穷的问题涌入脑海，深感我所知的就是我一无所知，只能用一些初步的思考抛砖引玉，希望同读者一起循着水舟的表象，抽丝剥茧，去追问文明与历史的真相，去思索人类的前程与未来。

二、研究对象：水舟观念

以自然比喻人事是最常见的叙事模式之一。在日常生活中，这类表述屡见不鲜：

水能载舟，亦能覆舟

乘风破浪，向着伟大中国梦扬帆起航

时代潮流不可逆转

美国倒行逆施，不得人心

"逆全球化"倒行逆施是加剧疫情危机的主要原因

抗击疫情，世界命运与共，风雨同舟

疫情下的中国经济：逆水行舟，迎难而上

顺应时代潮流，实现共同发展

天下大势，浩浩汤汤，顺之者昌，逆之者亡。

"台独"是历史逆流，是绝路，也是大陆不承诺放弃使用武力的震慑对象

向水运强市迈进——苏州"顺水推舟"闯新路

面对疫情"逆流而上"，让人泪目！

新华社国际时评：逆流之举，损人害己

安置点成为受灾群众满载希望的"生命方舟"

不如静观其变，顺水推舟

……

　　水舟这一观念广泛存在于我们的生活之中，并常常与社会行动和政治生活相挂钩。在水舟话语体系中，国家政府、统治阶级、政治权力等被抽象概括为"舟"：追随时代的潮流，顺水推舟，就能稳水固舟，实现政权的稳定；而违背浩浩汤汤的水势，倒行逆施，就是自取灭亡。顺流而上、顺水推舟、乘风破浪、扬帆起航、逆流、倒行逆施、不可逆转，这些都是水舟的词汇表达，它们暗含着对水舟互动模式的话语暗示，构成了君民关系既相互依存、相互成就，又相互斗争的系统模式。

　　"水能载舟，亦能覆舟"是水舟论最为代表性的文本，这句话因魏徵劝谏唐太宗的君臣佳话而在中国变得妇孺皆知，"水舟论"也成为华夏政治文明的典型体现。魏徵在最著名的谏文表《谏太宗十思疏》中直言："怨不在大，可畏惟人；载舟覆舟，所宜深慎。"《贞观政要·论政体》中记载了魏徵与唐太宗对历史理政得失的论辩："臣又闻古语云：'君，舟也；人，水也。水能载舟，亦能覆舟。'陛下以为可畏，诚如圣旨。""舟"是统治者，是传播主体；"水"是民，是传播受众。政权如舟，百姓如水，人心向背决定着统治者的生死存亡，也就是"得民心者得天下，失民心者失天下"的写照。对"民心"的重视正是水舟论的核心所在。

　　话语不仅仅是一种修辞，它服务于知识、权力，建构着受众对世界的认知与想象，而权力则影响着符号的选择与表达。[①] 作为贯穿中国历史发展的一个经典

---

① [法] 米歇尔·福柯：《规训与惩罚：监狱的诞生》，刘北成、杨远婴译，北京：生活·读书·新知三联书店，1999 年，第 146—147 页。

政治隐喻，水舟的话语建构是一种权力合法性的构建，一方面话语塑造和引导着社会的价值风向；另一方面，水舟隐喻背后隐藏着多方权力主体的传播实践交锋，是对真实政治传播处境的认识的一种形象概括。例如，人们将教化喻为风草，借助风吹草偃隐喻，强化的就是上行下效的强宣传效果[①]；若是将君民关系喻为水舟，借助水舟隐喻，凸显的就是统治者与被统治者之间的互动牵制关系。"概念是在以隐喻的方式建构，活动也是在以隐喻的方式建构。"[②] 中国古代政治中的君民关系、中国古代政治思想、政治制度的发展、舆论的博弈、中国古人的政治行为及其解读都可以借由水舟隐喻得以管窥。

用观念史的方法来说，水舟观念不过是漂浮在中国政治思想史汪洋之上的冰山一角，它是最为浅显，但同时也是最为直观的显现。借由对"水舟"观念的直接考察，可以管窥蕴藏在海面之下的权力与舆论运作，探究民心与政治秩序建构与运作的真相。

"水舟论"是中国古代政治的一个代表隐喻，寓意着既相互依存又相互制约的君民关系，更成为民本思想的代名词，构建了中国古代朝代兴亡的叙事模型。"载舟覆舟"之论并非魏徵的原创，有典可查的民水君舟之喻最早出自《荀子》："庶人安政，然后君子安位。传曰：'君者，舟也；庶人者，水也；水则载舟，水则覆舟'。"（《荀子·王制篇》）《荀子》"水则载舟，水则覆舟"之论并非原创，亦是援引他处，今虽无法考证引自何处，但由此也能看出，"水舟"源流之早。荀子也因此被视为民本主义者。[③] 然而，"水舟"隐喻的流行却出现在汉唐之后，尤其是因魏徵与唐太宗所建构的君臣故事得到了广泛的传播。魏徵与唐太宗从民意与舆论的角度出发，论辩历史得失，将政权喻为舟，民意比作水，探寻在政治场域"民"[④] 与"君"作为舆论主客体之间的互动机制，进而得出"水能载舟亦能覆舟"两种截然不同的舆论效果，可见"水舟"隐喻的形成与中国古代的政治传播活动，特别是劝谏说服行为相伴而生，构建了一种民心与天下相关联的历史叙事。

有关"水""舟"的论述广泛出现在中国古代哲学、政治思想、文学意象、水运交通、隐喻叙事等研究中。以水比德、以水拟医、以水喻道、以水谈兵、以水论政等水喻在中国的叙述模式中屡见不鲜，如上善若水、心如止水、如鱼饮水、水舟之喻等，形成了以自然喻人事的修辞模式，水喻被誉为中国古代的"根

---

① 谢清果，陈昱成：《"风草论"：建构中国本土化传播理论的尝试》，《现代传播（中国传媒大学学报）》2015 年第 9 期。

② [美] 乔治·莱考夫，[美] 马克·约翰逊：《我们赖以生存的隐喻》，何文忠译，杭州：浙江大学出版社，2015 年，第 3 页。

③ 王保国：《评荀子的君本论和君民"舟水"关系说》，《史学月刊》2004 年第 11 期。

④ 出于避讳李世民名字的缘故，唐代典籍以"人"代"民"。

隐喻"①。

目前，学者对水舟的学术探讨主要集中在两个领域，一个是中国古代的政治思想研究，特别是对"民本"思想的考察，如对先秦儒家的民本思想研究②、荀子的"君舟民水"关系说③、中国封建士大夫的"舟水""鱼水"思想研究④等。特别是在当代政治思想研究中，常常以"水舟"诠释党的群众路线⑤、党群关系⑥、政治实践等⑦。可见，民心是水舟隐喻的核心要义，水舟隐喻是华夏政治文明的典型体现和主流话语之一。

另一个则隐藏在对水文化、水哲学的研究中。水与国家政治联系密切，漕运与防洪、农业灌溉共同构成中国古代政府治水的三件大事。古人对"水"极为重视⑧，形成了"水崇拜"⑨，产生了上巳节等仪式活动⑩，创造出丰富多彩的华夏水文化⑪。舟行于水，水舟具有天然的联系，水能浮舟、水涨船高、载舟覆舟等一系列政治隐喻也就随之出现了。

随着"风草论"⑫这一华夏特色的政治传播理论的提出，"水舟"隐喻也进入华夏传播研究学者的视野。⑬人们将教化喻为风草，借助风吹草偃隐喻，强化的是上行下效的强宣传效果；而将君民关系喻为水舟，借助水舟隐喻，凸显的就是统治者与被统治者之间的互动牵制关系。进而言之，如果说风草论代表一种强效果理论，那么水舟隐喻就是传播互动效果论的体现。⑭

自先秦始，对水舟论的讨论一直延续至今，遍布于民间言论、政府官方传媒

---

① 刁生虎：《水：中国古代的根隐喻》，《中州学刊》2006 年第 5 期。

② 孟凯：《论"民贵君轻"与"君舟民水"——先秦儒家民本思想研究》，《北京工业大学学报（社会科学版）》2013 年第 4 期。

③ 王保国：《评荀子的君本论和君民"舟水"关系说》，《史学月刊》2004 年第 11 期。

④ 李慎明：《"鱼水关系"还是"舟水关系"?》，《领导文萃》2011 年第 24 期。

⑤ 洪坚：《论红船精神与党的群众路线——舟水关系的当代诠释》，《嘉兴学院学报》2015 年第 2 期。

⑥ 卢继元，张国：《从"舟水关系"到"鱼水关系"》，《党政论坛》2013 年第 3 期。

⑦ 姜庆环，杨大成，宋建中：《舟泛水上 心系于水——中国共产党保持先进性的规律性认识》，《陶瓷研究与职业教育》2006 年第 1 期。

⑧ 李小光：《太一与中国古代水崇拜——以彩陶文化为中心的考察》，《宗教学研究》2009 年第 2 期。

⑨ 向柏松：《中国水崇拜与古代政治》，《中南民族学院学报（哲学社会科学版）》1996 年第 4 期。

⑩ 艾菊红：《泼水节与古代上巳节的比较》，《云南社会科学》2003 年第 2 期。

⑪ 肖冬华：《中国古代思想中的"水"》，《兰台世界》2012 年第 10 期。

⑫ 谢清果，陈昱成：《"风草论"：建构中国本土化传播理论的尝试》，《现代传播（中国传媒大学学报）》2015 年第 9 期。

⑬ 谢清果：《华夏文明与传播学本土化研究》，北京：九州出版社，2016 年，第 90 页。

⑭ 谢清果，王婕：《水舟论：中国古代政治权力博弈下的民心传播隐喻》，《福建师范大学学报（哲学社会科学版）》2022 年第 2 期。

言论、社会运动与宣传话语等各个历史时期的各类政治传播活动中，成为广泛接受的隐喻。目前在学界，"水舟"观念及隐喻常常作为配角零星出现在政治学、历史学、传播学等学科对水文化、政治思想和舆论探究的背景介绍中，对水舟的解释往往浅显表面且千篇一律，将之视为中国古代民本思想的一个注脚，视为得民心者得天下的话语表达，而缺乏对其内在机理的深入探究。

作为贯穿于中国人日常生活中的重要隐喻，对水舟隐喻的解读是理解中国古代政治思想和政治行为的一把钥匙，尤其是理解中国古代政治环境中的君民关系的一把钥匙。在汉唐之后得到广泛的传播和应用的水舟，体现了民心地位的上升，以及统治者对君民关系认知的改变。[①] 与同样隐喻着君民关系的"风吹草偃"、上行下效式的风草论相比，水舟能否被解读为传播互动效果论的体现？在历史的叙事中，水舟更是成为王朝更替的主流叙事。一个个政权历经建立、维护、鼎盛到腐败衰落，直至崩塌，"水舟"舆论传播活动始终贯穿其中。或许从水舟隐喻中，我们能够管窥中国古代政治思想演进的奥秘所在。

### 三、研究视角：政治传播

对"水舟"的研究本质上属于对中国古代政治传播活动的考察。虽然政治传播的概念源起自近现代，但政治传播的实践却早已存在于历史之中。

#### （一）中国古代政治传播的独特情境

政治传播研究在诞生之初，就与西方现代民主体制下的政治环境捆绑在一起。查菲（Chaffee）最早将政治传播视为"传播在政治过程中的角色"[②]，这一简单明晰的观点得到了西方学者的广泛认同和引用；而后麦克奈尔（Brian McNair）在颇为畅销的《政治传播学引论》一书中将政治传播界定为"关于政治的有目的的传播"[③]，并明确给出了政治行动者、受众与媒体三个要素，制造同意、争取认同被视为政治传播的首要目的，这也就是根植于西方现代民主政治土壤的"劝服论的政治传播"[④]。与此相对应的另一种理解则是"控制论的政治传播"，以多伊奇、伊斯顿、阿尔蒙德等学者为代表，从政治学视域出发，着眼于"政治传播就是由政治

---

① 谢清果：《华夏文明与传播学本土化研究》，北京：九州出版社，2016年，第90页。

② Dan D. Nimmo and Keith R. Sanders, *Handbook of Political Communication*, Beverly Hill, CA：Sage Pablications，Inc，1997，p.27.

③ [英]布莱恩·麦克奈尔：《政治传播学引论》，殷琪译，北京：新华出版社，2005年，第4页。

④ 白文刚：《中国古代政治传播研究》，北京：中国社会科学出版社，2014年，第3—8页。

系统的结构和功能导致的政治信息的传递与处理过程"[1]。荆学民教授将"劝服论"与"控制论"视角的区别归结为"政治学本位"与"传播学本位"的区别。[2] 李普曼的公众舆论研究、拉斯韦尔的宣传分析、拉扎斯菲尔德的关于媒介对选票（民意测验）的影响研究，以及二战期间传播研究的发展，被视为政治传播研究诞生的学术背景。[3]

引自西方的政治传播根植于西方现代民主政治土壤，西方政治传播学者将"身处的政治环境当作了恒定的政治"[4]，其目光圈定在对选举政治的媒介作用考察，现行的很多研究虽标榜政治传播之名，归根结底却是一种传播本位的"传媒政治"研究。[5] 而中国的政治传播土壤显然"不同于西方政治竞选生态中以媒介为中心的专业性'政治操弄'"[6]。在政治与传播的关系中，中国政治传播研究无疑是以政治为基础，以传播作为着力点，"政治统摄传播"[7] 的"控制论的政治传播"[8]。对中国的政治传播生态而言，比起媒介、议程设置等要素，"或许政治文明本身的特征与成熟度才是影响政治传播效果的根本要素"[9]。水舟隐喻的传播史根植于中国古代政治传播的实践，其观念的形成与演化与政治制度和社会行为密切相关，与社会场景互相形塑。故而研究中国传统政治传播，就离不开中国的历史实践和文化传统。

中国本土的政治传播研究始于 1983 年，台湾学者祝基滢发表《政治传播学》一书，将西方政治传播学研究引入中国；1991 年，邵培仁出版《政治传播学》一书，将政治传播学视为政通人和的学问，构建了与西方学者不同的理论体系。目前学界对中国古代政治传播研究主要集中在三个方面：一是政治传播思想研究，如台湾学者朱传誉的《宋代新闻史》《中国民意与新闻自由发展史》、林语堂的《中国新闻舆论史》、吴予敏的《无形的网络——从传播学的角度看中国传统文化》、尹韵公的《中国明代新闻史》、孙旭培的《华夏传播论：中国传统文化中的传播》、周月亮的《中国古代文化传播史》等；二是政治传播制度研究，如邓小南的《政治考察与信息渠道：以宋代为中心》《文书·政令·信息沟通：以唐宋时期为主》

① 李元书：《政治体系中的信息沟通——政治传播学的分析视角》，河南人民出版社，2005 年，第 19、14—23 页。
② 荆学民、施惠玲：《政治与传播的视界融合：政治传播研究五个基本理论问题辨析》，《现代传播》2009 年第 4 期。
③ 白文刚：《中国古代政治传播研究》，北京：中国社会科学出版社，2014 年，第 4 页。
④ 白文刚：《中国古代政治传播研究》，北京：中国社会科学出版社，2014 年，第 282 页。
⑤ 荆学民：《政治传播活动论》，北京：中国社会科学出版社，2014 年，第 23 页。
⑥ 白文刚：《中国古代政治传播研究》，北京：中国社会科学出版社，2014 年，"总序"，第 2 页。
⑦ 荆学民：《政治传播活动论》，北京：中国社会科学出版社，2014 年，第 18 页。
⑧ 荆学民、施惠玲：《政治与传播的视界融合：政治传播研究五个基本理论问题辨析》，《现代传播》2009 年第 4 期。
⑨ 白文刚：《中国古代政治传播研究》，北京：中国社会科学出版社，2014 年，第 286 页。

等；三是政治传播活动研究，如黄鸣奋的《说服君主——中国古代的讽谏传播》、吕宗力的《汉代的谣言》、孔立飞的《叫魂：1768 年中国妖术大恐慌》、美国学者史景迁（Jonathan D. Spence）的《雍正王朝之大义觉迷》等，这些都对中国古代的政治传播制度、思想和活动进行了探讨。特别是陈谦的《中国古代政治传播思想研究》《中国古代王朝政治传播制度研究》、白文刚的《中国古代政治传播研究》直接冠以中国古代政治传播之名，探究政治信息的传递制度。华夏传播研究学者成为中国古代政治传播研究的主力军之一。

对于政治传播而言，中国古代缺少政治理论专著及政治思想大家，究其根本原因，是因为中国古代知识分子入仕从政的制度设计，知识分子要么在当官，要么在当官的路上，他们的政治思想和理论构想早就埋藏在他们的实际政治实践和政治主张之中，这使得中国古代知识分子对政治思想的思考不自觉地偏重"行"而少研究"知"，他们更重视如何解决问题，而不关注写作一个抽象的理论。①

正如钱穆先生所言，故而要研究中国以往的政治传播理念，就不得不考察中国古代的政治制度背后所体现的政治思想。通过考察他们的政治行为和语言表达，就能发现很多未成形的理论胚胎，比如前辈学者们也提出了风草论、染论、难论、礼乐传播、讽谏传播、说服传播等理论建构尝试，这些胚胎事实上经过了长期历史的实践、淘汰和修正。对这些理论胚胎的选择、分析和例证，是华夏政治传播理论研究的可能路径。

（二）以传播关照历史：基于政治传播视角的水舟

以历史的眼光审视水舟话语，可以归结为三种叙事：

其一是作为一种物质存在，主要集中在中国科学技术史的领域，包括舟船的起源考证与造船技术发展史②、古代战船的军事技术考察③、航运技术的发展④等。通过对古代中国船舶发展史、航海技术及航海活动的考察，李约瑟发现"以往人们曾经粗率地低估了中国航海船长及其船员们的作用"⑤，得出"在船舶推进方面，中国人的航海技术要比欧洲领先 1000 多年"⑥的结论。舟船技术的发展及其在社会

---

① 钱穆：《中国历代政治得失》，北京：九州出版社，2012 年，第 28 页。
② 席龙飞等编：《中国科学技术史（交通卷）》，北京：科学出版社，2016 年，第 3—567 页。
③ 王兆春：《中国科学技术史（军事技术卷）》，北京：科学出版社，2016 年，第 88—93、138—144、245—253 页。
④ 杜石然主编：《中国科学技术史（通史卷）》，北京：科学出版社，2016 年，第 299—301、421—427、702—716 页。
⑤ 李约瑟：《中华科学文明史》，上海：上海人民出版社，2019 年，第 793 页。
⑥ 李约瑟：《中华科学文明史》，上海：上海人民出版社，2019 年，第 789 页。

生活中扮演的重要角色为水舟叙事的形成奠定了坚实的物质基础，由此将航海故事[①]、舟船技术与文明发展[②]相关联。

其二，作为一种国家事务，舟的诞生被建构为圣王的智慧表征，如"作舟以行水，此皆圣人之所作也"（《周礼·冬官考工记》）、"圣王作为舟车，以便民之事"（《墨子·辞过》）。在历朝历代，漕运关乎经济命脉、船战关乎政治稳定、航海关乎对外交往，舟船管理事务牵系着国家的存亡。

其三，作为一种政治术语，水舟被视为"民本"思想的注脚，其研究集中在中国古代的政治思想领域，如前述对先秦儒家的民本思想研究[③]、荀子的"君舟民水"关系说[④]、中国封建士大夫的"舟水""鱼水"思想研究[⑤]等。在当代政治思想研究中，"水舟"为诠释和建构党的群众路线[⑥]和党群关系[⑦]提供了理论可能。

可见，民心是水舟隐喻的核心要义，水能载舟亦能覆舟即为民心决定论的隐喻式表达，换言之，"得民心者得天下，失民心者失天下"是水舟隐喻的实践表达。

学界关于民心决定论的讨论多集中于政治哲学的路径。基于传统政治学的民心阐释通常围绕政权合法性的建构展开，形而上的天命与形而下的民心共同构成了中国古代政治合法性的两端。[⑧]在天人合一的政教精神的基础上，中国古代的天命政治发展为一种民心政治，由此形成了民心得失决定政权兴亡的主流历史观。[⑨]然而这一逻辑在具体的历史事件的阐释中却遭遇了困局，一些学者考证发现朝代更迭与政治变革并不总与民心相通，反而更多与暴力战争直接相关，[⑩]由此引发了史学界对民心决定论的争议。

民心与武力的解释困局恰恰反映了长期以来从政治与历史视角解读中国古代民心思想的局限性：要么漂浮于空中，即漠视民心观念在历朝历代不同的政治实践中的演变过程，而以民心的准绳对历史进行总体概括；要么沉没于海底，即以

---

① 金秋鹏：《中国古代的造船与航海》，郑州：中州古籍出版社，2020年。

② 席龙飞：《中国古代海洋船舶》，深圳：海天出版社，2019年。

③ 孟凯：《论"民贵君轻"与"君舟民水"——先秦儒家民本思想研究》，《北京工业大学学报（社会科学版）》2013年第4期。

④ 王保国：《评荀子的君本论和君民"舟水"关系说》，《史学月刊》2004年第11期。

⑤ 李慎明：《"鱼水关系"还是"舟水关系"？》，《领导文萃》2011年第24期。

⑥ 洪坚：《论红船精神与党的群众路线——舟水关系的当代诠释》，《嘉兴学院学报》2015年第2期。

⑦ 卢继元，张国：《从"舟水关系"到"鱼水关系"》，《党政论坛》2013年第3期。

⑧ 邓曦泽：《天命、君权与民心的纠缠——中国古代政治合法性观念研究》，《四川大学学报（哲学社会科学版）》2019年第5期。

⑨ 任锋：《论作为治体生成要素的民心：一个历史政治学的分析》，《天府新论》2021年第1期。

⑩ 刘巍：《"民心"决定论的困境——以秦亡汉兴为例》，《北京理工大学学报（社会科学版）》2015年第4期。

民心的标尺逐一审查微观的暴力政变事件，并由此悲观地感到一种理想幻灭的破碎感。

此时，以传播关照历史，把目光转移到民心的叙事建构上，这种争议就会迎刃而解：一方面，从民心到天下，架起了一座借思想控制来维护秩序的桥梁，民心就成为中国古代对传播与社会变革关系的认知；另一方面，民心叙事在不同的朝代、不同的情境之中随着政治实践的发展而流变，中国古代民心思想的进步性正埋藏于思想流变的过程之中，正是这个过程揭示了华夏文明本身的传播倾向。

### 四、研究方法：隐喻与观念史

与编码解码的传播科学的普世性不同，传播理论因地而异，不同文明间的传播理论内涵大相径庭。到了今天，这一点已成为无须赘述的研究前提。中西方的文化传统有着根本性的差异，中国的思想源自对现实生活的关怀，注重实用，追求自身修养，向内而寻；而西方社会的求知更多出自好奇心、探索欲，向外发展，科学检验。[1] 例如，《九章算术》和《几何原理》对同一数学问题的研究，"其法略同，其义全异"[2]——西式说服偏向"形式推理"，习惯对照已确立的形式进行工具理性判断；而中式说服偏向"直觉推理"，依据直觉体悟进行情理判断。[3] 这也是中西哲学思维的不同所在。但值得反思的是，这种向内而寻、思索人生的自我定位似乎是东方"自我想象的'比较优势'，然而中国思想对人生的看法未见得更为高明，仁者见仁而已。中国思想的真正长项可能在被相对忽视的别处，比如政治哲学和历史哲学"[4]。这也是研究中国传统政治传播所必须思考和注意的问题——既要学习西方科学谦卑的态度和科学严谨的方法，又要结合中国的历史实践和文化传统。

变量关系是理论研究绕不开的问题，华夏传播的研究方法至今在建立之中。潘祥辉提出传播考古学、训诂学的办法，祝建华、林升栋等学者积极推动传播的量化实证研究，此外还有方志学、诠释学等办法。或许我们应该从头开始审视中西文化的差异，从源头上去思考"到底什么是理论，如何建构理论、理论与研究有何关系，理论是否应以信度和可用性来进行衡量"[5]，有没有可能找到更好的研究

---

① 陈国明：《中华传播理论与原则》，台北：五南图书出版股份有限公司，2004年，第34—35页。

② 朱维铮主编：《利玛窦中文注译集》，上海：复旦大学出版社，2001年，第611页。

③ 宣长春，林升栋：《管窥中西方传统说服的原型及其内在逻辑》，《学术研究》2019年第6期，第30页。

④ 赵汀阳：《中国哲学的身份疑案》，《哲学研究》2020年第7期。

⑤ 陈国明：《中华传播理论与原则》，台北：五南图书出版股份有限公司，2004年，第68页。

方法和范式，进而打破实证传播研究方法的局限？

## （一）传播研究的"思想史"维度

"社会秩序的原理才是传播学起源的真正奥秘"①，将传播理解为秩序建构的一种方式，就打开了传播思想史研究的理论想象力。在《对空言说》中，彼得斯抛出了传播思想史上的两种交流模式：对话和撒播。"交流视角不是简单地与媒介有关——口语好，书写坏——而且还与人际关系的平衡和紧密程度相关，……对柏拉图笔下的苏格拉底来说，媒介不仅仅是一个渠道，而是一系列的人际关系。"②彼得斯将苏格拉底视为第一位关于"交流的失败"的理论家——显然这是限定在西方的视角之下，但同时也为我们反观中华文化提供了一种与交流规范有关的视角。

在《对空言说》的中译版序中，彼得斯试图弥补"缺乏对东方交流思想的直接论述"③的遗憾，将孔子与苏格拉底、耶稣并排，作为推崇"撒播"的佐证，"他们对广泛撒播所带来的焕然效果都了然于胸"④。然而深入中国古代交流的传播情境之中，不难发现从最初的源头开始，中国对交流的想象就显现出一种与西方不尽相同的局面——它既不像对话一般谋求对等互惠和紧密匹配的私密关系，也没有向不对称的和开放的撒播关系倾斜，而是以天人关系为核心，紧紧依附于身份秩序之上，并深深地嵌入政治框架之中。若真如彼得斯所畅想的在"最伟大的'对话支持者'苏格拉底和发出最永恒呼声的'撒播支持者'耶稣基督之间的辩论"⑤中"加上第三个人物：中国的孔子"⑥，那么关于交流方式的规范性标准可能会超出彼得斯的意料，将出现一个全新的局面，而不再局限于对话与撒播的二元对立之中了。

中国传播思想史四十余年来的书写彰显了传播学学科补足传统的初心——"带着当代问题意识虚心进入中国文化语境"⑦的努力体现在三个方向上：一是从历史的横截面出发，钩沉与梳理特定历史时期、重要历史人物的传播思想，并采用编

---

① 吴飞：《何处是家园？——传播研究的逻辑追问》，《新闻记者》2014 年第 9 期。

② ［美］约翰·杜海姆·彼得斯：《对空言说：传播的观念史》，邓建国译，上海：译文出版社，2015 年，第 72 页。

③ 邓建国：《传播学的反思与重建：再读 J.D. 彼得斯的〈对空言说：传播的观念史〉》，《国际新闻界》2017 年第 2 期。

④ ［美］约翰·杜海姆·彼得斯：《对空言说：传播的观念史》，邓建国译，上海：译文出版社，2015 年，"中译版序"，第 4 页。

⑤ ［美］约翰·杜海姆·彼得斯：《对空言说：传播的观念史》，邓建国译，上海：译文出版社，2015 年，第 50 页。

⑥ ［美］约翰·杜海姆·彼得斯：《对空言说：传播的观念史》，邓建国译，上海：译文出版社，2015 年，"中译版序"，第 1 页。

⑦ 吴予敏：《中国传播观念史研究的进路与方法》，《新闻与传播研究》2008 年第 3 期。

年史的顺序将之串联构成整部中国传播思想史①；二是从思想史、观念史的路径出发，围绕诸如"宣"②"圣"③等核心传播观念去追问交往行为与传播制度的内在联系；三是立足于诸如"中国传播的传统更关注内向的接受，而西方传播的传统更关注外向的传递"④等传播思维的本质差异，对标西方重构中国传播范式。总体而言，中国传播史的研究主要围绕各历史时期的代表人物、报刊等媒介实践展开具象化的思考，而这显然只是"传播思想史的一个分题的设问"⑤，而缺乏了对交流这一中心问题的探究："中华民族在漫长的历史上的交流实践是怎样的，在交流实践的过程中形成了怎样的观念和心态结构？"⑥

近年来以交流的姿态对传播思想史加以考察成为传播学再阐释的自觉，"言说与天人秩序，政权与民众关系，人际与社会交往，以及言说与个体存在等诸领域"⑦丰厚的传播观念遗产浮出水面，意在破解以往传播思想史研究"习惯于在邸报、塘报、民意、谣言这些规范概念下面耙梳"⑧的自我限制。

以往的中国传播思想史更多回答"是什么"的问题，聚焦于中国古代的传播模式是什么样的。而胡百精在其新作《共识与秩序：中国传播思想史》中进一步抛出了"传播何以成就秩序，秩序何以规约传播"⑨的古典问题，将"言说与秩序"归结为思想史的基源问题，言说与治乱兴亡密切关联，这种独特的言说秩序正是中国传播思想史别具特色的关键旗帜所在。其中政治结构的因素在交流秩序的建构中具有不可忽视的地位，"政治实践的主体，也是政治传播的实践主体"⑩，呈现为政治与传播的同一性。

本研究在此基础上，借由水舟的世相，循着交流这一路径继续深入去追问"为什么"的问题：政治与传播是如何勾连在一起并互相嵌入的？这种探究路径与西方传播思想史上对"交流"语义的研究进路有着本质的区别，它既不是以哲学思

---

① 金冠军，戴元光：《中国传播思想史》，上海交通大学出版社，2005年。
② 潘祥辉：《宣之于众：汉语"宣"字的传播思想史研究》，《新闻与传播研究》2018年第4期。
③ 潘祥辉：《传播之王：中国圣人的一项传播考古学研究》，《国际新闻界》2016年第9期。
④ 邵培仁，姚锦云：《传播受体论：庄子、慧能与王阳明的"接受主体性"》，《新闻与传播研究》2014年第10期。
⑤ 吴予敏：《从"零"到一：中国传播思想史书写的回顾和展望》，《国际新闻界》2018年第1期。
⑥ 吴予敏：《从"零"到一：中国传播思想史书写的回顾和展望》，《国际新闻界》2018年第1期。
⑦ 胡百精：《重返基源问题：中国传播思想史的知识建构》，《中国人民大学学报》2021年第4期。
⑧ 吴予敏：《从"零"到一：中国传播思想史书写的回顾和展望》，《国际新闻界》2018年第1期。
⑨ 胡百精：《共识与秩序：中国传播思想史》，北京：中国人民大学出版社，2022年，"前言"，第2页。
⑩ 谢清果，王皓然：《"内圣外王"与"哲人王"：中西政治传播观念比较分析》，《新闻大学》2022年第7期。

辨为主，探索人的不可交流性；更不是拥抱实用主义，围绕共同性展开叙述①，而是站在古今中西的十字路口，以重返中国传统的姿态深入中国文化情境，从交流角度重新审视并梳理中国古代对交流规范的想象。

借此回答那些习以为常却被忽略的问题：言说和秩序"为什么"能够成为中国思想史的基源问题？同时也是对过往以"传播"对译"communication"所带来的"语境、意义的错位"②的一种弥补。具体而言，本研究以水舟理论的进展为线索，考察中国古代统治阶级、知识分子与普通民众等多方主体之间的传播互动，其中心考察对象囊括中国古代的政治传播思想、制度设计和舆论博弈。

（二）水舟：中国政治传播理论的观念胚胎

观念史与思想史是两个不同的概念，思想史涵盖观念史、知识史、理论史、思想家传记、学案、学科或学派史、日常经验史等多种概念，"观念史则主要指若干个核心观念的发展演化构成的历史"③。

如果说思想史是让人眼花缭乱的万花筒，那么一个个"观念"就是构成这一万花筒的一堆碎片。万花筒中的景象变幻莫测，却总是由一些固定的碎片组合而成，④以"水能载舟，亦能覆舟"⑤为代表性论述的水舟观念显然是中国古代民心思想史这个万花筒中最为绚烂的一瓣碎片，这些日用而不知的观念碎片正是破译思想万花筒的关键所在。水舟是以隐喻形式为表现的政治传播观念，在漫长的历史传播过程中，发展为一种与风草论相对的互动效果论。正是这些观念碎片构成了观察社会、理解社会的万花筒，而这些观念恰恰也是华夏传播的理论胚胎。

葛兆光提出观念史的研究方法，"以一个或若干个观念为中心进行历史梳理，可能会到处发掘可以表达这一观念的资料，会涉及很边缘很一般的图像、仪式、场景、习惯等"⑥，也就是围绕核心观念，有选择性地组合思想史材料，构建一般的社会知识史。作为中国古代政治文明的经典隐喻，水舟论扎根于华夏千年的政治实践之中，具体表征为圣贤治世的政治想象和天道民心的叙事框架，是对中国古代民心思想的生动写照，被视为中国古代政治传播的根隐喻。⑦"水舟"政治隐喻

① 卞冬磊：《传播思想史的"两条河流"》，《国际新闻界》2016年第8期。
② 陈卫星，黄华：《2014—2016年中国的传播思想史研究》，《国际新闻界》2017年第1期。
③ 吴予敏：《中国传播观念史研究的进路与方法》，《新闻与传播研究》2008年第3期。
④ 金观涛，刘青峰：《观念史研究：中国现代重要政治术语的形成》，北京：法律出版社，2009年，第2页。
⑤ （唐）吴兢著，张燕婴等译注：《贞观政要》，北京：中华书局，2012年，第22页。
⑥ 葛兆光：《思想史研究课堂讲录》，北京：生活·读书·新知三联书店，2005年，第106页。
⑦ 谢清果，王婕：《水舟论：中国古代政治权力博弈下的民心传播隐喻》，《福建师范大学学报（哲学社会科学版）》2022年第2期。

贯穿中国的历史，其观念的形成与演化与政治制度和社会行为密切相关，与社会场景互相形塑。对中国古代政治传播的研究离不开对政治行为和制度变迁的考察，并应当能够通过历史事件和实际的行动效果加以验证。

以往对水舟的研究往往从水舟相依的舆论建构出发，自然而然地将水舟视为华夏政治文明的典型体现和主流话语。事实上，水舟的舆论建构并非一成不变，而是同中国历史的发展一道演进。在借用水舟话语来诠释党的民心观念的同时，也需要有选择性地进行扬弃，方能夯实社会主义民主政治理论的基础。

为此，理应于中国政治传播思想史的汪洋之中，以贯穿于中国人的经验生活、并影响着中国人思想行为的"水舟"观念为了解中国社会的重要"文化钥辞"①，梳理水舟观念的演进史，考察"水舟"观念的产生源头、内涵流变，以及与社会制度、历史行动之间的联系和相互作用。以期回答以下研究问题：

"水舟"何以成为一种观念？"水""舟"是如何勾连在一起，并从一种物质性实体转换为一种隐喻的？从先秦时期流行的风草之喻，再到秦汉之后盛行的水舟之喻，水舟观念是如何被建构为政治的一种隐喻？其背后有着怎样的政治理念？这种观念又如何影响了社会历史的发展？这种观念又能为今天的民心理论提供怎样的思想灵光？

相较于对传播制度和活动的考察，政治传播理论的建构更为艰难。理论一词本源自西方，中西方的文化差异，决定了传播学本土化研究很难从中国现有的文化传统中找到现成的、符合社会科学研究定义的理论②，但这些足以发展成理论的"观念胚胎"，如前辈学者们提出的风草论、染论、难论、礼乐传播、讽谏传播、说服传播等，经过了长期历史的实践、检验和修正，对这些观念胚胎的选择、分析和例证，是华夏政治传播理论研究的可能路径。

水舟隐喻是如何被建构起来的？又如何影响特定社会情景下的社会观念和权力结构？透过水舟观念的碎片，可以管窥中国古代民心思想的理论逻辑，重新校勘和书写民心这一历史叙事，从而还原中国传播思想史的知识脉络。

（三）具体研究路径与工具

在戈夫曼的社会运动"框架"理论看来，社会行动者的话语实践和社会互动是互相联系的整体。社会运动框架是一种基于现实的有意识的、有选择性的建构，这种建构总是以某些更为基本的、对社会现象和事件进行概述的意义结构为基础。

---

① 吴予敏：《中国传播观念史研究的进路与方法》，《新闻与传播研究》2008 年第 3 期。
② 陈国明：《中华传播理论与原则》，台北：五南图书出版股份有限公司，2004 年，第 36 页。

英国学者费尔克拉夫认为，任何话语都是一种由文本、话语实践和社会实践组成的三维概念，其中，文本是话语实践的产物，而文本和话语实践又都是由特定的社会实践条件所决定的，三者同处于一种动态的发展过程。"在中国，人们最重视的就是社会关系，即人类互动本质与方法。"[①] 在东方语境中，个人无法像西方语境那般，成为完全独立的毫无联系的个体的。相反，人的发展必然受到他所处的时空、政治、经济、历史、宗教信仰与文化、自然环境等诸多因素的影响，对历史诠释、社会情境的研究可以作为传播研究的脉络。对"水舟"的观念探究必然离不开政治体制的沿革、宗教信仰、哲学思想等多重因素，应从文化的深层结构，考察"水舟"的传播情境脉络。

故而本研究从政治传播的视角出发，保留文明的"间距"[②]，采用观念史的研究方法，辅以话语权力分析的手段，以"水舟"政治隐喻为线索，从东方文化的源头去梳理"水""舟"观念的流变；在此基础上，从问题出发，立足中国历史，力求结合中国社会结构，将民心民意纳入中国两千年封建帝制情境下进行考察，将中国古代社会民意的表达渠道纳入社会宏观体系的变迁之中来解释上层叙事建筑、知识分子与普通民众之间的传播互动过程，探究以水舟论为典型体现的政治传播观念对中国政治体系实践和变迁的影响。具体涉及的研究工具及研究方法主要包括：

1. 隐喻的解构与重构

学者胡翼青发现，回顾整个 20 世纪社会科学发展的频谱，欧美的概念都有向隐喻方向转化的情况，典型的比如戈夫曼"前台—后台"的"拟剧理论"，用"剧班—观众"的例子形象地表明：每个人的角色扮演都在特定情境中被定义。隐喻本身就是很好的理论胚胎，本质上也是对认识的一种形象概括，是经过历史检验的社会经验的结晶。

不同于西方科学、穷尽式的描述，中国传统文化更多是一种源自生活经验的、总体的抽象概括，更多为一种实践经验的总结。水舟论显然是中国政治文化的一个经典隐喻，其背后藏着实践与话语的交织，是中国人思维方式的体现。而水舟隐喻本身的话语建构同时也是一种权力合法性的构建，通过话语实现引导社会价值观的目的。这也是《我们赖以生存的隐喻》中所讲的隐喻两重功用的体现。而水舟也具备建构政治传播隐喻的潜力。

2. 观念史研究与传播考古

---

① 陈国明：《中华传播理论与原则》，台北：五南图书出版股份有限公司，2004 年，第 61 页。

② [法] 朱利安：《从存有到生活欧洲思想与中国思想的间距》，卓立译，上海：东方出版中心，2018 年，第 284 页。

"谁不了解历史上的错误，谁就注定要重蹈覆辙。"采用观念史的研究方法，借助文本分析等手段，将水舟出现的话语与历史语境、政治思想、政治制度等交叉起来，梳理"水舟"政治隐喻的产生与内涵流变，以及与社会制度、历史行动之间的联系和相互作用。

在此基础上，综合运用历史资料，推进对关键概念的时空维度的考察，结合甲骨文等考古材料勾勒概念图谱：在时间维度上"概念的兴起、衰落、退隐、复兴、重生、转化"[①]及断裂等；在空间维度上考察概念的跨文化旅行、跨语际实践、兼并与同化等现象。

通过扎根历史文本，研究政治制度的发展历史，从各种事件的关系中找到因果线索，演绎出造成制度现状的过程，以期系统地研究民心在中国古代政治传播思想中的发展历程及变迁原因。

3. 话语权力与叙事分析

"话语即权力"是福柯在其就职演讲《话语的秩序》中贡献给世界的最强隐喻之一。福柯把话语看成具有支配性和役使性的强大社会力量——"权力"，将话语视为真理、知识和权力的集中表现。代表社会主流叙事的法律、政治、宗教、哲学等话语借由叙事中介，不断被人重复评说，进而成为真正对社会生活有影响的"威权"话语。这些人为讲述的叙事，通过谁在讲、如何讲、讲什么的方式，引导受众形成关于世界的想象，以强化其背后所代表的制度意识。

就这一角度而言，历史可以被解读为一种重大叙事的形成与传播。水舟作为一套主流叙事逻辑，是被什么人、讲什么内容、通过什么方式建构起来的？又是如何实现其广泛的传播？

费尔克劳在《语言与权力》中提出的批评性话语分析的方法，特别关注话语分析的语篇、话语实践和社会实践三个层面。水舟叙事本身就是一种权力合法性的构建，一方面通过话语引导社会的价值观，另一方面藏着实践与话语的交织，本质上也是对认识的一种形象概括。例如人们将教化喻为风草，借助风吹草偃隐喻，强化的就是上行下效的强宣传效果；若是将君民关系喻为水舟，借助水舟隐喻，凸显的就是统治者与被统治者之间的互动牵制关系。本研究将从历史文本出发，借助历史文献的证据，考察水舟话语实践的生成、传播，以及特定的社会语境。

---

① 刘海龙，于瀛：《概念的政治与概念的连接：谣言、传言、误导信息、虚假信息与假新闻的概念的重构》，《新闻界》2021年第12期。

# 第一章 水舟观念：水舟话语的历史流变与隐喻生成

观念，如同黑暗中的灯塔，照亮了抽象而深沉的思想海洋。"水能载舟亦能覆舟"这一以隐喻形式为表现的水舟观念，不单是民心思想的一句诗意表达，更承载着华夏政治传播思想的深邃内涵，与中国古代政治实践和社会行动相得益彰。以《历史基本概念》为典型代表的经典概念史强调观念的演变密切关切着历史语境、并随时间的推移而不断演进，揭示着历史、语言与政治之间的紧密联系。[①] 水舟观念的源起、传播、社会化和意义演化，不仅扎根于中国古代政治思想史的浩瀚海洋之中，其本身也是中国古代政治传播实践的重要构成部分，其文本的语言结构和概念与特定社会的文化网络、政治和历史背景相关联。具体而言，"观念所特定的时代和社会条件、观念的内涵、观念之间的关联、特别是观念和社会历史行动之间的联系都是研究的重点。……研究观念与社会场景之间的彼此形塑才是今天的观念史研究的基本方法"[②]。

本研究采用学者金观涛对"观念"的定义，并借鉴其观念史研究方法，将观念视为人用某个（或某些）特定关键词所表达的思想。人们通过使用这些关键词思考、写作、沟通，使其社会化，进而与社会活动相联系，形成公认的普遍意义，并依此建立起一套思想体系。[③] 水舟观念的形成与演化与政治制度和社会行为密切相关，其具体内涵、产生时代、与社会历史行动之间的联系都是研究的重点。进而要回答"水舟"何以成为一种观念的问题，首先应当搞清楚是谁、出于什么目的构建了水舟话语，以及水舟话语所对应的真正主体是谁。

---

① Otto Brunner, Werner Conze, Reinhart Koselleck (Hrsg.), Geschichtliche Grundbegriffe: Historisches Lexikon zur politisch-sozialen Sprache in Deutschland, 8 Bde. (Stuttgart: Klett-Cotta, 1972-1997).

② 吴予敏：《中国传播观念史研究的进路与方法》，《新闻与传播研究》2008年第3期。

③ 金观涛，刘青峰：《观念史研究：中国现代重要政治术语的形成》，北京：法律出版社，2009年，第4页。

　　本研究旨在探究政治传播场域中水舟论的隐喻内涵，将水舟视为解读中国古代"民心"话语的一个切入点。当下中国共产党对水舟隐喻的运用正是自觉地将中国古代的民心智慧与马克思主义进行创造性转化和创新性发展的结果。党的民心观念阐释在借鉴水舟隐喻的同时，暗含了对传统民心政治思想的积极态度，需要审慎地剔除其中隐秘的陷阱。追溯水舟政治术语的发展历史，探究"水舟"是如何作为一种观念诞生的，以及"水"与"舟"是如何被巧妙地结合，从具体的物质形态转变为一种富有象征意义的隐喻的这一过程，可以清晰地展现水舟隐喻背后所蕴含的政治理念和思考，进而为社会主义民主政治提供思想灵光。

　　结合上述问题，本章从政治传播的视角出发，采用观念史的研究路径，借助水舟观念史的叙事考察，管窥中国古代民心思想的理论逻辑。塞弗林、坦卡德将传播效果研究细分为魔弹论、有限效果论、适度效果理论、强大效果论四个阶段，这一阶段划分被传播学界所广为采纳。[①] 与这些效果研究相比较，水舟隐喻所蕴含的传播效果更着重关注舆论主客体之间的互动机制。作为传统、成规和惯例结晶的社会政治制度、社会环境，都影响着政治行为和政治文明的发展方向。[②] 不同于西方政治传播效果理论对传媒政治的关注和对媒介因素的倚重，"水可载舟亦可覆舟"的水舟论，是扎根于中国历史经验实践的、典型具有中国特色观念的政治舆论效果论。

　　虽然政治传播的概念源自近现代，但政治传播的实践却早已存在于历史之中。目前中国古代政治传播研究主要集中在政治传播思想、政治传播制度和政治传播活动三个方面。政治传播思想研究包括新闻史、舆论史、文化传播史的研究，政治传播制度研究主要指对政治信息的传递渠道的考察，政治传播活动则广泛包括讽谏说服、谣言传播活动。相较于单纯地考察传播制度和活动，政治传播理论的建构显得更为复杂和艰巨。理论一词起源于西方，中西方文化的深刻差异，使得传播学本土化研究在中国丰富的文化传统中难以找到现成的、符合社会科学研究标准的理论框架。尽管如此，华夏文明却蕴藏着丰富的理论"胚胎"，比如风草论、染论、难论以及礼乐传播、讽谏传播、说服传播等理论探索，都提供了建构政治传播理论的宝贵资源。对"水舟"符号的分析也是如此，它是如何被建构起来的？又如何影响特定社会情景下的社会观念和权力结构？对这些胚胎的选择、分析和例证，是华夏政治传播理论研究的可能路径。从源头上厘清华夏水舟观念的叙事脉络，不仅是定位自身，进而在世界文明交流互鉴中照亮彼此的前提；更是返本

---

　　① 李元书：《政治体系中的信息沟通——政治传播学的分析视角》，郑州：河南人民出版社，2005 年，第 158 页。

　　② 张昆：《政治传播与历史思维》，武汉：华中科技大学出版社，2010 年，第 164—165 页。

开新，力求为本土传播学的建构提供一套合法性说辞，并为习近平新时代中国特色的政治实践提供有力的理论资源。

## 一、"水舟观念史"的数据耙梳

在思想史研究中，学者多采用文本分析的办法，从公认的重要文本、代表思想家、代表著作入手，来理解观念的演变。这种研究方法不可避免地受到已有研究观点及个体主观性的影响。故而，本研究采用数据挖掘的方法，扎根历史文本，厘定"水舟"观念的关键字词，将水舟相关的直接论述从历史文本中尽数挖掘出来，以句子为分析的基本单位，而不是以代表文本为分析单位，提高研究的可靠性。在此基础上，结合文本语境，统计分析句意，最大程度地展现水舟观念起源和演变的全貌。具体操作上，以"水舟"作为基本的研究对象，在方法论上采用"大数据（以"爱如生典海中国基本古籍库 V7.0"[①]为数据库，选择相关文本逾 19万条）+ 小数据（以二十四史文本为语料，共提取 787 条句子，采用观念史研究路径，对水舟叙事加以考察）"的设计，将宏观抽象的情境与具体语境相结合，将水舟出现的背景和历史语境相交叉，以期梳理和直观地展现"水舟"隐喻在不同时代中的发展脉络。

### （一）基本古籍中水舟话语的数据梳理

以"爱如生典海中国基本古籍库 V7.0"作为数据库，抽选出所有与研究直接相关的样本。"水""舟""君""民"是水舟论的关键字所在，但是单个字眼无法确保水舟含义相关，所以采用两两组合的方式，最大限度地摘取与水舟直接相关的表述，共有"君、舟""水、舟""民、舟""君、民""君、水""水、民"6 种关键字组合进行检索，两个关键字之间间隔不超过 10 个字，获取古籍之中论述的所有直接与水舟相关的论述，检索结果如表 1-1 所示：

表 1-1　古籍中"水舟"相关话语的频次统计

| 关键字 | 出现频率 |
| --- | --- |
| 君、舟 | 12696 |
| 水、舟 | 59985 |
| 水、民 | 67412 |
| 君、水 | 51282 |

---

① 中国基本古籍库精选先秦至民国的历代重要典籍，收录范围涵盖全部中国历史与文化，是中国有史以来最大的历代典籍总汇，也是全球目前最大的中文古籍数字出版物。

续表

| 关键字 | 出现频率 |
|---|---|
| 君、民 | 95286 |
| 民、舟 | 7546 |

经阅读辨别，发现"君、民"含义过于宽广，"水舟"隐喻虽本质上就是对君民关系的认知，但典籍中所涉及的"君、民"内容则非常庞杂，远远超过"水舟"内涵，大概率上与"水舟"隐喻不直接相关，故而舍弃不用。最终以"君、舟""水、舟""水、民""君、水""民、舟"为关键字组合，关键字间隔不超过10字，勾选"关联异体字"，再次进行检索，并按照出现的朝代进行划分，频次数据统计如表1-2所示：

表1-2 各朝代"水舟"相关话语的频次数据统计

| 时期划分 | 君、舟 | 水、舟 | 水、民 | 君、水 | 民、舟 | 总计 |
|---|---|---|---|---|---|---|
| 周代 | 2 | 22 | 13 | 28 | 2 | 67 |
| 春秋战国 | 9 | 35 | 80 | 44 | 13 | 181 |
| 秦 | 0 | 6 | 16 | 2 | 2 | 26 |
| 汉 | 17 | 253 | 457 | 262 | 16 | 1005 |
| 三国魏晋 | 27 | 83 | 158 | 100 | 14 | 382 |
| 南北朝 | 72 | 366 | 493 | 491 | 18 | 1440 |
| 隋 | 4 | 6 | 17 | 26 | 0 | 53 |
| 唐 | 336 | 1609 | 836 | 1737 | 50 | 4568 |
| 五代十国 | 17 | 84 | 57 | 117 | 7 | 282 |
| 宋 | 1608 | 6541 | 7253 | 6591 | 881 | 22874 |
| 辽西夏金 | 20 | 82 | 42 | 140 | 5 | 289 |
| 元 | 460 | 1943 | 2763 | 2071 | 283 | 7520 |
| 明 | 3398 | 15228 | 17531 | 13545 | 2238 | 51940 |
| 清 | 6547 | 32911 | 36315 | 25489 | 3871 | 105133 |
| 民国 | 168 | 814 | 1378 | 629 | 146 | 3135 |
| 其他 | 0 | 2 | 3 | 10 | 0 | 15 |
| 合计 | 12685 | 59985 | 67412 | 51282 | 7546 | 198910 |

中国基本古籍库是中国有史以来最大的历代典籍总汇，数据具有权威性、全面性。以中国基本古籍库作为数据库，抽选出所有与研究直接相关的样本，以总体作为样本，可以有效保证研究的可靠性和有效性。以两个关键字进行搜索，关键字同时出现，并保持在10个字以内的间距，能在一定程度上保证内涵的相关性。

由于文献数量过于庞大，无法保证每一条数据都直接与"水舟"隐喻相关，所以采用分层抽样法，以"水、舟"为关键字组合，从 15 个朝代中分别抽取 4 个个体，共选定 60 个个体进行内容效度检验。检验结果表明，"水""舟"在 80% 的概率上或与中国古代的政治情境，或与国家政权和军事行动，或与水舟隐喻的自然内涵，或与中国古代的生活场景等相关，内容具有可靠性。同时，无论是"君、舟""水、舟""民、舟"组合，还是"君、水""水、民"组合，各朝代统计数据都表现出明显的一致性和稳定性。

研究针对中国古代政治传播，故而限定范围从周代开始，选取到清代结束，删除上古、民国及其他数据后，重新统计总数。由于隋朝、秦朝时间过短，故而将隋唐、秦汉折并统计。数据差距过大，导致普通折线图无法清晰地表现秦汉隋唐的数据波动，故而选择适用于数据差值大的对数刻度折线图，以 10 为基准，绘制对数刻度 [①] 折线图如图 1-1 所示：

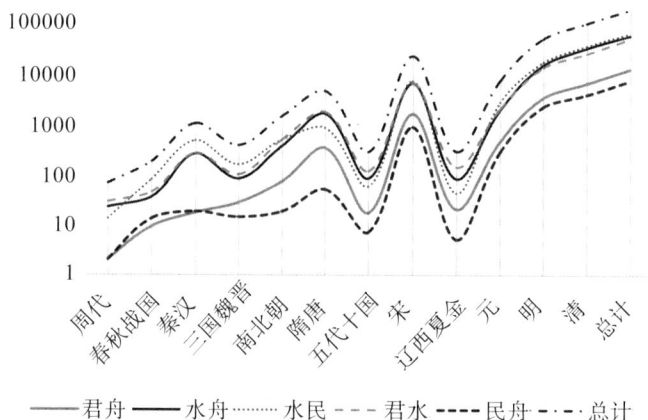

**图 1-1　各朝代"水舟"话语数量对数刻度图**

如图 1-1 所示，"君舟""水舟""水民""君水""民舟""总计"六条线的波动轨迹出现了奇妙的重合：其中"水舟""水民""君水""总计"四条线在秦汉时期出现了同频的波动，而它们的共同点在于"水"的隐喻；隋唐时期和宋代，五种不同的关键词搜索都出现了相似的波动并达到了峰值；元明清后，六条线的波动均呈平稳上升之势。

---

① 对数刻度是当数据的值在一个很大范围内时，利用对数使此降低到一个更加易处理的范围。

（二）"二十五史"中水舟话语的小数据梳理

为了排除由于总体样本过高[①]，以及由于历史文献堆积造成的资料重复统计（特别是汉唐之后的朝代，其文献整理涵盖了之前朝代的文献，再加之各类版本及校释本）所导致的数据误差，进一步验证各朝代"水舟"话语数量区别的有效性，缩小样本量，选取二十五史[②]，根据其史书内容划分为汉朝、三国魏晋、南北朝、隋唐、五代十国、宋、辽金、元、明、清十个历史时期，重点围绕"君、舟""民、水""水、舟""君、水""民、舟"五个关键字组合展开统计分析。书籍版本除《后汉书》《三国志》采用百衲本景宋绍熙刻本、《清史稿》采用民国十七年清史馆本外，剩余的《史记》《汉书》《晋书》《宋书》《南齐书》《梁书》《陈书》《魏书》《北齐书》《周书》《南史》《北史》《隋书》《旧唐书》《新唐书》《旧五代史》《新五代史》《宋史》《辽史》《金史》《元史》《明史》全部采用清乾隆武英殿刻本。统计后的数据如表1–3所示：

表1–3　二十五史中"水舟"相关话语的频次数据统计

| 时期划分 | 二十五史 | 君、舟 | 水、舟 | 水、民 | 君、水 | 民、舟 | 总计 |
|---|---|---|---|---|---|---|---|
| 汉朝 | 《史记》 | 1 | 11 | 38 | 10 | 1 | 61 |
| | 《汉书》 | 0 | 19 | 76 | 13 | 0 | 108 |
| | 《后汉书》 | 6 | 13 | 37 | 25 | 0 | 81 |
| 三国魏晋 | 《三国志》 | 1 | 15 | 32 | 8 | 4 | 60 |
| | 《晋书》 | 1 | 21 | 9 | 10 | 0 | 41 |
| 南北朝 | 《宋书》 | 1 | 12 | 28 | 9 | 4 | 54 |
| | 《南齐书》 | 0 | 5 | 9 | 1 | 2 | 17 |
| | 《梁书》 | 0 | 6 | 8 | 6 | 1 | 21 |
| | 《陈书》 | 0 | 6 | 1 | 4 | 1 | 12 |
| | 《魏书》 | 1 | 19 | 60 | 27 | 2 | 109 |
| | 《北齐书》 | 0 | 4 | 3 | 1 | 0 | 8 |
| | 《周书》 | 0 | 1 | 8 | 5 | 0 | 14 |
| | 《南史》 | 0 | 14 | 2 | 4 | 0 | 20 |
| | 《北史》 | 0 | 20 | 11 | 14 | 0 | 45 |
| 隋唐 | 《隋书》 | 1 | 17 | 1 | 12 | 0 | 31 |
| | 《旧唐书》 | 5 | 22 | 23 | 16 | 0 | 66 |
| | 《新唐书》 | 1 | 22 | 67 | 20 | 5 | 115 |

---

① 中国基本古籍库收书1万种、17万卷，全文17亿字。

② 二十四史是中国古代各朝撰写的二十四部史书的总称，被视为传统史学领域中的"正史"，在此基础上，将《清史稿》列为二十五史之一。

续表

| 时期划分 | 二十五史 | 君、舟 | 水、舟 | 水、民 | 君、水 | 民、舟 | 总计 |
|---|---|---|---|---|---|---|---|
| 五代十国 | 《旧五代史》 | 0 | 13 | 23 | 0 | 0 | 36 |
| | 《新五代史》 | 0 | 7 | 7 | 2 | 0 | 16 |
| 宋 | 《宋史》 | 2 | 133 | 588 | 18 | 56 | 797 |
| 辽金 | 《辽史》 | 0 | 1 | 12 | 0 | 0 | 13 |
| | 《金史》 | 1 | 16 | 64 | 11 | 4 | 96 |
| 元 | 《元史》 | 1 | 73 | 272 | 8 | 15 | 369 |
| 明 | 《明史》 | 1 | 100 | 198 | 15 | 41 | 355 |
| 清 | 《清史稿》 | 5 | 143 | 523 | 39 | 29 | 739 |
| 总计 | | 28 | 713 | 2100 | 278 | 165 | 3284 |

　　帝王的名称避讳是中国封建社会特有的现象，但对帝王的避讳一般限定于本朝皇帝及当代帝王，而史书大多由后世朝代所修订，如《旧唐书》《新唐书》分别由后晋刘昫、张昭远，以及宋代欧阳修、宋祁等编纂。再加之避讳的程度也因时而异，故而对"水舟"研究主题影响不大。如唐朝避讳"世民"二字。但实际上，李世民主政时期，"世民"二字虽不能连用，分开使用却不加限制，而经过对"人"与"民"的阅读辨别发现，《旧唐书》《新唐书》对"民"字的避讳对数据的统计影响很小，可以忽略不计。汇总整理后再次以 10 为基准，绘制对数刻度折线图如图 1-2 所示：

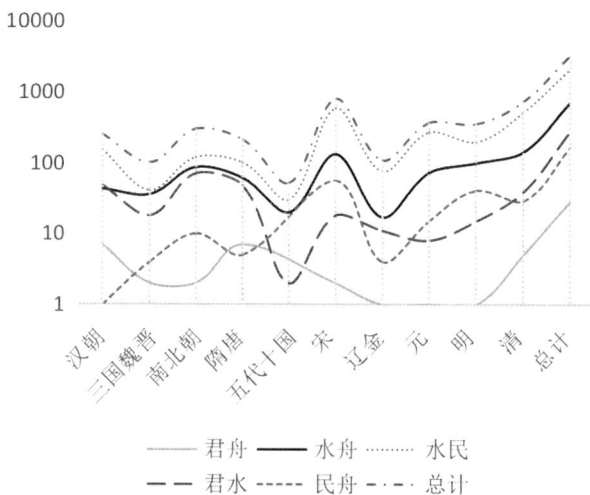

图 1-2　二十五史中"水舟"话语数量对数刻度图

　　对比发现，"水民""水舟""君水""民舟"的波动轨迹再次出现了奇妙的同频波动，且与上文在汉朝、宋朝达到峰值；在三国魏晋、五代十国、辽金时期达到低谷的规律相吻合。特别是有关"水"的论述整体上更加规律。

综上所述，"水舟"隐喻最早见于西周时期的典籍，秦汉、隋唐、宋朝是"水舟"隐喻论述的三个集中爆发的小高峰，并且讨论一轮比一轮深入，到了元、明、清时期，"水舟"隐喻的使用已经变得政治常态化，并在数量上不断上升。朝代寿命越久、时间越长，文献也就越多，关于"水舟"论述的相关记录也越多；随着时间的推移，各朝各代的文献积累也会随之增多，相关论述也会不断增多。但就各时代的史书记载而言，宋朝之后，关于水舟的论述急剧增加，并在元明清时期维持在高峰状态。

由此，提出以下问题：水舟话语为什么会出现这样的波动规律？其背后有怎样的政治思想和社会制度的变迁？"水舟""水民""君水"为何始终在数量上占据优势？这与"水"的隐喻流变有关吗？为什么与"舟"相关的表述数量始终较低？宋与辽西夏金时代为何会出现剧烈的反差？秦汉、隋唐、宋的高峰与三国魏晋、五代十国时期的低谷是否体现着战乱与和平环境对社会思想的不同影响，是否能够表征乱世后更容易引起统治者对水舟政治隐喻的重视？由此，进一步从现象反推——历经乱世之后往往就会引起统治者对"水舟"政治隐喻的重视；而社会对"水舟"越重视，认知越深刻，统治就会越长久；对"水舟"的认知实践与统治的长短之间存在一定的相关性—这样的假设是否成立？

## 二、援舟入水的话语演变路径

观念史的整体耙梳展现了水舟话语演进的历史阶段性特征，但要想真正解释这些规律何以形成，厘清作为政治传播隐喻的水舟观念的成型过程，就不得不回到具体的历史情境之中去考察中国古代的政治活动。"以士为领导层"[①]是中国古代与世界其他社会相区别的特殊政治语境，作为典型的"士人政府"，士这一群体自春秋战国时期以来，就担任着道的传统文化精神与理想，并日益肩负着主持教育与政治的双重责任。这种政教合一的局面与西方全然不同，马克思·韦伯就曾感慨"这个阶层（中国的士大夫阶层），自古以来就有一套自己的规矩，决定着整个中国的命运。如果当年的人文主义者（西方文艺复兴时期的人文主义者）哪怕有少许机会得到（中国的士大夫阶层）类似的影响力，我们的命运也许会和中国差不多"[②]。所以对水舟隐喻的考察首先需要回到士人政府的历史场景之中。

---

① 钱穆：《民族与文化》，北京：九州出版社，2019 年，第 13 页。

② [德] 马克思·韦伯：《学术贵族与政治饭碗》，刘富胜译，北京：金城出版社，2019 年，第 47 页。

作为臣民群体对话语权和传播渠道的争取，水舟隐喻所构建的价值观，是对民心向背的重视。而二十四史作为中国古代正史，是中国古代政治文明发展的写照，甚至在梁启超等学者看来二十四史可以被视为"二十四姓之家谱而已"[①]，故以朝代兴替为框架的二十四史是挖掘水舟政治术语流变的最佳语料。本研究结合先秦古籍中对水舟的有关论述，进一步深入各时期的文本，以句子为分析单位，逐一梳理二十四史中所有关于"水、舟"的 713 条句子[②]，并结合舟、船在二十四史中出现的代表性语句，最终过滤整理出 787 个分析单位（参见附录）。在此基础上，探究"水""舟"是如何勾连在一起，并从一种物质性实体转换为一种隐喻的，以期理顺"水舟"观念被建构为一种政治隐喻的理论进路。

（一）以水喻政的出现与流变

"水"是人类生命的源泉，也是生活中最常见的事物，与人类社会生活息息相关。在《尚书》中水是五行之一，在《易经》中则是八卦之一，以水比德、以水喻道、以水论政、以水谈兵在中国的叙述模式中屡见不鲜，如老子上善若水的道喻、管子水为万物本原的品德比喻等，形成了以自然喻人事的修辞模式，水喻也成为中国古代的"根隐喻"。[③]水喻的类型宽广，广泛涉及地理、世界观、人际关系、时间观[④]等丰富的文化内涵，本研究聚焦于政治传播领域，重点研究水舟的政治隐喻生成。

1.治水如治国、治民

在以农耕经济占据主导地位的经济体制下，治水以抵御水旱等自然灾害向来是中国历代政府的重大公共事务。早在上古时期，西高东低的地理特征与季节气候的无常变幻，使得防洪、治水成为国家的首要大事。水与农业的密切关联催生了治水如治民、治国的比喻。

从大禹治水开始，水就与国家政治产生了密切的联系。尸子在对丧礼礼制的批判中，就援引大禹治水这一案例："禹治水，为丧法，曰：毁必仗，哀必三年，是则水不救也。"（《尸子下》）治水作为国之大事，在特殊时期，不必固守丧礼，而应权宜处置。春秋时期的管子就借此提出："善为国者必先除水旱之害"（《管子》），直接点明在王权维系中，治水对治国的重要性。在王朝建立之初，水就无

① 梁启超：《梁启超文集》，北京：北京燕山出版社，1997 年，第 225 页。
② 具体定义见上文水舟观念史梳理。
③ 刁生虎：《水：中国古代的根隐喻》，《中州学刊》2006 年第 5 期。
④ 许伟利，周可荣：《从"水"的隐喻看中西文化的差异》，《云南民族大学学报（哲学社会科学版）》2006 年第 4 期。

可避免地与治国联系在了一起，"善为国者必先除水旱之害"（《管子》）成为农业社会广为认同的舆论基调，进而催生了治水如治民的比喻。

慎子借治水之法比喻治国之道："法非从天下，非从地出，发于人间，合乎人心而已。治水者，茨防决塞，九州四海，相似如一。学之于水，不学之于禹也。"（《慎子·逸文》）国家法令政策源自客观现实，治民如同治水，重在顺势而变，循序渐进。

2. 水喻圣、君、王、道

在治水这一具有国家事务高度的项目叙事中，大禹一方面划定九州，联结诸侯，积累了个人实力；另一方面制造了一系列的舆论事件，如于治水路上三过家门而不入，如违背丧葬礼制而优先选择治水等，都营造了一种将忠国爱民置于家孝与个人利益之前、艰苦奋斗的圣贤形象。这些典型的政治表演行为为禹树立了良好的社会舆论反响，以至于舜因禹治水贤名而禅位。而在舜的儿子商均即位后，诸侯仍只朝见禹王，"逼迫"大禹即位，就此创造了"国家"这一社会政治形态。大禹治水的故事也被历代传诵。而不管是涂山之会聚集诸侯，还是铸造九鼎塑造天命形象，都可见大禹（或有意或无意识）制造舆论事件进行政治传播的天赋，而治水这一历史实践的叙事建构就成为大禹政治简历的起点和重中之重。

治水成为圣王治世叙事的重要一环，《管子·水地》[①]一篇直接将水与道、王者、圣人相绑定，"卑也者，道之室，王者之器也，而水以为都居""是以圣人之化世也，其解在水。故水一则人心正，水清则民心易。一则欲不污，民心易则行无邪。是以圣人之治于世也，不人告也，不户说也，其枢在水"，这里的水已经脱离了行为实践的层面，而拔高到政治哲学的层面，水喻的内涵进一步扩展为君、王、道的象征。

3. 从"治水"到"得水"的转变

在历朝历代的治水实践中，治水与治民并行不悖，产生了"鱼失水则死，水失鱼犹为水也"（《尸子下》）的"鱼水譬喻"，将水喻为民心，将鱼喻为统治者，以"鱼水"来比喻君臣相得的理想关系状态，这一叙事多次被借用到正史的记载之中，成为描绘君臣关系的一种语言体系。比如《三国志·蜀志·诸葛亮传》中先主刘备就以"孤之有孔明，犹鱼之有水也"的比喻来说服关羽、张飞对诸葛亮的不悦之心，有了"如鱼得水"的经典隐喻。

"水失鱼犹为水也"的表述更为强调"水"的主体性，其对"鱼"的生存具有

---

① 根据黄钊考证，《管子·水地》应成书于公元前376年到公元前355年之间，属战国中期稷下学宫道家的著作。

决定性的意义，这既是以水喻民的隐喻由来，同时也强调了民的重要地位。从治水到得水，尸子的鱼水譬喻，反向强调了君依赖于民，直接启迪了荀子"水则载舟，水则覆舟"式的君民关系认知的形成。与此配套的民心思想则更为直白："政之所兴，在顺民心；政之所废，在逆民心"（《管子》），民的主体地位被抬高，"得水"成为政治中的君民关系、抽象的统治与被统治权力关系的隐喻。

（二）以舟喻政的出现与流变

与代表民意舆论与民间政治参与的"水"相对，舟则是君王、政权和统治合法性的象征。

1. 舟的开端：圣人作舟的历史叙事

"舟"字始见于商代甲骨文，是船的象形字，本义即船。说文解字注："舟，船也。古者共鼓、货狄，刳木为舟，剡木为楫，以济不通。象形。凡舟之属皆从舟。"[1] 在古籍中，舟一般用为名词，又可活用为动词，指渡河或用船运载。以"舟"做偏旁部首的汉字往往与船相关，如：船、舰、航等。其字形变化如图1—3[2]所示：

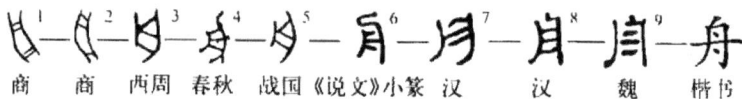

1、2《甲文编》358页。3、5《金文编》606页。4《战文编》590页。6《说文》176页。7《篆隶表》611页。8《篆隶表》611页"般"字所从。9《篆隶表》612页。

图1-3　舟的字形变化

"舟"多见于先秦文献，而到了汉代之后，多用船字。但舟往往不会单用，而是与水或者其它他字词复合使用，而船则更为口语化，用法更为灵活。

《物原》记载："燧人氏以瓠（匏）济水，伏羲氏始乘桴。"[3] 远古先民早期的渡水工具包括葫芦（腰舟）、皮囊、筏等，直至具有干舷的独木舟问世，"在人类文明史上，才算是出现了第一艘船"[4]。中国古籍中关于舟的制作者众说纷纭，《山海

---

[1]　李学勤主编：《字源》，天津：天津古籍出版社；沈阳：辽宁人民出版社，2012年，第751页。
[2]　李学勤主编：《字源》，天津：天津古籍出版社；沈阳：辽宁人民出版社，2012年，第751页。
[3]　罗颀：《物原》，北京：中华书局，1985年，第32页。
[4]　席龙飞等编：《中国科学技术史（交通卷）》，北京：科学出版社，2016年，第8页。

经·海内经》言："番禺作舟"；《周易·系辞下》则认为是黄帝、尧舜等"刳木为舟，剡木为楫，舟楫之利以济不通。致远以利天下"；《墨子·非儒》提出"巧垂作舟"，此外，古籍中记载的舟的发明者还包括共鼓（黄帝的臣子）、货狄（黄帝的臣子）、道叶（黄帝的臣子）、后稷（舜的臣子）、虞姁（舜的臣子）、伯益（舜的臣子）等多种说法。虽然舟的发明人难以考证，但这些人物都存在一个共同特点：即舟作为人类的智慧表征，由圣君贤臣所制作，进而形成了圣人作舟的叙事。

2. 造舟之礼：圣王形象与国家治理的双重象征

在西周时期，舟车往往连用，作为君主的出行工具，成为圣王的器物象征，舟车也因此成为臣子劝谏常用的器物比喻。墨子在论政时，就借用舟车来形象地说明君主贤愚对国家治乱的影响。"圣王作为舟车，以便民之事。……用财少，而为利多……当今之主，其为舟车……必厚作敛于百姓，以饰舟车，饰车以文采，饰舟以刻镂。"（《墨子·辞过》）舟车作为圣王器物，是用来便利百姓的生活的，而此时，骄奢淫逸的统治者，却使舟成为装饰享受的奢靡代表。舟车如此，君主在其他领域也是如此骄奢。人君似舟车，如果过分横征暴敛来装饰享受，就会导致民不聊生，奸邪乱国。故而，制造舟车当节省开支，而贵其用，"舟用之水，车用之陆，君子息其足焉，小人休其肩背焉"（《墨子·非乐》）。天下万民共享其利，这才是"圣王之为舟车"（《墨子·非乐》）的做法。

这种舟车的政治叙事传统在史论监督的传统下反复被提及，即便是到了元代，"汉有告缗、算舟车之令"[1]的奢靡行为仍被劝谏者用以敦促统治者减少对民众的剥削。统治者对舟车的使用途径及目的关乎着国计民生，追求舟车的华丽则意味着奢靡，而圣王治国理应不贵装饰而贵其用，分民以利。舟从被文字所记载之始，就被视为圣人智慧的象征器物而存在，如《晋书》言"哲王垂宪，尤重造舟之礼"[2]"周文造舟，……百世之祚永"[3]，而制作舟车也成为一桩政治功业，"作舟车，造器械，斯轩辕氏之所以开帝功也"[4]。舟与王权相绑定，在春秋战国时期已经发展成为国家和政权的直接象征物。

3. 舟行天下：天下的地理边界想象与政权稳定性的象征

舟舆代表着古人对空间的认知。《苍颉篇》："舟舆所届曰宙。"[5]《说文》言："宙，舟舆所极覆也。"在中国古代文化情景中，舟车相连，代表统治的疆域。秦

---

① （明）宋濂等：《元史（简体字本）》，北京：中华书局，2000年，第1561页。
② （唐）房玄龄等：《晋书（简体字本）》，北京：中华书局，2000年，第617页。
③ （唐）房玄龄等：《晋书（简体字本）》，北京：中华书局，2000年，第1788页。
④ （南朝宋）范晔：《后汉书（简体字本）》，北京：中华书局，1999年，第916页。
⑤ （南朝宋）范晔：《后汉书（简体字本）》，北京：中华书局，1999年，第662页。

始皇统一六国后四处出巡，共立七块刻碑以宣扬其功绩。琅琊刻石载："日月所照，舟舆所载。皆终其命，莫不得意。应时动事，是维皇帝。"① 舟车的行迹代表着皇权的地理范围，而舟车的行驶也成为统治稳定性的象征："后敬奉法，常治无极，舆舟不倾。"②

这种叙事被班固借用到对天下秩序的想象之中，就出现了"黄帝，作舟车以济不通，旁行天下"③ 的叙事重构，并试图建构起舟车所通尽为臣妾的天下政治秩序："王莽因汉承平之业，匈奴称藩，百蛮宾服，舟车所通，尽为臣妾，府库百官之富，天下晏然。"④ 再如旧唐书："唐有天下，恢奄禹迹，舟车所至，莫不率俾。"⑤

（三）由水及舟的政治叙事

舟行于水，水舟具有天然的联系，水能浮舟、水涨船高、载舟覆舟等一系列政治隐喻也就随之出现了。水与舟都与国家政治有着重大关系，因此成为知识分子在劝谏场景下最常用的意象，作为一种说服手段，借水舟引发对治国治民之道的探讨。水舟的隐喻路径并非一蹴而就，而是在相应的政治经济文化与军事实践中慢慢绑定在一起，从而形成多种政治叙事模式的。

1. 君水民（臣）舟

君舟民水，贤臣即为舟楫，治国即为过河。早在《管子》中，就已出现水舟明喻：管仲面对桓公的夸赞，将自己与隰朋喻为"鸿鹄之有翼，济大水之有舟楫"（《管子·戒》），将治理国家比喻为过河，将贤能的人才比喻做舟楫之用，国君拥有贤臣就如同过大河有舟楫。但君王昏昧，即便有贤才却也无可奈何。自此，舟的意象已经与水相绑定，成为君臣关系的象征。

普天之下，莫非王土，四海之内，皆是王臣。中国古代文化场景中的臣既包括政府各级官员，也包括民间百姓，是一个虚设的集体实体。在这个意义上，《管子》的君水臣舟亦可以被视为君水民舟之喻。

随着社会生产力的发展，舟的使用对象也扩大化，下沉至统治阶级以外的臣民，为民与舟的叙事关联奠定了物质基础。《尸子》中所记载的站在舟中的栾氏子与晋国君主对话的场景，将舟楫与百姓相关联，强调君主修德以稳固民心。栾氏曾联合齐国在晋国发动叛乱，以失败告终。晋国君主询问栾氏后人在哪里，站在

① （汉）司马迁：《史记（简体字本）》，北京：中华书局，1999 年，第 174 页。
② （汉）司马迁：《史记（简体字本）》，北京：中华书局，1999 年，第 185—186 页。
③ （汉）班固：《汉书（简体字本）》，北京：中华书局，1999 年，第 1231 页。
④ （汉）班固：《汉书（简体字本）》，北京：中华书局，1999 年，第 961 页。
⑤ （后晋）刘昫等：《旧唐书（简体字本）》，北京：中华书局，2000 年，第 2413 页。

舟中的栾氏子并没有直接承认自己的身份，而是以舟作喻："不修晋国之政，内不得大夫，而外失百姓，则舟中之人皆栾氏子也。"（《尸子》）君主无德，百姓就都是"舟中之人"——反抗者。《说苑》言"君不修德，船中之人尽敌国也"，也为此意，作为水运工具的"舟"，也因此被用以代表敌对者的战船，进而引申出对君德、民意与国运的探讨。

《后汉书》记载："臣闻刳舟剡楫，将欲济江海也；聘贤选佐，将以安天下也。"①，以"济江海"类比"安天下"，将君主"聘贤选佐"的行为比喻为"刳舟剡楫"，君水民舟的隐喻被正史不断借用和强化，为载舟覆舟的政治叙事奠定了基础。

2. 君舟民水

与《管子》的比喻相反，《荀子》则出现了最早的君舟民水之喻："君者，舟也；庶人者，水也；水则载舟，水则覆舟。"（《荀子·王制》）这一隐喻的诞生主要与舟师的战争实践紧密相关。在众多具有决定性的战役之中，舟船扮演了重要角色。

最早对舟船的战争使用记录可以追溯到武王伐殷，在牧野之战前，武王于孟津运用舟船运送四万五千名将士，"率戎车三百乘，虎贲三千人，甲士四万五千人，以东伐纣，十一年十二月戊午，师毕渡盟（孟）津"（《史记·周本纪》），为决战奠定了基础。

如果说西周时期对舟的军事应用还主要集中在物资运送上，那么到了春秋战国时期，作为水运工具的"舟"进一步发展成为国家战争机器，仅在《左传》中，就有6处提到"舟师"。②随着青铜及铁材料的广泛使用，水战在临海的吴越之地已颇为普遍，出现了舟师，仅《吴越春秋》中记载的水战就多达20余场。在诸侯争霸之际，吴、越、楚、齐均大力发展造船业，舟师与水战直接关乎国家的生死存亡。

辅佐阖闾称霸诸侯的吴国名将伍子胥尤为重视水战："阖闾见子胥：'敢问船运之备何如？'对曰：'船名大翼、小翼、突冒、楼船、桥船。今船军之教，比陵军之法，乃可用之。大翼者，当陵军之车；小翼者，当陵军之轻车；突冒者，当陵军之冲车；楼船者，当陵军之行楼车也；桥船者，当陵军之轻足剽定骑也。'"③伍子胥以车比船，来阐明水战的训练方法。此外，《越绝书》中还多处记载了战船的种类、规模、装备、载人量、作战用途等，舟师在春秋战国时期已成为国家战争的重要部分，并出现了专业的战船和水军。载舟覆舟不再是单纯的隐喻，而成

---

① （南朝宋）范晔：《后汉书（简体字本）》，北京：中华书局，1999年，第717页。
② 李波：《〈史记〉中的船和舟》，《中国典籍与文化》2008年第3期。
③ （北宋）李昉等：《太平御览》卷770《舟部三·舟下》，第3413页。

与国家命运直接关联的现实境遇。

### 3. 沉舟之弊

在水舟叙事之中，沉舟作为不吉利的象征，与政权覆灭相关联。那么，沉舟是如何从一种物理现象转变为一种政治隐喻的呢？通过回溯历史，不难发现这一认识在诸多情境之中逐渐扎根，具体包括舟船意外沉覆带来的人员死亡、水战失败带来的权力更易、官员故意沉没船舶以贪污国家财产、掩盖犯罪事实等，这些事件将"沉舟"的物理现象提升到国家前途命运的高度。

如前所述，大禹治水卓有成效被尊为王，因治水而成为道德典范；他的父亲鲧治水失败，所以被杀，这就是"水能载舟亦能覆舟"最初的典型字面写照，治水与政治权力的叙事绑定由此开端。另外，历史上舟船翻覆事件导致君主和贵族的或意外或被暗算而死亡，给王朝带来了不可预料的政治变革。如在西周时期，周昭王攻打楚国，楚人假意交好，实则"以胶船进王，王御船至中流，胶液船解，王及祭公俱没于水中而崩"（《史记·周本纪》）。这也成为物理意义上覆舟以覆灭统治的典型叙事。可见，在西周时期，舟船不仅仅被应用在战场之上，更成为政治权力争夺的阴谋手段之一，舟船翻覆与政权覆灭直接相关联。

其次，在国家漕运经济中历朝历代更是出现了"沉舟之弊"①的奇特政治经济景观，经手漕运的官员故意制造沉船事故，以贪腐国家财产、中饱私囊，并销毁贪腐证据，以至于《旧唐书》记载"漕吏狡囊，败溺百端。官舟沉溺者岁七十余只。"②漕运和舟船的管理与国家政治的清廉及国家财政直接挂钩，漕运舟船贪腐恶化了百姓的生活条件，带来政权的不稳定和国库的亏空，那么沉舟成为一种政治隐喻，警示统治者要注意自身德行、选拔贤臣清官。

在政治实践的场域，沉舟实际上具有多种实践和隐喻的内涵。作为一种家国一体的文化，圣王的个人品质与国家利益是紧密相关的，"积羽沉舟"就是这样的一种隐喻。《战国策·魏策一》记载"臣闻积羽沉舟，群轻折轴"，这是张仪试图说服魏王时所采用的隐喻，本质上是臣子对君主的劝谏。"积羽沉舟，群轻折轴"的表述被司马迁照搬至《史记》当中，以更加丰富的笔触描绘了张仪与魏王的交谈场景。可见，沉舟作为一种政权覆灭的隐喻在政治劝谏的情境之中被士人群体所采用，强调君主自身德行的修养，以免船翻人亡。同样的表述还包括《关尹子》的"小隙沉舟"，意即防微杜渐，进一步推广为君子的一种理想人格："积羽沉舟，群轻折轴，故君子禁于微。"（《淮南子·缪称训》）这一观念凸显了个人与国家之

---

① （后晋）刘昫等：《旧唐书（简体字本）》，北京：中华书局，2000 年，第 3126 页。

② （后晋）刘昫等：《旧唐书（简体字本）》，北京：中华书局，2000 年，第 3126 页。

间同心圆似的结构关联。

通过政治隐喻的方式，沉舟的观念深入人心，成为一种政治叙事的模板，不仅出现在正史之中，也在文化和文学作品中得到广泛传承。沉舟作为一种政治警示，强调了统治群体的德行对国家稳定发展的重要性，呈现了家国一体的内在逻辑，这一观念贯穿于中国的历史与文化，塑造着中国人的价值观念和政治意识。

### 三、水舟观念的政治隐喻生成

在求索作为政治传播话语实践的水舟隐喻之前，首先需要弄清楚水舟叙事的物质基础。其次是继续追问水舟是谁、在何种语境之下提出的？是怎样构建其意义的？这一问题的解答离不开中国古代社会生活情境，对传统水舟政治隐喻的解构离不开对中国古代政治传播行为和传播环境的考察。区别于以往政治哲学及历史学对中国古代民心思想的考察，本章节通过对二十四史中语料的逐一辨别，筛选出所有直接以水舟作喻来表达其政治思想的句子，共提取787条，勾连史料对水舟叙事加以考察，以此管窥中国古代民心思想的理论逻辑。研究发现，以舟师为代表的战争实践和以漕运为代表的经济实践共同构成了水舟观念生成的物质性基础。

#### （一）水舟观念的物质基础

水舟话语语料中涉及水舟观念生成的物质基础可以分为两类：其一是以舟师为代表造船技术的发展与军事战争实践；另一则是运河与漕运的经济实践。文化的地理面貌影响着文明的取向，正是这些物质存在推动了水舟政治观念的发展与隐喻的成型。

#### 1.舟师、水战与造船技术发展

早在西周时期，舟船管理就已成为国家事务。《尔雅》记载："天子舟，诸侯维舟，大夫方舟，士特舟，庶人乘泭。"舟船的使用规模和等级秩序相匹配，并设置舟牧官职进行管理，并从周武王开始有了使用舟船运送官兵发动战争的历史记载；楚康王（公元前559）开始制造战船并创建水师，并进行了有史以来的第一次水战；吴王夫差八年于海上攻打齐国，发动了有史以来的第一次海战。[1]而后，战船的种类和功用在各朝代不断丰富和发展，相继出现了楼船、帅船、斗舰、艨艟、走舸等，并在元明时期达到了战船建造史的兴盛期，形成内河船、近海船，以及郑和下西洋的军用船三大类战船。[2]

---

① 王兆春：《中国科学技术史（军事技术卷）》，北京：科学出版社，2016年，第57页。
② 王兆春：《中国科学技术史（军事技术卷）》，北京：科学出版社，2016年，第187页。

中国造船史的发展与对水舟观念史的考察不谋而合：在秦汉、隋唐和宋朝时期，水舟关键词都出现了上升趋势并达到了峰值，而与此相对应的史实是，秦汉、隋唐及宋金之际不仅水战尤为频繁，而且造船技术也获得了巨大发展：中国古代造船技术"在秦、汉时代获得大发展，出现了中国造船史上的第一个高峰时期"[①]；"汉武帝平定东南，守固辽东，多赖水军之功"[②]，也正是在这一时期，开辟了南北海上航路，形成海上丝绸之路的雏形；三国时期的赤壁之战直接奠定了魏蜀吴三足鼎立之势；在隋灭陈的关键战役中，以五牙舰为主力的舟师为统一全国的大业发挥了决定性的历史作用；宋金之间更是水战甚多，如陈家岛水战和采石之战中将火器与冷兵器相结合，代表着水军技术的重大进步，"中国的航海事业在北宋末期进入了一个转折时期，即进入历史上的鼎盛时期"[③]；元代和明朝前期达到中国古代传统造船技术的巅峰时期，并借由《马可波罗行纪》第一百五十七章对中国海船的描述而闻名于世；明朝早期"拥有世界上最先进的造船和航海技术"[④]，出现了郑和七次下西洋的航海壮举。"很多关键战役曾在水畔打响，而从秦始皇到毛泽东及其继任者，中国的统治者们也都曾在水畔展示他们的权威"[⑤]。正是这些在水畔打响的关键战役构成了水舟叙事的物质基础。

2. 运河、漕运与水利

水舟观念的形成深受其文化地理面貌的影响，中国大运河造就了运河流域独特的社会历史风貌，历经岁月积淀的运河文化更成为宝贵的非物质文化遗产。舟师的军事需求是修建运河的重要因素之一，运河修建对历代王朝的政治军事都有着举足轻重的作用。

最早的运河就源于军事需求，在春秋楚吴争霸时期，最早的人工运河如扬水运河、胥溪、邗沟等相继被修建，其中伍子胥主持开挖的胥溪就是为了偷袭楚国都城，并一举大获全胜；秦汉时期已初步形成了沟通江、淮、河、海、珠五大水系的运河干线[⑥]，并在汉代出现了中国第一部水利史著作《史记·河渠书》；"隋代统一中国的时间，虽然只有短短的二十多年，但是对于造船、开运河以及发展海上交通，却曾做了许多事情"[⑦]，特别是隋朝形成的南北大运河为唐代的鼎盛与大一

---

① 席龙飞等编：《中国科学技术史（交通卷）》，北京：科学出版社，2016年，第44页。

② 王兆春：《中国科学技术史（军事技术卷）》，北京：科学出版社，2016年，第93页。

③ 杜石然主编：《中国科学技术史（通史卷）》，北京：科学出版社，2016年，第522页。

④ 杜石然主编：《中国科学技术史（通史卷）》，北京：科学出版社，2016年，第705页。

⑤ （英）菲利普·鲍尔著，张慧哲译：《水，中国文化的地理密码》，重庆：重庆出版社，2021年，第17页。

⑥ 席龙飞等编：《中国科学技术史（交通卷）》，北京：科学出版社，2016年，第450页。

⑦ 章巽：《我国古代的海上交通》，北京：商务印书馆，1986年，第38页。

统的政治局面提供了坚实的基础。《汉书》言："若有渠溉，则盐卤下湿，填淤加肥；故种禾麦，更为粳稻，高田五倍，下田十倍；转漕舟船之便"①，通渠有利于农业社会的发展，也为南北经济的沟通、贸易往来提供了便利。

漕运直接关乎国家经济命脉，是政府工作效能的直接体现。例如唐朝中晚期名相裴休在即相位之前，最大的功绩就在于担任盐铁转运使时，扭转了漕运亏空、舟船屡沉的现状。在他之前，"岁漕江、淮米不过四十万石，能至渭河仓者十不三四"②，就连官舟每年都会沉溺七十余只；而裴休接任后的三年之内，就一改前貌，"漕米至渭、河仓者一百二十万斛③，更无沉舟之弊"④，漕米之数直接翻了近乎十倍。可见漕运贪腐之严重程度。以李隆基治下的大唐开元盛世为例，有史可查的便有：开元九年秋七月丙辰，扬、润等州因暴风"漂损公私船舫一千余只"⑤；开元十四年秋七月癸丑夜，因涨潮"漂没诸州租船数百艘"⑥。到了天宝年间，这一情况就更为严重了，仅在天宝十载，先是春正月庚戌，因"大风，陕郡运船失火，烧米船二百余只"⑦；后是秋八月"乙卯，广陵郡大风，潮水覆船数千艘。丙辰，京城武库灾，烧器械四十七万事"⑧。从粮食到船舶再到武装器械，一场大风就可以使得国库亏空，究竟是自然风，还是贪官污吏借势吹起的风，难以搜集证据辨明追责。

运河、漕运与水利共同构成中国古代水舟叙事的经济基础。治水成效直接关系着王朝的经济收入与政权稳定，水旱灾难往往是王朝覆灭的先声，而兴盛之世无不伴随着水利建设的巨大成就。伴随着水利工程的大举建设，水运也成为交通运输的关键渠道，影响着朝代的兴衰。漕运的历史绵延千年，南宋定都杭州，就与杭州临近长江，水运交通便利相关。再如沟通中国南北交通的京杭大运河，对古代中国政治文化的发展产生了重要的联结作用。水运与交通相勾连，基于信息交通的现实存在而形成了以水舟喻政的政治智慧。

（二）水舟隐喻的话语建构

福柯将话语与权力相关联，"话语意味着一个社会团体依据某些成规将其意义传播于社会之中，以此确立其社会地位，并为其他团体所认识的过程"⑨。在水舟隐

---

①　（汉）班固：《汉书（简体字本）》，北京：中华书局，1999 年，第 1347 页。
②　（后晋）刘昫等：《旧唐书（简体字本）》，北京：中华书局，2000 年，第 3126 页。
③　唐朝及之前，斛为民间对石的俗称，1 斛 =1 石。
④　（后晋）刘昫等：《旧唐书（简体字本）》，北京：中华书局，2000 年，第 3126 页。
⑤　（后晋）刘昫等：《旧唐书（简体字本）》，北京：中华书局，2000 年，第 122 页。
⑥　（后晋）刘昫等：《旧唐书（简体字本）》，北京：中华书局，2000 年，第 127 页。
⑦　（后晋）刘昫等：《旧唐书（简体字本）》，北京：中华书局，2000 年，第 150 页。
⑧　（后晋）刘昫等：《旧唐书（简体字本）》，北京：中华书局，2000 年，第 150 页。
⑨　王治河：《福柯》，长沙：湖南教育出版社，1999 年，第 159 页。

喻的背后，蕴藏着话语权力的架构，水舟因古代知识分子和统治者的共同倡导而逐渐演变出多重含义，成为中国古代政治文化的经典隐喻。民心天命的文化语境、士人政府的政治土壤、说服劝谏的应用场景，是促使"水舟"观念衍生为政治传播隐喻的重要社会因素。民心与天命的文化传统有力地支撑着水舟隐喻的互动逻辑。在华夏政治文明的进程中，"民心"与政治合法性相绑定。从传播与权力的建构角度而言，水舟隐喻同中国古代政治场域中的"民心"一道，成为古代知识分子群体借以发声和影响国家权力的传播手段。

## 1. 民心天命的文化语境

水舟的政治叙事体现了中国古代政治文明天命与民心相融合的特点。在武王伐殷的叙事中，"白鱼跃入王舟"①成为天命所归的象征，这一叙事被后世史官所采纳，并衍生出诸多变种。如《晋书》记载"有鱼跃入船中"②；《南齐书》载"有白鱼双跃入船"③；《旧唐书》载"有双鱼夹舟而跃。议者以为龙"④。顺水行舟成为符合天道、得民心的象征，在正史叙事中常常出现贼人舟覆而溺死的段落，正义之师则如有天助，水战的胜负与天命民心相关联。

这种天命民心的观念是水舟论得以诞生的文化基础，而以水舟论为代表的"民心"话语体系从无到有的过程并非一蹴而就，而是在漫长的历史演进中、在社会各方势力激烈的权力斗争和心理博弈中不断被运用、解释和重构而形成的。

在人类社会的初期，由于生产力和科技的低下，人类对自然的认识不可避免地落入神秘主义，原始宗教产生，巫术盛行，国家权力来自至高无上的神权。发展到夏商周三代，天帝信仰与祖先崇拜成为社会的主要思想，分别产生了《连山》《归藏》《周易》三易，统治者通过祭祀、占卜问天的形式来维系国家统治的神圣性和合法性。然而商周的政权更迭给神权信仰带来了挑战：如何向社会解释周朝取代殷商的合法性？殷商遗民如何接受"殷人神祖"的失败？面对这一难题，作为国家实际统治者的周公引入"以德配天"的概念来说服人心——"皇天无亲，惟德是辅"⑤。王权固然受命于天，但如果没有"德"的加持，上天也会抛弃他。而"德"主要表现为是否得到民心，天命与民情是一体的，根据对世间民情的考察，就能洞悉天命的意志。殷商暴君桀纣骄奢淫逸、残暴无道，"暴殄天物，害虐烝民"（《尚书·武成》）致使"诞惟民怨……故天降丧于殷"（《尚书·酒诰》），而周

① （汉）司马迁：《史记（简体字本）》，北京：中华书局，1999年，第87—88页。
② （唐）房玄龄等：《晋书（简体字本）》，北京：中华书局，2000年，第1758页。
③ （梁）萧子显：《南齐书（简体字本）》，北京：中华书局，2000年，第236页。
④ （后晋）刘昫等：《旧唐书（简体字本）》，北京：中华书局，2000年，第156页。
⑤ 李民，王健：《尚书译注》，上海：上海古籍出版社，2012年，第334页。

文王"维天之命，於穆不已……文王之德之纯"①。故而武王才能"恭天成命，肆予东征，……以济兆民"（《尚书·武成》），于是周代商就成为天命意志的代表，中国政治与文化由此发生了剧烈的变革。②周公的这一改革被视为"中国古代民本思想初步理论化的标志"③，民情被引入政治视野，民心在政权合法性中的重要性被凸显出来。自此，民心与天命相勾连，并成为一种政治正确。

在后世的发展中，周公配德以天的思想被统治者所延承，并进一步发展成为"得民心者得天下"的政治理念。周穆王的后代、辅佐齐桓公成为春秋五霸之首的法家代表人物、掌握政治实权的管仲提出："政之所兴，在顺民心；政之所废，在逆民心。"（《管子·牧民》）《韩非子》中就记载了一则管仲依靠民心所向来选贤用人的事例：管仲发现"鲍叔牙为人，刚愎而上悍。刚则犯民以暴，愎则不得民心，悍则下不为用"（《韩非子·十过》），直接以是否能赢得民心作为人事任命的参考。"政之所废，在逆民心"的政治理念被广为接受，被驱逐失落的政治家屈原对"终不察夫民心"④的楚怀王感到失望和愤慨；儒家亚圣孟子直接将民心与天下相关联："桀纣之失天下也，失其民也；失其民者，失其心也。得天下有道：得其民，斯得天下矣。得其民有道：得其心，斯得民矣"⑤，进而提出"民为贵，社稷次之，君为轻。是故得乎丘民而为天子"⑥的政治观点。

历史的真相众说纷纭，但"民心"的得失已然成为那些成功获取权力的新任统治者（旧统治的革命者）解释统治合法性的理论阐释，体察民情民生也为历代统治集体所倡导，而这一解释无疑是契合百姓的真实利益的，被百姓广泛接受，这也在一定程度上"与民分权"，给了被统治群体一个舆论道德的制高点，民情民生成为政治统治理论上的中心任务，也成为后世各方权力博弈的舆论焦点。

2. 说服劝谏的应用场景

魏徵劝谏唐太宗的故事是阐释水舟最典型的案例，同时也是水舟论得以跨越历史时空而广泛传播的最有效的叙事建构。舟水之喻因唐太宗和魏徵的君臣佳话而在中国古代社会得到广泛传播，但实际上，引用舟水之喻的臣子远不止魏徵一人。三国时期，王基面对"明帝盛修宫室，百姓劳瘁"⑦的现状，以舟水作喻劝谏

---

① 程俊英：《诗经译注》，上海：上海古籍出版社，2004年，第323—324页。
② 王国维：《殷周制度论》，《观堂集林：外二种》（上册），石家庄：河北教育出版社，2001年，第287页。
③ 张分田：《民本思想与中国古代统治思想（上）》，天津：南开大学出版社，2009年，第86页。
④ （战国）屈原：《楚辞·离骚》，涂小马校，沈阳：辽宁教育出版社，1997年，第4页。
⑤ （战国）孟轲：《孟子·离娄上》，长春：时代文艺出版社，2008年，第71页。
⑥ （战国）孟轲：《孟子·尽心下》，长春：时代文艺出版社，2008年，第143页。
⑦ （晋）陈寿：《三国志（简体字本）》，北京：中华书局，1999年，第557页。

皇帝减少劳民之事："臣闻古人以水喻民，曰'水所以载舟，亦所以覆舟'。故在民上者，不可以不戒惧。……今事役劳苦，男女离旷，愿陛下深察东野之弊，留意舟水之喻，息奔驷于未尽，节力役于未困。"[①]三国名将骆统则以舟喻国，以水喻民，表达其民本的政治观点："夫国之有民，犹水之有舟，停则以安，扰则以危，愚而不可欺，弱而不可胜，是以圣王重焉，祸福由之，故与民消息，观时制政。"[②]除了魏徵以外，岑文本也曾以水舟作喻说明民心对于稳定统治的重要性，劝谏唐太宗："臣闻创拨乱之业，其功既难；守已成之基，其道不易。……凋耗既甚，则人不聊生；人不聊生，则怨气充塞；怨气充塞，则离叛之心生矣。……仲尼曰：'君犹舟也，人犹水也；水所以载舟，亦所以覆舟。'是以古之哲王，虽休勿休，日慎一日者，良为此也。"[③]二十四史中所有关于载舟覆舟的政治隐喻均出现于劝谏的政治情境之中，其本质是中国古代民心观念的概念隐喻。

总而言之，通过对古代历史典籍的考察可知，水舟之喻从一开始就出现且经常出现在自下而上的臣子或知识分子对统治者的劝谏情境中。生于深宫自小养尊处优的鲁哀公向孔子讨教经验："寡人生于深宫之中，长于妇人之手，寡人未尝知哀也，未尝知忧也，未尝知劳也，未尝知惧也，未尝知危也。"（《荀子·哀公》）针对"未尝知危"的困惑，孔子以水舟论告诫哀公民心向背对维护政治统治的重要性："且丘闻之，君者，舟也；庶人者，水也。水则载舟，水则覆舟，君以此思危，则危将焉而不至矣！"（《荀子·哀公》）此后，水舟论被朝廷官员频频提起，如汉朝宗室大臣刘向[④]、东汉名将皇甫规[⑤]、唐初著名的谏臣魏徵等。

而中国古代对"贤君"的形象建构往往与"从谏如流"相关联，自关龙逄、比干因死谏始，就已经构建了千古忠臣的历史叙事，成为后世谏官的榜样，一度使得死谏成为人生追求。魏徵被誉为"千古第一净臣"，唐太宗英明的贤君形象正是依托魏徵等名谏臣衬托的。

### 3. 士人政府的政治土壤

讨论中国古代政治思想中的水舟隐喻，首先需要破除专制的刻板偏见。用钱穆先生的话说，中国古代并非皇帝专制的，而是典型的士人政府，他们担负着传承道统、推行教育和主持政治的三重责任。"水舟"隐喻的生成与社会场景彼此形塑，特别是与中国古代知识分子入仕从政的制度设计密切相关。马克思·韦伯在

①　（晋）陈寿：《三国志（简体字本）》，北京：中华书局，1999 年，第 557 页。
②　（晋）陈寿：《三国志（简体字本）》，北京：中华书局，1999 年，第 987 页。
③　（后晋）刘昫等：《旧唐书（简体字本）》，北京：中华书局，2000 年，第 1711 页。
④　刘向撰，卢元骏注释：《说苑今注今译》，天津：天津古籍出版社，1977 年，第 182 页。
⑤　范晔：《后汉书》，长沙：岳麓书社，2008 年，第 767 页。

《以政治为业》的演讲中，将受过人文教育的文人视为职业政治家的第二类典型人物，并敏锐地发现"东亚的情况有所不同，中国的士大夫毋宁说从一开始就是同我们文艺复兴时期的人文主义者类似的人物：他是在远古语言的不朽经典方面训练有素并科考过关的文人。……这个阶层，自古以来就有一套自己的规矩，决定着整个中国的命运"①。正是在士大夫阶层的倡导以及劝谏行为下，水与舟相勾连，成为君民关系的实体表征。

在中国古代君主专制社会，一国之君享有至高无上的权力，君主金口玉言，出言即为圣旨，其权力的边界是宏大而模糊的。事实上，即便是广被称赞的唐太宗，仅在《贞观政要》中，也有多次怒而杀人的记录，如太宗因喜爱的骏马无病暴死而迁怒杀害养马宫人（《贞观政要》卷二）。君权凌驾于法律之上，皇帝判案"取舍在于爱憎，轻重由乎喜怒"（《贞观政要》卷五），以至于犯事的罪人"得付法司，以为多幸"（《贞观政要》卷五）。纵观中国历史，英明的皇帝凤毛麟角，而如唐太宗一般，因圣明而青史留名的君主尚且有滥用权力的多次记录，可见规范和制约皇权使用的难度。

在此情况下，以民心得失作为底层逻辑的水舟论成为制约和规范君主权力和行为的一种补充。如魏徵谏止唐太宗给长乐公主过多的嫁妆、谏止太宗纳一名郑姓嫔妃、谏止太宗前往泰山封禅……甚至连太宗责骂了房玄龄等臣子，当房玄龄还在惶恐不安时，魏徵已经面见太宗为臣子鸣不平："臣不知陛下何以责玄龄等……不知何罪而责"，最终，"上甚愧之"（《资治通鉴·唐纪第十二》）。"载舟覆舟，所宜深慎"（《谏太宗十思疏》）、"水能载舟，亦能覆舟"（《贞观政要·论政体》）正是魏徵借以劝谏唐太宗的一个政治理念，其核心是将民心视为天下得失的关键，以此来规约和监督至高无上的君权。正是出于对水舟政治传播理论底层逻辑的真切认同，唐太宗奉行"广开言路""兼听广纳""直言无隐"的舆情传播政策②，以保证下情上达，开启了初唐"贞观之治"的局面。

"水能载舟亦能覆舟"的话语体系同样也衍生到对官员的考察之中，覆舟之人往往被视为不祥。如《新唐书》中记载一名在前往考试途中不幸翻船的学子，因"失所载，考中下"③。而能否稳水固舟就成为衡量圣贤的标准之一，例如在海上遭遇风涛的名臣元方不惧危险，慷慨言："我受命无私，神岂害我？"④而后风涛停息，

① ［德］马克思·韦伯：《学术贵族与政治饭碗》，刘富胜译，北京：金城出版社，2019 年，第 47 页。

② 潘天波：《变化的传播偏向》，北京：中国社会科学出版社，2014 年，第 253—254 页。

③ （宋）欧阳修、宋祁：《新唐书（简体字本）》，北京：中华书局，2000 年，第 3236 页。

④ （后晋）刘昫等：《旧唐书（简体字本）》，北京：中华书局，2000 年，第 1946 页。

人们都将他视为贤臣的代表。

借由教育和历史典籍等多种媒介的传播，民心理念深入人心，在士人群体对中国古代教育与政治的引领下得到了社会广泛而切实的认可，并作为自身的政治理念而付诸实践，深刻影响了中国政治的历史走向。尤其是在中国古代朝代更替的舆论建构中，民心成为王权消亡的主要缘由。[1]"水舟论"也因士人群体和统治者的共同倡导而成为中国古代政治文化的经典隐喻。

---

①　谢清果：《华夏文明与舆论学中国化研究》，北京：九州出版社，2018 年，第 39 页。

# 第二章　载舟覆舟：舆论博弈视角下的水舟政治实践

在水舟逻辑主线下，无论是审查制度、文字狱，还是东林运动、各类农民起义的舆论造势，无一不是在争夺传播的控制权，统治者靠它稳固统治；革命者靠它煽动人心；改革者靠它建设社会；百姓也借此掌握了一定的话语权。统治者常采取深入民间了解民情、鼓励劝谏广开言路、强制手段控制舆论、编排禅让及神话故事等塑造形象四种手段来"顺水行舟"，稳固统治；以儒生、太学生为代表的知识分子则多采用劝谏、请愿、上书等传播手段顺水"推"舟，直接干预国家政治决策。在实际的政治实践中，言禁书禁、出版审查、诽谤罪与文字狱常常沦为政治迫害的工具，知识分子面临专制独裁政权的制度缺陷，缺乏人身安全保障。民心之"水"作为一种软实力，能够通过情感传播转化为实在的军事力量，进而成为社会变革的"沉舟"主力。统治者、被统治者之间达成了一种心照不宣的默契，利益各方都顺水推舟，"水舟隐喻"的大船也就在中国历史的河流上声势浩大地开动起来了。

## 一、顺水行舟：自上而下的舆论管控

由军事实力构筑起的政权是一轮强舟，在短期的征服扩张中起着近乎决定性的作用。但在长期统治中，由点滴"弱水"所汇聚而成的潮流却是势不可当的，或瓦解稀释统治，或从舟而行，助力统治者直挂云帆，横渡沧海，到达理想的彼岸。权力和反权力始终相伴而生，统治者越是背水而行，统治所付出的成本和风险也就越高，翻船成为必然。故而，从采风活动到监察御史的官职设置，统治者们自觉建构起一套以水舟论为典型体现的民心传播逻辑，并进行相应的制度设计。民心传播的价值取向背后就是统治者对水舟传播逻辑的认可和强化。

水舟理念无疑是真实地作为政治传播逻辑而被统治者真正地认可和接受的，

但在实际的政治实践中，又存在很多问题。比如认知和行为的矛盾。例如热衷于开矿收税建宫殿、"群臣屡谏不听"（《明史·本纪·卷二十》）的万历皇帝在病危之际竟主动悔过，叮嘱首辅大臣沈一贯在自己死后废止矿税："矿税事，朕因殿工未竣，权宜采取，今可与江南织造、江西陶器俱止勿行……建言得罪诸臣咸复其官，给事中、御史即如所请补用。"（《明史·列传·卷一百零六》）大臣闻言皆感动落泪，人之将死其言也善，万历皇帝在死前还惦记着废止矿税，说明他自身也明白广征矿税给百姓带来的负重和灾难。可万万没想到，第二天万历皇帝就病好了，马上就开始后悔停征矿税，想追回成命，沈一贯无奈只能归还圣谕。司礼太监田义极力劝谏未果，对沈一贯十分唾弃："相公稍持之，矿税撤矣，何怯也！"（《明史·列传·卷一百零六》）而万历皇帝自从病好后，税负更重，以至于"矿税之害，遂终神宗世"（《明史·列传·卷一百零六》）。可见，仅仅有心怀民生的觉悟是远远不够的，认知和行为往往是两回事儿。在现实巨大的利益诱惑面前，许多意志不坚定的统治者的道德感脆弱得不堪一击。这也是专制独裁无法规避的制度缺陷——站在权力巅峰，统治者的行为很难被束缚，民意表达的渠道也容易被各种外力所堵塞，而且与收益相比，统治者的违规行为在短期内很难看到立竿见影的破坏效果，但国家实力会下降，民心不稳，维护统治的成本也会上升。而长此以往，各种内忧外患往往轮番上阵，统治的覆灭成为必然。

面对君主专制独裁的制度缺陷，在见证和吸取前朝历史颠覆的教训上，统治者发觉并认可了水舟传播逻辑，于是独具中国特色的一系列采风、劝谏制度出现了。面对民意的潮水，统治者一方面注重了解民情，保证民意表达渠道的畅通（如采风制度、巡视官员等天子耳目），以保证自身不被蒙蔽；另一方面，统治者自身也发觉无法确保权力继任者的贤愚，故而寄希望于一系列的制度设计（如刺史制度、谏议大夫、御史制度等）来规避和减小出现昏庸统治的风险。水舟传播逻辑不仅融汇着统治者对民意重要性的客观认知，更掺杂着中国传统文化的人生价值追求和情感寄托。统治者了解和争夺民意的具体方式包括：

（一）天子耳目：采风与民谣

出于对民意的重视，采取一系列措施扩张"天子耳目"以提供天子决策的依据。为了保证政策的合理性，开明的统治者更注重决策前的集思广益和政策推行后的民间反馈，古代常常以"圣明"来形容耳聪目明的君主，而君主的独裁是在深入了解民情、广泛听取群臣意见基础上自主做出的决策。

早在西周时期就设置了采诗的官职，官员每年春天摇着木铎到民间收集民谣，整理后交由太师加工谱曲，再唱给天子听，以达到"王者不出牖户，尽知天下所苦"（《春秋公羊传·宣公十五年·解诂》）的目的，这也是《诗经》的来源。《诗经》作为古代统治者施政的参考，记录和表达了劳作、婚恋、战争、徭役等民间日常生活和对社会的讽刺和不满，如《七月》篇对地主阶级的不满和对劳役的控诉。《诗经》是周代现实生活的一面镜子，成为先秦时期统治者了解民情民生、把握民心的一扇窗口。《春秋》同样也是如此，春秋时期每年春、秋两季，政府都会指派官员到乡下收集民谣，"春秋时期所发生的这些新闻采集活动形成了中国最早的官方史实记录，即众所周知的《春秋》"①。孔子言："不学诗，无以言。"（《论语·季氏》）不掌握《诗经》，就无法在先秦统治阶级中掌握话语权，这也从侧面说明了解民情是执政的基础。除了采风外，西周时期还有"谏鼓谤木"等辅助手段以及王师等官职专门用以规谏天子行为。

与现代人印象截然相反的是，中国古代老百姓并非憨厚的逆来顺受者，而是杰出的讽刺家。"对于大多数官员而言，他们始终是持续而坚定的讽刺者——这个事实在人民对其统治阶层表面的驯服下经常被掩盖起来。"②中国历史讽刺民谣的传诵从未中断，"没有任何审查制度或独裁统治能够真正阻止人民内心对于政府的批评"③。而这些批评借由采诗观风的形式为官方所掌握并反馈给上层统治者。到了汉代，政府仍旧专门派遣官员深入民间收集民意，并鼓励乡议，激励百姓向基层组织上书，设置朝议制度、召开特别会议讨论（如汉宣帝时召开"石渠阁会议"；东汉章帝时召开"白虎观会议"），这些都属于天子扩张自己的耳目的行为——四方收集民意，广泛听取建议，以更好地看清民意的"水势"，进而提高决策的科学性。

（二）广开言路：从御史制度到清议

中国古代政治家很早就认识到了疏通民意表达渠道对建设国家的重要性，"川壅而溃，伤人必多，民亦如之。是故为川者，决之使导；为民者，宣之使言"（《国语·周语上》）。阻止人民说话的危害，甚至超过堵塞河川的风险，压制社会言论只会加剧社会矛盾，最终导致暴乱，故而"防民之口，甚于防川"（《国语·周语上》）。民意不仅仅是民众自由意见的表达，更是统治者制定政策的决策依据和完成政治目标的重要手段。而政治权力的稳固和社会秩序的维护都基于统治者对传播过程的有效控制，特别是广开言路，上情下达的传播渠道的控制。民意的传播渠道被堵塞，往往意味着君主的昏昧、权臣的蒙蔽和弄权（敛财）及人民的灾难。

张文英将中国古代舆情表达分为谏诤制度、清议、政治性谣谚和民变四种方

---

① 林语堂：《中国新闻舆论史》，王海译，北京：中国人民大学出版社，2008 年，第 13 页。
② 林语堂：《中国新闻舆论史》，王海译，北京：中国人民大学出版社，2008 年，第 18 页。
③ 林语堂：《中国新闻舆论史》，王海译，北京：中国人民大学出版社，2008 年，第 19 页。

式。① 谏诤是指朝堂之上御史官员的规谏，尤其是他们的弹劾和请愿活动，往往代表着整个社会舆论的核心②，朝堂协商往往也对整个社会的舆论有着指引和导向作用。秦汉御史监察制度和谏议大夫的制度设计是在集权统治下舆论表达的渠道设置，到汉代时"常不定期举召直言进谏之人"③，为汉末"清议"的形成奠定了宽松的舆论氛围。

"清议"是士族阶层对时政的褒贬和看法，他们"站在正确和公正的立场上有所作为，甚至以个人承担巨大危险为代价"④。东汉宦官得势，他们依靠权势敛财的行径遭到当时学者们的集体批斗，引发了"党锢之祸"，学者在与宦官的斗争中惨遭失败，被集体杀戮。这一时期，绑匪和盗贼横行，黄巾军起义，直接加速了汉朝的灭亡。当民意被集中表达时，社会或者统治模式往往出现了某种大问题（通常是横征暴敛，巧立名目，聚集财富，大兴土木等），而当代表民意的势力被遏制和制裁，就意味着统治者的独裁专权（拒绝改变），社会就会走向混乱和灭亡。

到了魏晋南北朝时期，"清议"让位于"清谈"，在文化上，明哲保身隐居避世的老庄道学成为主流，而不再关注政治上的清廉和公正。"正像大多数中国史学家所言，是'清谈'时尚带来了清末中国国势的衰弱和外族入侵华北"⑤，而这一切的根源在于宪政无法给予知识分子群体言论自由的法律保障。但"正是他们临危不惧的气概才使得民主有可能发出声音"⑥。完善法律，保护敢言的、心怀家国的评论规谏者，这也正是国家进步的希望所在。

（三）舆论管控：言禁书禁、出版审查、诽谤罪与文字狱

在了解民情和广泛听取建议的基础上，控制和争取民意也是水舟传播的一个重要环节。古代上层统治者在对传播过程的控制上，注重控制传播信息的内容和渠道，表现出自上而下的传播特征。

自商周时期"言禁"就已出现，盘庚迁都遭到贵族反对，经过一番劝导后告诫众人："自今至于后日，各恭尔事，齐乃位，度乃口。罚及尔身，弗可悔。"（《尚书·商书·盘庚上》）这是有史可查的"言禁"最早的开端。而后秦始皇焚书坑儒，汉初设诽谤罪，汉武帝独尊儒术并设"腹诽罪"，隋炀帝禁谶纬，宋代除禁谶纬、天文之外还禁私印书籍等，并创立书籍审查制度，元代禁道书、戏曲书，到明清

①　张文英：《中国古代舆情表达方式探析》，《天府新论》2013 年第 2 期。
②　邱江波：《从舆论学角度看中国古代谏诤现象》，《社会科学家》1991 年第 3 期。
③　朱传誉：《中国民意与新闻自由发展史》，台北：正中书局，1974 年，第 98 页。
④　林语堂：《中国新闻舆论史》，王海译，北京：中国人民大学出版社，2008 年，第 27 页。
⑤　林语堂：《中国新闻舆论史》，王海译，北京：中国人民大学出版社，2008 年，第 40 页。
⑥　林语堂：《中国新闻舆论史》，王海译，北京：中国人民大学出版社，2008 年，第 27 页。

时期，禁书与文字狱相联系，言论管制到了登峰造极的地步，[①] 这些都是舆论管控的手段，统治者希冀通过对民间文献的管理，引导和控制舆论来实现社会价值观的统一。

中国古代的媒介管制与审查制度的本质就是为了维护权力，传播信息的内容和渠道被权力所掌握，统治者总是致力于关闭控制之外的所有可能的传播渠道。权力基于对传播和信息的控制，本质上就是对思想和精神的把控，就是争夺民心的过程，也就是国家权力合法化的过程。借助礼乐传播等形式，统治者在全社会构建了一套相应的价值体系：在人际交往上设立仁义礼智信孝悌廉等标准，在社会运作上通过服饰、封禅等仪式活动表演来区分等级关系，进而构建整体的社会环境，影响社会各阶层人士的思想和价值观念，建构和稳固已有的权力关系——无论是家族中的权力关系，还是政治朝堂的权力关系。

舆论管控的政策往往带来双面的影响。值得区分的是，一部分舆论管控是出自稳固统治的目的（不论结果好坏）；而更多时候舆论管控并非出自建设国家的考虑，而是高度集权的负面影响，或是独裁的君主，或是掌握实际权力的宦官、大臣、外戚的私人偏好和利益需求。尤其是在君主昏昧或权臣弄权的情境下，诽谤罪、文字狱等舆论管控手段往往沦为官员打击异己的工具，成为"逆水行舟"的打手。

（四）政治表演：禅让、神化与故事传播

除了深入民间了解民情、鼓励劝谏广开言路、强制手段控制舆论三种手段，中国古代统治者还别开生面地采用了故事传播的手段来神化自我，通过编排禅让、神化等一系列故事来验证获取权力的合法性，并以此作为收服民心、稳固长期统治的思想控制的最优解。在民间故事中，更是出现了一系列微服私访的传奇小说，将皇帝塑造成为德行圆满的圣贤和明察秋毫、公正廉洁的明君形象，进而填补了百姓对权贵阶层生活的想象，政治表演大秀成为收揽民心的重要手段。

禅让行为的真实目的一直为史学家所争论，在和平让渡权力的表面背后隐藏着政治的腥风血雨。荀子言："夫曰尧舜禅让，是虚言也，是浅者之传，陋者之说也。"（《荀子·正论》）韩非更是直言不讳地指出："舜逼尧，禹逼舜，汤放桀，武王伐纣，此四王者，人臣弑其君者也。"（《韩非子·说疑》）在让贤退位的和善面具下，披着新任统治者为证明自身政权合法性的外衣，他们通过"合法"让渡来

---

① 蒋永福，赵莹：《中国古代对民间文献活动的控制史论（下）》，《图书馆理论与实践》2015 年第 12 期。

确定自己的合法性，而"合法性"的重要参考依据就是民意。君主主动禅让，前朝余党旧臣就丧失了反抗斗争的号召力和合法性。

墨子笔下的禅让则与韩非子截然不同："古者舜耕历山，陶河濒，渔雷泽。尧得之服泽之阳，举以为天子，与接天下之政，治天下之民。"（《墨子·尚贤》）这与知识分子的政治主张密切相关，墨子通过这样的案例解说来推崇尚贤的政治主张。历史的真相无法定论，但不变的是，民意作为一种舆论资源，始终是政治考量的重要因素。在中国历史上，多次出现了朝代更迭但贵族不变、"灭其国，不绝其祀"的奇特现象。例如周武王灭商后将殷王室微子启分封在宋国，而后宋成为春秋五霸之一；清兵入关后第三天多尔衮亲自为崇祯服丧，顺治帝更是为崇祯下跪祭祀，亲致悼词。这与周对商、汉对秦、唐对隋、明对元的政治态度形成了鲜明的对比。细细分析，就会发现，无论是敌对态度，还是肯定友好态度，统治者自始至终都只有确认统治合法性这一个目的。前朝倒行逆施，致使生灵涂炭、百姓怨声载道是革命的合法性；而禅让、祭祀则是出于前朝势力未能完全消解的客观事实而采取的怀柔手段，同时也能瓦解残余势力，争取最大认同，并收获仁义的名声，争取更多的民心。总而言之，这些看似矛盾的行为都出自确认统治合法性、争取舆论民意、稳固现实统治的利益考虑。

奇特的是，中国古代的民意往往是跨越时空而存在的，因而统治者也非常注重自身的人生功过与历史形象。统治者们试图通过禅让等一系列政治表演，借由史学家的记载，来塑造自身贤德圣明的君主形象。在《史记》中舜被描绘为因孝顺而广受社会好评最终获得帝位的典型："舜年二十以孝闻。三十而帝尧问可用者，四岳咸荐虞舜，曰可。"（《史记·五帝本纪》）可见舆论民意在古代政治中的重要性。而受禅让的人往往会谦拒一番，群臣就会以民心所向、天命所归的民意为由再三劝谏受禅让的人接受禅位。魏王曹丕私下强逼汉献帝禅位，明面上却要百般推辞，最终在群臣劝谏下不得已而受之。同样的戏码在梁武帝受禅诏书中也依稀可见："于是群公卿士，咸致厥诚，并以皇乾降命，难以谦拒。齐帝脱屣万邦，授以神器。衍自惟匪德，辞不获许。"（《梁书·本纪·卷二》）这些无一不是政治表演，通过引导和制造民意来争夺更多民心，增添民心所向的舆论光环，以稳固统治，断绝余党起义的借口。配套的表演还包括各种神奇天象恰如其分地出现，以营造天命所归的氛围。这就是一种民意引导的宣传手段。

## 二、顺水推舟：士人政府的理想情怀与政治实践

民意传播本质上就是一种权力制约，是对话语权和传播渠道的争取。从传播与权力的建构角度而言，中国古代政治场域中的民心是古代知识分子群体借以发

声和影响国家权力的传播手段。出自儒家的家国情怀传统，他们的言论往往代表社会利益，通过劝谏、请愿、上书等传播手段顺水"推"舟，直接规制皇权并干预国家政治的决策和走向。当然，顺水推舟的风险也是巨大的，其前提是对"舟"地位的绝对认可和效忠。传播与权力相互交织，言论表达背后充斥着激烈的传播斗争和残酷的权力博弈。

（一）谏议与说服的制度设计

士人政府通过顺水推舟的方式表达其理想情怀与政治实践，其背后离不开一系列精妙的制度设计作为支撑。这些制度设计不仅规范了政治运作的秩序，也为士人群体提供了发声和行动的框架。特别是那些自上而下的制度设计，更是体现了统治者对于政治生态的深思熟虑和精心布局。官方制度如监察御史等，如同古代政治体系中的"定海神针"，一方面确保了国家权力的正常运行，另一方面也为士人群体提供了与统治者对话的渠道。通过这些制度，士人们得以在尊重和维护"舟"地位的前提下，有效地发挥其社会批判和监督功能。

在古代中国独裁的政权下，以御史监察制为代表的言论制度"实现通常由现代新闻界来履行的公众批判职能"[1]。在中国古代，他们是天子之耳目。有时，他们向民众解释和传达统治阶级的旨意以争取民心，有时广泛收集民意，作为民意代言人通过进谏和各种渠道向统治阶级施压，监督和迫使统治者在舆论压力下做出改变。但同样，知识分子的发声也面临着缺乏宪法保护的生命威胁、被贿赂收买的利益诱惑，以及来自政治生活领域的各种挑战，总是遭遇"惊吓、嫉恨、利用、收买、勾结、操纵、哄骗、恐吓、惩罚和谋杀，尤其是宦官集团的戕害"[2]。在国家生死存亡的关头，他们出于自身的责任感，借由联名上书等方式激发民间舆论，无畏地对宦官集团发起批判，"假如舆论被正确的领导者所引导或者被国家的安危所激励，它的确能够发挥作用，达到以弱敌强的效果"[3]。多数请愿活动都是针对朝廷中的权贵人员而展开的，这些携带着民意的请愿活动常常成功地改变朝廷的政策，免职或者处死他们反对的人，但他们自身也承担着请愿失败所带来的报复风险。正是这些知识分子凝聚、引导和推动着古代中国公众批评的浪潮，并直接干预着国家政治的走向。

谏议思想与说服传播是相辅相成的政治传播手段。在古代中国，谏议思想作为士人群体向统治者进言的重要方式，体现了士人对于政治决策的深刻思考和独

---

[1] 林语堂：《中国新闻舆论史》，王海译，北京：中国人民大学出版社，2008年，第52页。

[2] 林语堂：《中国新闻舆论史》，王海译，北京：中国人民大学出版社，2008年，第5页。

[3] 林语堂：《中国新闻舆论史》，王海译，北京：中国人民大学出版社，2008年，第5页。

立见解。他们通过上书、进谏等方式，向统治者表达自己对国家大事的看法和建议，以期影响政治决策的制定。而说服传播则是实现这一目的的关键环节，士人需要运用各种传播技巧，如逻辑推理、情感渲染等，来增强自己的说服力，使统治者能够采纳自己的意见。

在君权占绝对优势的统治者面前，民心作为一种规约统治者言行的真实实力而存在。是纵享现实的奢靡、美言和欢乐，还是做在权臣的重重围攻下励精图治的苦行僧？在现实选择面前，统治者所面临的诱惑和困难实在是太多。事实上，在中国古代的实际历史中，昏君迭出。很多统治者本身的价值理念就与水舟传播理念背道而驰。历史学家吴思就发现中国古代"立皇帝就如同掷骰子，皇帝的好坏主要靠碰运气。以明朝的十六个皇帝论，不便称之为恶筛子的不过五六个，大多数不能算好东西，可见恶政被选中的概率相当高。东汉九个皇帝，不算恶筛子的只有三个，与明朝的恶政出现概率差不多。东汉的多数恶筛子，譬如汉灵帝，登基时还是个小孩子，似乎一张白纸；嘉靖和万历之流年轻时还算不错，后来却恶得一塌糊涂，可见恶政被培育出来的概率也不低"[①]。而顺水推舟的传播效果与皇帝本人的觉悟密切相关，变动性很大，水舟传播的实践也因此在表面逻辑与深层逻辑之间反复横跳。当以民心传播为核心的水舟论在真实的政治实践中沦为表面逻辑时，就会使言官落入要么谄媚求生，要么以生命为代价进行死谏的两种极端情境。

但正是这些自上而下的制度设计，体现了统治者对于政治稳定和权力平衡的深刻认识。在这样的制度背景下，士人政府得以在历史的长河中不断发展和壮大，成为推动古代中国政治文明进步的重要力量。

### （二）自下而上的政治批判

在社会空间中，人们的价值理念激烈交锋，充满各种各样的矛盾。针对现实民众的切身利益和生存现实，不同的学派生发出不同的主张，并以辩论、布道等方式公开传播，成为引领公众批判的舆论中心。例如，创办东林书院的顾宪成颇有名气，通过讲学、论辩、研讨、撰文、出书等方式，他发起的时政讽议活动开启了明朝政治批判的风尚，并形成了东林党。许多官员纷纷上疏推荐，顾宪成也因此被任命为南京光禄寺少卿（但是顾宪成没有接受任命），他创办的东林书院成为公众批判的舆论中心。各方围绕价值与利益展开争斗辩论，构成了传统社会舆论和民意组成的重要部分，也成为政权稳固时期"民意"力量的典型体现。正是

---

① 吴思：《潜规则：中国历史中的真实游戏》，昆明：云南人民出版社，2004年，第37页。

在这个过程中，观念不断更迭，权力关系也被重构重组。

知识分子往往是民意的中心节点，对民心有着引领和导向作用。为了提高自身的名气和号召力，古代社会出现了"著名隐士"和"终南山捷径"的自我营销，通过社会民意的宣传，或者得到统治阶级的赏识和官职，或者借助自身的名气发起政治批判活动。

在中国历史上，具有家国情怀的殉道者屡见不鲜，甚至出现了以死谏为人生幸事的奇特价值观，尤其是在宦官掌权、腐败透顶或遭遇外来入侵之时，体现得最为明显。汉代太学生的清议与两次党锢之祸、宋代太学生反对外来入侵的运动和明代东林党运动是中国古代三场以太学生等知识分子为主导而发起的舆论争斗事件，这三场舆论事件都是在国家、民族危亡时发生的，知识分子与朝中正直的官员相互激荡、呼应的以反对国内的卖国贼为主的有组织的舆论事件[1]，这表明"当学者们得到正确的引导和组织时，他们就会站在正确和公正的立场上有所作为，甚至以个人承担巨大危险为代价。"[2]

（三）谏官作为民意表达中介的功过

古人以水舟论为高度概括的政治传播认知奠定了华夏政治文明的总基调，生发出配德以天、天下大同的政治使命追求。对统治而言，民意就是感知社会变化的"皮肤"。尤其是在言论畅通的时代，往往政治清明，统治者也相对包容。如"千古第一诤臣"魏徵对太宗的劝谏非常全面，唐太宗给长乐公主的嫁妆多了，会被魏徵谏止；长孙皇后和太宗准备纳一名郑姓嫔妃，会被魏徵谏止；唐太宗想前往泰山封禅，还会被魏徵谏止；就连太宗责骂了臣子，魏徵也会跑过来为臣子鸣不平："臣不知陛下何以责玄龄等……不知何罪而责"（《资治通鉴·唐纪第十二》），最终，"上甚愧之"。

但是谏官自身也存在诸多问题。社会影响较轻的一大弊病是，在劝谏历史中，谏官多重气节，追求清名，随性仗义执言，忘记了劝谏真正的目的在于说服。如宋代注重中央集权，重文抑武，专置谏院。不因言获罪的制度安排，造就了谏官们敢谏、善谏的风气，谏疏也是历代中最多的。宋朝谏议大夫张舜民因其敢于进谏而青史留名，《文献通考卷二百三十六》记载其"舜民初用于元祐至元符末为谏议大夫，居职七日，所上事六十章"，上任才七天，仅他一个人就给宋神宗写了60多封奏疏。很多言官打着劝谏的名义，实则精通反讽、阴阳怪气、抬杠等绝学，

① 侯东阳：《林语堂的新闻舆论观——评林语堂的〈中国新闻舆论史〉》，《新闻与传播研究》2001年第2期。

② 林语堂：《中国新闻舆论史》，王海译，北京：中国人民大学出版社，2008年，第51页。

一骂骂一片。其中最为著名的莫过于海瑞的"直言天下第一事疏"——《治安疏》。早期的嘉靖皇帝颇有"嘉靖新政"的美名，海瑞直接戳着皇帝的年号内涵道："嘉靖者，言家家皆净而无财用也。"但正是这些现在看起来有些傻气的行为，折射着古人治国平天下的理想情怀。

一些谏臣表面无谓生死，实则或为一己私利，或为青史留名，为了反对而反对皇帝的决定。而有些劝谏的逻辑，则称得上无理取闹、锋芒太凶。"谏官锋铠太凶了，闹得太意气，太无聊了，社会乃及政府中人，都讨厌谏垣，不加重视，不予理会，于是谏官失势，然而权相奸臣又从此出头了。无制度的政府，哪能有好施为，哪能有好结果。"①皇权不堪其扰，但当革除之后奸臣就容易出现。当心怀家国的知识分子集体揭竿而起之时，往往对应着宦官专政、统治腐败、政场裙带关系严重的现状。这时，统治阶级对社会言论的容忍度就会很低，知识分子与统治阶级之间的斗争也会白热化。而代表民意的斗争落败，知识分子就会遭到迫害乃至屠杀，国家机器的运转最终会面临内忧外患，由此可见民意表达对政治运转的重要性。

大规模的迫害与宪法保护的缺乏严重打击了知识分子的发声意愿。这也是王朝逃脱不了兴衰更替的重要原因。完善法律保护制度，保障知识分子的发言权对国家长期统治的延续至关重要。民意传播的扩展渠道和制度化在中国政治的进步中发挥着重要的功效。虽然历史上的君主个性多样，好坏不一，但正是在一批有先见之明的统治者的努力下，民意表达的渠道得以用法律的形式实现了制度化，华夏政治文明与社会发展也在历史的长河中实现了九曲黄河式（时好时坏）的总体进步。这也是华夏传播研究的目的所在：通过追溯和梳理中国传统社会传播现象与传播活动背后的文化机理，通过"由表及里，去粗取精，去伪存真"的功夫，以理解和指导当代中国社会的传播实践，形成一套"能够保持自然生态和谐、社会关系和顺、政治运作高效廉洁、民众生活有序安宁、国际关系和平互助的传播思想和传播制度"②。

### 三、弱水承舟：被统治者舆论建构的传播机制

朱传誉先生在《中国民意与新闻自由发展史》一书中，将民意归结为中国传统社会的舆论形式。"天视自我民视，天听自我民听"（《尚书·泰誓》），言论渠道是否畅通成为评判政府好坏的标准之一，而这条标准"伴随着人类血肉生死的代价而得以争取和捍卫……受到中国历史上所谓'铁腕'执政者的一贯压制……中

---

① 钱穆：《中国历代政治得失》，北京：九州出版社，2012年，第85页。
② 谢清果：《华夏文明与舆论学中国化研究》，北京：九州出版社，2018年，第5页。

国新闻史就是民间舆论和中国当权者之间的斗争史"①。水舟论正是中国古代社会对统治者与被统治者之间传播较量认知的写照，从官方的采风到御史监察制度，从禅让表演到微服私访的故事传播，从联名上书到清议、清谈再到死谏的殉道者，华夏重"民"的政治文化理念在社会各方以生命斗争、互相制约的历史过程中始终一脉相承，最终产生了一套重视统治者与被统治者之间互动关系的政治文化理念，而"水舟论"正是对这一理念的传播机制与传播过程的暗喻与概括。

（一）历史民意：跨越时空的舆论震慑

青史留名与遗臭万年对统治者而言具有跨越时空的舆论震慑。比如秦桧掌权时期，任何言论批判的表达都被严厉禁止，所有反对秦桧的大将和学士都被谋杀；当时过境迁，秦桧被钉在历史的耻辱架上遗臭万年。统治者寿命有限而民意是跨越时空而存在的，而中国古代文化常常将民意与天意相关联，对统治者生前的行为构成一定的震慑作用。尤其是在舆论高压的情况下，善于嘲讽的民谣会在民间长久地流传下去。

春秋时期政治家子产发起社会改革后，百姓高唱"取我衣冠而褚之，取我田畴而伍之。孰杀子产，吾其与之！"（《左传·襄公三十一年·子产为政》）表达着对子产新政的愤恨，而在三年之后，百姓尝到了新政的好处后，爱戴拥护子产的歌谣横空出世："我有子弟，子产诲之。我有田畴，子产殖之。子产而死，谁其嗣之？"（《左传·襄公三十一年·子产为政》）可见，民意源自百姓的生活体验，借由民谣传播，被统治阶级所收集。民谣跨越时间的流传特性对那些爱好声誉的统治阶级而言具有强烈的约束作用。

故而古代统治阶级注重树立保护和尊重文人的意识，当"文人采用非常规的自我表达方式时，只要不过于挑战统治权威或抵触国家政策，一般而言都会得到当政者宽容"②。当代表民意的知识分子遭到残杀和迫害时，往往意味着专制统治的黑暗时代降临，如明东林党学者遭到宦官集团的屠杀，国内动乱不安，外敌就会出现，内患也会养成，加剧了满族入侵和明朝的覆灭。相较于风吹草偃式的传播强效果论，以水舟论为典型体现的历史民意给百姓反向赋予监督和评判政治的权力。

基于统治者立场的舆论传播逻辑，透过历史的窗户，我们可以看到在儒家文化影响下的古代知识分子具有浓厚的家国情怀和自我牺牲意识，高度关注国家事

---

① 林语堂：《中国新闻舆论史》，王海译，北京：中国人民大学出版社，2008年，第2页。

② 伍伯常：《北宋初年的北方文士与豪侠——以柳开的事功及作风形象为中心》，《清华学报（台湾）》2006年第2期。

务；百姓也借助歌谣民谣等一系列方式表达对政府和国家事务的态度。

以民心传播为核心要义的水舟论是对百姓的一种赋权。对基层人民群众而言，民心传播的意义就在于积极为自己的利益发声，对社会命运的共同体而发声，这样才能改变个体生活的整体环境。民心传播是争取权益的舆论手段，是改善生存环境的希望，古今中外皆是如此。尤其是在很多改变社会的重要议题上，民心舆论是社会观念和制度改变的关键。回望历史，无论是男尊女卑思想的破除，还是民主科学平等自由意识的觉醒，抑或奴隶制度、印度种姓制度的废除，种族歧视观念的改变，每一次社会观念的重大变革都是从自由传播开始的。你不发声，我不发声，民众将彻底沦落为待宰的羔羊，只不过是时间先后的问题，而统治者也会终将迎来覆灭的必然命运。

古往今来，民意不可避免地被各类形形色色的群体为实现各自的目的所操纵和利用，有时被称作群氓、乌合之众、大多数人的暴政。权力借助传播实现，民意可以被理解为一种传播权的争取和表达，一种借由传播而进行的权力博弈。西方选举制度的民调民选将政客对民意的操纵、争夺和表演展现得淋漓尽致，这本质上也是对水舟逻辑的一种"日用而不自知"的自觉实践，正是看中了民心传播的巨大力量，世界各国越发重视文化输出和掌握国际话语权的重要性。

虽然民意总是被操纵，但民心是不可违背的。放眼当代，民心传播仍旧是社会进步的关键，无论是在西方社会还是在东方社会语境下，都是如此。民意之所以能够由最初的个体借由传播凝聚成冲击社会的力量，背后一定有其社会成因。疏通民意传播的渠道，就是为了找到民生的痛点，精准解决潜在的动乱隐患和已有的社会问题。而对偏向时间，追求实现文化的延续性的华夏文明而言，其传承的关键就在于民心传播。只有在舆论场保障舆论表达的自由权，才能更好地判别文化的精华与糟粕，实现文明的传承和改进。自由传播关系着社会观念的进步和社会秩序的建构，我们需要探讨的从来都不是民意该不该存在，而是民意怎样避免被裹挟，怎样做到真正代表人民利益？怎样健全发声机制保障发声者的权力和安全，以及这份"自由"的范围、内容和底线该在哪里。

（二）借水沉舟：革命起义的舆论造势

"天意"与"民意"是统治阶级维护统治合法性的理论解释，同样也是改革者和革命者推行变革和夺取权力的舆论资源。卡斯特将自由传播视为最重要的颠覆活动："权力关系建构过程中权力与反权力的互动（权力来自机构，反权力多来自公民社会）……尤其成为社会行为主体挑战国家权力、引发社会政治变革的新途径。"①民意传播的形势为改革与革命者提供了表达与动员的机会,借助神话故事传播、民谣、小册子、宣言等多种形式,通过广泛的传播来组织动员,"长期积压在心中的反抗情绪,只有在与他人连接时才能生长开花,并打破个体间的隔阂,消除个体的恐惧,演变为社会动员"②。进而将民意转换为实际的军事力量,并决定着社会运动中的权力建构。历史的潮水长流而不衰,每到行舟腐朽衰落之际,平静海面下涌动的暗流借由传播的连接,就会积攒起翻江倒海的暴风雨,水面上的行舟也将面临覆灭的挑战。

对现有秩序的不满是造反革命运动的舆论起点。"逆水行舟"代表着统治合法权的丧失。在革命之初以及革命成功后,新任统治者总是会把前朝的统治描摹成逆水行舟的典范,来打破前任统治的惯性与合法性,古往今来皆是如此。

造势制水是权力重组的第一步。在这一阶段,起义需要最广泛的舆论动员以团结更多的有生力量。在革命的初始阶段,民间歌谣的故事传播成为舆论动员的最佳传播手段。从秦末陈胜吴广的鱼腹丹书、篝火狐鸣,到元末刘福通打出"明王出世""弥勒降世"的革命口号,白莲教借由黄河洪水而制造的"莫道石人一只眼,挑动黄河天下反"的民谣,再到明末黄巾起义"苍天已死,黄天当立,岁在甲子,天下大吉"的舆论炮制,这些无一不是革命早期的造势动员,借助天命来拉拢民心。可见传播对革命的本质意义在于:社会危机触发民众对政府统治的不信任感,借助传播激发民众情绪,克服反抗恐惧,刺激民众的情感和意识以抱团进行革命。

传播的手段和渠道影响着社会变革的效果。尤其是在革命早期,情绪的传染和社会身份的确认可以克服对现有统治暴力的恐惧,进而建立起革命的队伍。刘邦最早的革命队伍的建立就是一个情绪感染效果极佳的政治表演案例。秦末,泗水亭长刘邦奉命押送囚犯前往骊山服役,途中逃犯极多,即便如期到达也是死罪一条,于是刘邦在走到芒砀山时,趁夜悲壮地说"公等皆去,吾亦从此逝矣!"(《史记卷八·高祖本纪第八》)义放刑徒。紧接着导演了一出斩蛇起义的戏码,将自己包装为"赤帝之子"的形象,为日后的起义积累了社会名声与资本。在革命成功之后,新任统治者的政治形象也会被神化,将其包装为天命所归、民心所向的天子,来构建新统治的话语体系,稳固统治合法性。天命与民意的勾连是水舟论内涵的典型体现。民心贯穿中国社会发展的始终,不断被争夺。尤其是在君主

---

① [美]曼纽尔·卡斯特:《传播力》,汤景泰译,北京:社会科学文献出版社,2018年,第5页。

② [美]曼纽尔·卡斯特:《传播力》,汤景泰译,北京:社会科学文献出版社,2018年,"序言",第3页。

专制体制下，为颠覆政权建立新秩序赋予了一套新的解释。政治运动是一场传播运动，在争取民心、稳固统治的过程中，本身也是对草根百姓的一种话语赋权。

军事革命的实力转换是争夺民意的直接目的所在。革命始于思想的传播，故而舆论也被视为社会的皮肤和晴雨表。民心作为一种软实力，能够通过情感传播转化为一种实在的类军事权力，进而成为社会变革的主力，并不断吸引更多的人加入。

# 第三章　舟行水上：民心政治的传播逻辑与理论胚胎

作为君民关系的典型隐喻，民心与天命的文化传统有力地支撑着水舟的互动逻辑。水舟隐喻也因此成为解释和理解中国古代政治实践的重要理论胚胎。对统治而言，民意就是感知社会变化的"皮肤"。在"得民心者得天下"背后，有着一套纷繁错杂的传播机制，正是借助"传播"来争夺"民意"，"民心"才得以被凝聚、被瓦解、被动员，转化为"得失天下"的实力。作为研究中国古代民本思想绕不开的政治隐喻，水舟隐喻能为我们反思华夏政治文明中的民心、民本思想提供一个切入的窗口。

## 一、从"得民心者得天下"说开去

"民心"一词耳熟能详，妇孺皆知，已然嵌入了中国人的生活语境。在现代政治学话语中，民心向背被理解为一种政治信任，是权力合法性的基石。中国共产党也将民心的向背视为党执政的根基。"民心是最大的政治，正义是最强的力量。正所谓'天下何以治？得民心而已！天下何以乱？失民心而已！'"① 得民心的政治思想为我国历代政治统治者所重视，"民心决定论"也成为研究中国古代历史的一种视角，典型的代表如汉初贾谊在其政论文《过秦论》中，将秦之过归结为"仁义不施"，虐待人民，失掉民心，终于被人民灭亡，将"失民心者失天下"的逻辑演绎得淋漓尽致。自古以来，民心向背在中国的政治话语场中就占有重要的不可替代的地位。在《三国演义》中，黄巾军的首领张角以"至难得者，民心也。今民心已顺，若不乘势取天下，诚为可惜"（《三国演义》第一回）为由鼓动人心，发动起义；董卓为了"收民心"假意封袁绍为郡守（《三国演义》第四回）；在孙

① 习近平：《在第十八届中央纪律检查委员会第六次全体会议上的讲话》，2016—01—12，http://cpc.people.com.cn/n1/2017/0823/c64094-29489862.html。

策死后，孙权任用张纮、顾雍等贤臣，"深得民心"故而能够"威震江东"（《三国演义》第二十九回）；刘备更是多次以"严禁军士，广施恩惠"的方式来"收民心"（《三国演义》第六十一回）……尽管收服民心并非古代政治统治的根本目的，甚至多少罪行假民心之名进行包装，但无论是历史还是民间小说戏剧，民心作为政治合法性的依据，自古以来就广泛地为中国民众所接受、认可，这是无可争议的事实，也是中国古代统治者不可回避的问题。"得民心者得天下"的逻辑思维也潜移默化地深植在中国人民对华夏政治文明的认知当中。

（一）"民心"的传播失灵难题

然而，在历史研究中，朝代的更迭与政治变革往往诉诸武力，战争胜负并不由民心向背所决定。比如《三国演义》中代表人心所向的刘备建立的蜀国却在三国中第一个灭亡。尤其是在战乱时代，如战国时期、秦汉交替时期，诸侯混战，多以暴力战争作为成败的核心；即使是在和平时期，也不免昏君奸臣把持朝政，压榨奴役百姓而不顾及民众生活。用民心决定论去解释历史，"得民心者得天下"的逻辑往往会陷入困境。① 典型的案例如元末明初时期，苦于盐警欺压的盐民们起兵反元，"颇轻财好施，得群辈心"（《明史·列传第十一》）的张士诚被众人共同推举为首领，建立了大周政权。虽然张士诚深得守地民心，但面对元朝政权强大的军事实力，却也逃脱不了"元右丞相脱脱总大军出讨，数败士诚，围高邮，隳其外城"（《明史·列传第十一》）的军事实力碾压。面对率百万大军来攻的元朝丞相脱脱，张士诚一度溃不成军。如若不是"顺帝信谗，解脱脱兵柄，削官爵"（《明史·列传第十一》）的外因致使元军群龙无首，一时星散，张士诚的命运恐怕就会被改写。民心与军事实力的悖论又该如何解释？

作为实力的军事从来都是不可忽视的基础性力量。但既然"得民心者得天下"的逻辑似乎总是在历史战争的实践中失灵，那为什么在实践中看起来总是失灵的理论却得到中国古代社会各阶层的广泛追捧和认同，甚至作为一种政治文化遗产而代代继承？

（二）传播：连通民心与天下的桥梁

要想回答这个问题，就不得不去探究"得民心"与"得天下"之间的作用机制和逻辑关系。单纯地将"民心"归结为"天下"得失的唯一决定性原因显然是行不通的。正因如此，无论是统治者还是革命者，都对民心非常重视。而从"得

---

① 刘巍：《"民心"决定论的困境——以秦亡汉兴为例》，《北京理工大学学报（社会科学版）》2015 年第 4 期。

民心"到"得天下"是一个漫长的传播过程，在这个传播过程中，又有众多可控和不可控的影响因素存在。"民心"不单单是简单的人心向背，其复杂性在于传播。暴力和精神控制是实现统治的两种方式，正如卡斯特所言："武力恐吓可能会使人在肉体上屈服，但精神的塑造才是更具决定性和持续性的统治方式。"[①]"民意"舆论场的后台，是各方对信息传播的控制和对话语权的争夺。传播是民意建构的关键，是连通"民心"与"天下"的逻辑桥梁，没有综合考量传播的民心研究，无法洞窥民心向背与天下得失背后的关联。

为此，有必要进一步对民意与民心做出区分。"民意"常常被裹挟、被争夺、被煽动、被利用，"民意"是舆论场的潮流方向，正是在各方博弈的"民意传播"的过程中，权力关系在受众的意识中建构起来；"民心"代表一种政治正确，"民心传播"是中国古代统治者基于天命思想、考虑百姓的根本利益和长远利益的正向传播活动。正是基于对"民心"和"民心传播"重要性的认知，中国古代统治者自觉地建构起一套"水舟"政治传播理论。

"民心"在中国的政治传播语境中占有重要地位，是构建权力合法性的重要基石，在华夏政治文明的实践过程中，构成了一套"得民心者得天下"的话语体系，形成了民心传播的政治传统，并具有现实的约束作用。"民意"舆论场关乎着政治统治的合法性，也规约着统治者的行为。通过对历史的考察，不难发现"民意"常常是政策变革或朝代更替的先声。借助传播，达到一定程度的"民意"可以进一步从软实力转化为一种实际的类军事力量，进而成为社会变革的主力。"民意"不仅为统治者所用，也为百姓和知识分子所用（或监督，或劝谏，或改革，或革命），本质上是一场各取所需的权力博弈。因此，"民意"的舆论场成为各方权力博弈的主战场之一，而对"民心"的争夺也成为政治传播的焦点。

然而，"民意"一定是正确的吗？显然不一定。本章将立足于中国的历史与现实，将"民意"与"民心"相区分："民意"常常被裹挟、被争夺、被煽动、被利用，"民意"是舆论场的潮流方向，正是在各方博弈的"民意传播"的过程中，权力关系在受众的意识中建构起来；而"民心"代表一种政治正确，"民心传播"是中国古代统治者基于天命思想、考虑百姓的根本利益和长远利益的正向传播活动。正是基于对"民心"和"民心传播"重要性的认知，中国古代统治者自觉地建构起一套"水舟"政治传播理论。而改革者或革命者对"民意"的争夺乃至操纵，其底层逻辑也是对"水舟论"政治正确的认同和反向利用。

①　[美]曼纽尔·卡斯特：《传播力》，汤景泰译，北京：社会科学文献出版社，2018年，"序言"，第3页。

## 二、水载舟行：以水舟论为典型体现的民心传播逻辑

传统的水舟论在本质上是一种民心决定论。《荀子·王制》云："传曰：'君者，舟也；庶人者，水也；水则载舟，水则覆舟'。"自春秋始，水舟譬喻就出现在臣子对君主的劝谏情境之中，并因唐太宗和魏徵的君臣佳话而广为传播。舟即为君为国；水即为民为臣；载舟、覆舟则分别对应着得民心者得天下、失民心者失天下的历史叙事。水舟譬喻的本质是对中国古代民心争夺的传播机制的高度概括，是中国古代民心观念的概念隐喻。① 水舟论揭示了在以控制论为典型代表的西方政治传播理论之外的另一种政治传播想象。

### （一）水舟依存：互动式的传播效果

作为统治者对后代的劝诫及警告，以水舟论为典型传播逻辑体现的民心传播思想被后世统治者所继承。如上古史书《尚书》中就有多处周王朝统治者对商朝失德覆灭的反思和告诫。召公劝谏周成王："惟不敬厥德，乃早坠厥命。今王嗣受厥命，我亦惟兹二国命，嗣若功。"（《尚书·周书·召诰》）夏殷两朝不重德行，君王昏昧以失天命，周成王要以此为鉴，快快施行德政方能"受天永命"（《尚书·周书·召诰》）。周成王虔诚地听取召公的劝谏，在他统治期间，百姓安居，以至于"天下安宁，刑错四十余年不用"（《潜夫论·卷八·德化》），被称为"成康之治"。与此类似，《逸周书》中也记载了大臣祭公在病危临死前对周穆王的劝谏："天子三公鉴于夏商之既败，丕则无遗后难，至于万亿年，守序终之。"（《逸周书·卷八·祭公解》）以夏商的灭亡为鉴戒，敬祖安民，否则终将"周有常刑"（《逸周书·卷八·祭公解》），终将遭到上天的惩罚。周穆王在位期间，不断扩大疆土，有力巩固了周王朝的统治。后世的管仲也盛赞周穆王效法文武之治，建功成名。

在至高无上的王权面前，民心的约束作用与君主个体的觉悟和意愿紧密相关，听从劝告的君主总是屈指可数。仅仅凭借虚无的道德感，根本无法钳制君主的权力。违反规则不仅在短期内很难看到后果，还因满足了欲望而感到更快乐。再加之，在军事实力面前，以民生悲喜为参考的"天命"和"德"被广泛质疑和抛弃。东周末年，群雄割据，各国军事实力消长，兼并火拼。典型的例子如泓水之战："宋人既成列，楚人未既济。司马曰：'彼众我寡，及其未既济也请击之。'公曰：'不可。'既济而未成列，又以告。公曰：'未可。'既陈而后击之，宋师败绩。"（《左传·僖公二十二年》）宋襄公的仁德被嘲讽为"宋襄之仁"，此时讲道德已经

---

① 谢清果，王婕：《水舟论：中国古代政治权力博弈下的民心传播隐喻》，《福建师范大学学报》2022年第2期。

传，再到联名上书、清议清谈，乃至死谏的殉道精神，华夏民族始终秉持着重"民"的政治文化理念。在生命斗争与互相制约的历史长河中，这一理念得以延续，最终凝结成一套强调统治者与被统治者互动关系的政治文化体系。而"水舟论"正是对这一复杂传播机制与过程的隐喻。

（二）以水舟管窥民心政治的舆论逻辑

水舟隐喻从无到有的过程并非一蹴而就，而是在社会各方势力激烈的权力斗争中缓慢形成的。"水舟论"既体现了中国古代政治传播中统治者的民本思想，又在一定程度上赋予了民众更多的权力和更大的主体性。虽然在历史研究中，朝代的更迭与政治变革往往诉诸武力，战争胜负并不由水舟逻辑所体现的民心直接决定，但"水舟"君臣关系说冲刷着统治的神圣外衣，为王权去魅。千百年来，这种舆论思潮不断在历史中前仆后继地登场，在漫长的历史演进中、在各方势力激烈角逐中成为解读中国古代政治思想的一把钥匙。

"风草"也是中国古代对君民关系的一种隐喻，与水舟不同，风草表现为一种"风吹草偃"式的、上行下效的强传播效果，起源并流行于先秦儒典；水舟却在汉唐之后得到广泛的传播和应用。[1] 如果说风草论代表一种强效果理论，那么水舟隐喻就是传播互动效果论的体现。从风草之喻到水舟之喻，体现了民心地位的上升，以及统治者对君民关系认知的改变，是中国古代"民心"话语的注脚。

从水舟的隐喻中，或许我们能够管窥王朝更替的传播密码：中国古代一个个王朝兴衰更替，一个个政权历经建立、维护、鼎盛到腐败衰落，直至崩塌，"水舟"的舆论传播活动始终贯穿其中。水舟论代表着中国古代社会对政治传播的高度认知：民心可以被凝聚、被瓦解、被动员，从而转化为得失天下的实力。正因如此，无论是统治者还是革命者，都对民心非常重视。水舟论深刻影响了中国政治的历史走向。尤其是在中国古代朝代更替的舆论建构中，水舟最核心的逻辑——"民心"成为王权消亡的主要缘由。[2] 因此，"水舟论"是一个能代表中国古代政治传播场域下的舆论建构理论，是中国古代互动式政治传播效果的典型体现。

水舟隐喻与"民心"观念在中国古代政治语境中共同构成了知识分子阶层影响国家权力的重要传播策略。这些知识分子深受儒家家国情怀的影响，其言论往往承载着社会整体利益的诉求。通过劝谏、请愿、上书等手段，他们顺水推舟，试图实现对皇权的直接制约，并影响国家政治的决策方向与未来走向。因而在中

---

① 谢清果：《华夏文明与传播学本土化研究》，北京：九州出版社，2016 年，第 90 页。
② 谢清果：《华夏文明与舆论学中国化研究》，北京：九州出版社，2018 年，第 39 页。

国古代政治传播的认知中，对"水舟"的认知实践与政权统治的长短之间存在密切的相关性，其原理机制以《过秦论》为代表，本质上是得民心者得天下的历史逻辑。然而，必须指出的是，顺水推舟的实践过程并非没有风险，它要求实践者必须对"舟"即政权持有绝对的认同和忠诚。在这一过程中，传播与权力紧密交织，言论表达背后充斥着复杂而激烈的传播斗争与权力博弈。

以"水舟"为代表的政治观念构建了一种以民心作为底层逻辑的价值观念，水与民、君与舟作为舆论主客体构成了一个系统的互动机制，进而萌发出"水则载舟，水则覆舟"这一中国特色观念的舆论效果，进而诞生了舟行于水的舆论引导；载舟覆舟的舆论效果，以及水涸舟停的舆论角力等，成为被广泛接受的隐喻。

### （三）试论水舟逻辑下的民心传播链条

如果将民心与军事实力相对立，就落入了二分法思维的陷阱。本段落试图尝试浅描水舟隐喻内在固有张力的互动博弈机制——军事实力、舆论运作与道德法规三者相互作用。如图3-1所示，"军权"代表政权、军事等强制性实力，与统治者相对应，其中也包括改革者和革命者；"民心"代表社会舆论，与被统治者相对应，被多方势力争夺；"道法"代表道德与法规，代表着社会的制度以及或明或暗的规则。古往今来，军权（政治实权）、民心（舆论）、道法（道德法规）这三者及其关系被学者们广为探讨，集中在社会学、政治学、传播学领域。

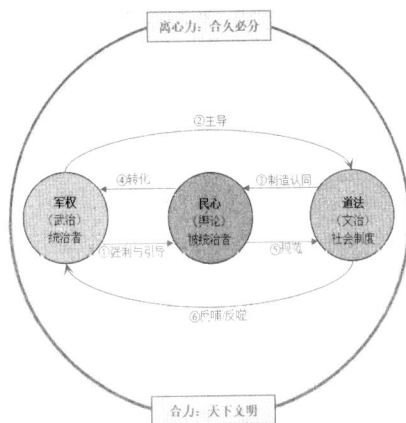

图 3-1　水舟隐喻内在固有张力的互动博弈机制

"军权""民心""道法"可以被视为不同势力争夺的三块领域，统治的关键即为三者之间的架构关系：

1.①②③代表统治手段：主要有两种，第一种是暴力胁迫，第二种就是通过主导社会法规与价值观，由②到③实现思想控制。由②及③的案例如周公援德入礼、董仲舒天人感应学说，本质上就是通过树立主导文化价值观的方式来制造认同，争取民心，进而稳固统治。当统治者军事实力很强时，其法规推行范围也是占据主体的。

2. 过程④由"民心"及"军权（夺取天下的实力）"暗藏着中国古代王朝周期更替的奥秘。过程④的转化机制要求将离散的个体，通过大众传播形成共识、建立关系、形成组织，进而聚集资源，转化为颠覆或者稳固政权的军事力量。这一过程非常困难，且需要恰到好处的机缘方能实现。例如"尊王攘夷""挟天子以令诸侯"就是典型的将民心转化为军事力量的例子。通常情况下，形成颠覆力量的机制都是失灵的，饥荒等极端情况除外。

3. 过程⑤由"民心"及"道法"意味着民心可以影响和改变社会的法规制度，如由某事件激起的大规模请愿活动；而由⑤到⑥意味着：当法律法规违背人民利益时，就会引起民心的不满和对统治合法性的否认。但大部分时候，古代农业社会的百姓都是尽力忍耐的，直到被组织起来。

4. 过程②与过程⑤共同塑造了社会系统运行的法规制度，在不同的历史时期，②与⑤的比例不同。过程⑥由"道法"及"军权"意味着当法规制度合理有效时，则能够降低统治风险和成本。

权力构建着叙事，话语是权力的争夺空间。无论是李普曼的拟态环境，还是德波的景观社会，抑或议程设置理论、把关人理论、想象的共同体，本质上都显示了不同主体依靠对信息的筛选、重组、排列，乃至改编、再造，设定特定的叙事模式，以呈现一种夹在人与环境之间的、看似客观的虚拟环境（真假相掺）。这种虚拟环境直接影响着人们对世界（或某一特定议题）的感知和想象，进而引导人们的情绪、态度、决策和行为。正如卡斯特所言："武力恐吓可能会使人在肉体上屈服，但精神的塑造才是更具决定性和持续性的统治方式。"① 无论古今中外，军事实力、道德法规、社会舆论三者从来都是政治场域中互为掣肘的三股力量。当三者形成合力，也就导向了中国古代情境"天下文明"的政治蓝图。

中国传统文化意义上的"天下"与国家、政权、军权不同，王朝之"国"可以亡，而文明之"天下"不可亡，故而"天下兴亡，匹夫有责"。"天下"代表一套文明的价值体系，是指凌驾于王朝权力体系之上的理想文明秩序，② 寓意着开放、多元、平等的政治秩序。而当军事实力、道德法规、社会舆论这三股力量产生离

---

① ［美］曼纽尔·卡斯特：《传播力》，汤景泰译，北京：社会科学文献出版社，2018年，"序言"，第3页。

② 许纪霖，刘擎主编：《新天下主义》，上海：上海人民出版社，2015年，第4页。

心力时，则走向民怨载道、动荡不安、合久必分的结局。水舟作为占据中国古代政治场域的主流话语，是这套话语机制的形象隐喻。

### 三、作为民心政治传播理论胚胎的水舟观念

水舟隐喻至今仍广泛活跃在政治舞台之上。民心正是水舟譬喻的核心内涵。在交往实践上，水舟譬喻也常常用以阐释民族团结、文化交流、人类命运共同体的建构等。民心是水舟譬喻的核心范畴，与政权合法性及天下得失直接相关，这与中国传统的民本思想一脉相承。

#### （一）悦民心：华夏政治传播的历史传统

"民心"即人民的思想、感情、意愿等。在中国古代，民心代表着天命所向，如《汉书·息夫躬传》言："（人君）推诚行善，民心说而天意得矣"[1]，民心与天命相勾连，关乎着国家政权的合法性。从夏商周到唐宋元明清，在中国古代封建王朝的更替中，都可以看到民心的得失与朝代更迭、安稳民心与社会秩序稳定之间的关系。中国古代许多典籍中都有对"民心"的论述。《左传》言："六物不同，民心不壹，事序不类，官职不则，同始异终，胡可常也？"[2]民心不仅是一种政治思想，更是一种深切的政治实践。西汉文帝时的智囊人物晁错在给皇帝的《论贵粟疏》中指出："顺于民心，所补者三：一曰主用足，二曰民赋少，三曰劝农功"[3]，认为依顺百姓心愿能产生社会物资充足、百姓赋税少和鼓励农业生产三个好处。

民心是权力合法性的基石，在中国传统社会，民心所向代表天命所向，与国家政事运作关系密切。在现代政治学话语中，民心所向被理解为一种政治信任。民心代表着人民对政治合法性的认同，对社会秩序的稳定有着重要影响。叶方兴认为，"民心"是中国传统的本土性的政治合法性资源，以"民心"取"天下"是传统中国政治合法性论证的基本进路，在概念表达上体现出了中国人传统的思维方式[4]。张晋藩从"民惟邦本，本固邦宁"出发，指出民本是中国古代国家治理的重心。秉持着民本思想，中国古代统治者实行了一系列重民、爱民、富民、养民、教民的政策，这些做法和政策对我们今天的国家建设仍具有借鉴意义[5]。注重民心

---

① （汉）班固：《汉书100卷·卷四十五》，清乾隆武英殿刻本，第19页。
② （清）洪亮吉：《春秋左传诂20卷》，清光绪四年授经堂刻本，第12页。
③ （汉）班固：《汉书第100卷》，清乾隆武英殿刻本，第12页。
④ 叶方兴：《作为传统政治话语的"民心"：蕴涵及其功能》，《河南师范大学学报（哲学社会科学版）》2010年第5期。
⑤ 张晋藩：《中国古代国家治理的重心——"民惟邦本，本固邦宁"》，《国家行政学院学报》2017年第4期。

与政治权力及社会秩序之间的相关性是华夏政治的传统，这种传统深刻地影响着中国的文化，同时也潜移默化地影响着百姓对政府治理的态度。

（二）民心是最大的政治：马克思主义基本原理同中华优秀传统文化相结合的最新成果

"事实上凡认真研究中国的西方学者大多都指出，中国不是一个通常西方意义上的所谓'民族—国家'，而只能是一个'文明—国家'，因为中国这个'国家'同时是一个具有数千年厚重历史的巨大'文明'，因此西方政治学界最流行的说法是，现代中国是'一个文明而佯装成一个国家'（a civilization pretending to be a state）。"[①] 梁漱溟先生和钱穆先生也曾提出中国是一个文明的观点。英国汉学家马丁·雅克在演讲中也对上述观点表示赞同，并将中国理解为一种文明体系。在"百年未有之大变局"面前，中华民族首次"实现了从农耕型走向工业信息型、从内陆型走向海洋型、从地区型走向全球型的伟大变革"[②]。文明传播意在审视人类文明的发展规律和背后的传播机制，从而"形成与当代和谐社会理念相配合的传播文明视域"[③]。华夏文明具有心传天下、行安民心的文明传播传统。民心传播是华夏文明传播的实践内涵。

民生、民意是民心传播的实践主体；情感认同是民心传播的作用机制。作为中国传统政治思想的精髓，民心政治理论具有悠久的思想传统，是马克思主义基本原理同中华优秀传统文化相结合的最新成果。文化传统不仅仅是政治文明发展的源泉活水，更是政治行为的内在根据、政治制度的思想基础和政治文明主体的塑造者。[④] 故而社会主义民主政治文明的发展必然扎根于中华民族文化之中，在对传统民本思想借鉴的同时，有选择性地进行扬弃。

中国共产党将中国古代以水舟论为典型代表的民心观念与马克思主义群众观念相融通，进而创造性地提出了"民心是最大的政治"这一政治理念，并成为习近平关于民主的重要论述的理论基础。[⑤] 社会主义民主政治文化建设需要扎根于优秀传统文化，梳理中国古代民心思想史，既是追寻中国特色社会主义民主政治

---

① 21 世纪经济报道：《甘阳：从"民族—国家"走向"文明—国家"》，2003-12-30（02），https://www.aisixiang.com/data/19120.html。

② 王义桅：《再造中国——领导型国家的文明担当》，上海：上海人民出版社，2017 年，第 5-6 页。

③ 中共中央宣传部：《习近平新时代中国特色社会主义思想学习纲要》，北京：学习出版社，人民出版社，2019 年，第 63 页。

④ 吴自斌：《文化传统与政治文明发展》，《学海》2006 年第 2 期。

⑤ 胡伟：《民心是最大的政治——习近平关于民主重要论述的理论基础》，《毛泽东邓小平理论研究》2018 年第 8 期。

的文化根脉，同时也能为马克思主义与中国优秀传统政治文化在新时代的碰撞和发展提供思想根基与理论胚胎。可以说，中国传统民心思想是建构中国特色社会主义政治理论的灵感源泉，而水舟论就是中国传统民心思想自发形成的一个提纲挈领式的根隐喻。作为一种政治传播话语实践，水舟观念所折射的中国民心思想传统为"民心是最大的政治"理念提供了天然的政治土壤，特别是在马克思主义群众观与党群关系方面，根植于华夏文明的水舟观念无疑能够为当下的"民心政治"提供文化传统的思想根基与政治话语的理论胚胎。

水舟观念所折射的中国古代的民本思想传统为马克思主义中国化提供了天然的政治土壤。习近平新时代中国特色社会主义思想提出的"民心是最大的政治"理念充分彰显了中国特色社会主义民主政治的鲜明特色，而根植于华夏文明的水舟观念无疑能够为当下的"民心政治"提供中华历史文化传统的思想根基，并由此生成具有鲜明中国特色的民主话语。特别是在马克思主义群众观与党群关系方面，水舟隐喻已然得到广泛的应用。

在继承和创新水舟观念胚胎时特别要谨慎的是"当代中国的伟大社会变革，不是简单延续我国历史文化的母版，不是简单套用马克思主义经典作家设想的模板"[1]。后续章节将深入探讨水舟观念对民心叙事的拆解，它解蔽了被民本思想光芒所遮蔽的官本位陷阱：中国古代的民本思想始终与王权主义相绑定[2]，从未逃脱王权合法性建构的舆论框架。[3]这恰恰是今天构建政治文明需要警惕的圈套——即从统治目的出发，将民众视为被动的、被统治的客体，忽视了人民群众的主动性，这与马克思主义所强调的人民群众是社会历史的推动者显然背道而驰。在将马克思主义群众观与传统水舟譬喻相结合的过程中，同样需要以辩证的眼光重新审视水舟观念，并结合时代发展的需求、有选择地对中国古代得民心的政治思想进行扬弃。只有实现民心观念在新时代的重构，水舟观念才能成为马克思主义视域下群众路线的理论胚胎。

---

① 《习近平在哲学社会科学工作座谈会上的讲话》，2016-05-18，http：//www.xinhuanet.com//politics/2016/05/18/c_1118891128_2.htm。

② 陈永森：《民本位与官本位论析》，《广东社会科学》2001年第2期。

③ 张丹：《中国古代王权合法性建构——一种舆论学视角的考察》，《新闻界》2019年第3期。

# 第四章　民水君舟：传统民心政治交流模式的权力偏向

　　舟为君、为国；水为民、为臣。以民心传播为底层逻辑、以得民心者得天下为标志性论调的水舟论，实则为君民关系的一种表征。水舟隐喻闪耀着民本思想的光芒，为社会主义民心政治理论的建构提供了坚固厚实的理论根源和思想灵光，但当代的民心政治理论并不是对传统思想的照搬全抄，而是一种借鉴性批判。政治哲学视角下的民心带有工具本位，它往往被想象成政权得失的关键因素。而从交流的场域出发，水舟论透露着王权主义与民本思想剪不断理还乱的纠葛。而交流的视角给民心传播带来新的解读方式，在借鉴传统民心思想的同时，首当其冲的就是要厘清传统民心政治的交流模式，在此基础上才能解蔽传统民心政治的困境。

　　以"水能载舟亦能覆舟"为代表论述的水舟论不仅是中国传统民心思想的高度概括，其意义更在于揭示中国古代政治场域中"天—君—臣—民"垂直序维的传播模式。由于政治实践的结构性原因，与强调传者与受者的控制模型不同，中国古代民心的建构并不具备政治场域中交流空间的对等性，而是一种在君君臣臣父父子子式的身份政治下的单向交流模式，这就要求我们回归到中国传播思想史的维度，才能理解水舟这一概念的语境背景。

　　一、天何言哉：中国传播思想史的基源问题

　　"天何言哉？四时行焉，百物生焉，天何言哉？"（《论语·阳货》）对天道的认知不仅关涉着交流的主体、内容、渠道与对象，更深刻影响了中国政治结构和传播结构的互协与生成。"天何言"不等于"天不言"，而是超越语言符号以载道为传播旨趣，代表着古人对于宇宙秩序的理解，并通过效仿以组织人类社会的时间、空间、关系和秩序，以划定人在天、地之间的位置。"天"是传播的起点，亦是终点：道法自然，"文"与"言"代表传播天道的媒介工具，"文"超越文字，而涵盖天文、地文、人文等诸多符号表征，由是"（圣人）行不言之教"（《道德经·第二章》）可以被理解为一种因材施教的传播手段，最终指向"文以载道"的传播效果与目标，圣人是扮演沟通天地人神的主体，扮演"传播之王"[①]的角色。本研究探究先秦时期古人基于对宇宙的想象而建构的传播秩序，发现"天"观念的独特之处在于传播结构与政治结构的互相形塑，构成了一种天地人相整合的传播秩序和天下与天上相统一的整全传播格局。

面对常识失落与共识衰微的现代文明难题，东西方学者纷纷开启了"复返本初、促进自家传统的创造性转化"[②]的学术努力。循着回归历史现场的发生学路径，传播思想史领域也超越传统的媒介中心视角，以交流姿态对传播思想史加以考察成为传播学再阐释的自觉。如以《对空言说》为代表的西方传播思想史书写将人际关系（自我与他人）和民主社会（私人与公共）之间的分裂纳入交流的视野中加以考察。对话和撒播的交流范式同样存在于中国文化情境之中，彼得斯直接将孔子与苏格拉底、耶稣并排，甚至将儒家的恕道作为对话与撒播相融合的传播观念代表。[③]

勘破对话与撒播对立的表象，在"交流"的面纱下，人类存在更为本质且对人类存续更为深刻和重要事务赫然显现：爱欲与文明[④]之争成为西方传播思想史的核心议题，交流目的走向协调行动和民主政治的腹地。在西方传播思想史的书写中，哲学、历史、传播与政治水乳交融[⑤]，政治与传播呈现出"同一"[⑥]的特质。但这与中国传播思想史中的"同一"是完全不同的格局：中国的政治思想乃至哲学从一开始就服务于政治实践之中，而西方"伯里克利之死和伯罗奔尼撒战争标志着思想家和行动派的分道扬镳"[⑦]，自苏格拉底以来，其思想与政治行动就已彼此独立，呈现分离态势。中西传播思想史的差异不仅体现在政治思想的差异，更埋藏于对"交流"的不同态度之中。从最初的源头开始，中国对交流的想象就显现出

---

① 潘祥辉：《传播之王：中国圣人的一项传播考古学研究》，《国际新闻界》2016 年第 9 期。

② 胡百精：《共识与秩序：中国传播思想史》，北京：中国人民大学出版社，2022 年，第 436 页。

③ [美]约翰·杜海姆·彼得斯：《对空言说：传播的观念史》，邓建国译，上海：译文出版社，2015 年，"中译版序"，第 5 页。

④ [美]约翰·杜海姆·彼得斯：《对空言说：传播的观念史》，邓建国译，上海：译文出版社，2015 年，第 2 页。

⑤ 《对空言说》本身在西方上架的分类，除了传播学以外，还包括哲学史。

⑥ 荆学民，段锐：《政治传播的基本形态及运行模式》，《现代传播（中国传媒大学学报）》2016 年第 11 期。

⑦ F.M. Cornford，"Plato's Commonwealth，"in the unwritten philosophy and other essays，London：Cambridge University Press，1950，p. 54.

一种与西方不尽相同的局面——它既不像对话一般谋求对等互惠和紧密匹配的私密关系，也没有向不对称的和开放的撒播关系倾斜，而是以天人关系为核心，紧紧依附于身份秩序之上，并深深地嵌入政治框架之中。故而对中国古代交流情形的回望，离不开对其发生学意义上的文化情境的考察。

回到先秦社会的传播场域之中，"传播何以成就秩序，秩序何以规约传播"[①] 这一中国传播思想史基源问题的解答绕不开天人关系的哲学问题和大一统的政治秩序问题，"言说与天人秩序，政权与民众关系，人际与社会交往，以及言说与个体存在等诸领域"[②] 丰厚的传播观念遗产浮出水面。在德性文化背景下，一元化的传播体制格局与"大一统"的政治秩序相辅相成[③]，身家国天下的同心圆传播结构与枝杆型的社会传播结构[④] 同频共振。中国人的传播活动并不以信息传递为最高目标，而是"以道德作为起点和归宿"[⑤]，以期实现文以载道的传播效果。通过伦理政治化将身、家、国、天下贯穿为一个"天人合一"的传播模式，"代天言说"就成为传播闭环的起点和终点。中华文化自源头之始，就诞生了独树一帜的天人关系想象。

《易经》有言"天地节而四时成"（《易经·节·彖》）"天地革而四时成"（《易经·革·彖》）。《易》最基本之内涵即为"变易"[⑥]，"位"随"时"动[⑦]，变通趣时[⑧]，天不言而四时行[⑨]成为古代先民对天人关系认知的写照。基于对自然界朴素唯物的观察，古代先民逐渐发展出"与时偕行"的时空传播观念[⑩]与君权天授的政治思想[⑪]。如《道德经》由天生万物的自然规律[⑫]推演出"圣人处无为之事，行不言之教"的教化方案。圣贤思想及其衍生的结构关系在中国历朝历代的政治秩序及其

① 胡百精：《共识与秩序：中国传播思想史》，北京：中国人民大学出版社，2022 年，"前言"，第 2 页。

② 胡百精：《重返基源问题：中国传播思想史的知识建构》，《中国人民大学学报》2021 年第 4 期。

③ 孙旭培：《华夏传播论》，北京：人民出版社，1997 年，第 34—36 页。

④ 吴予敏：《无形的网络：从传播学的角度看中国的传统文化》，北京：国际文化出版公司，1988 年，第 210—212 页。

⑤ 孙旭培：《华夏传播论》，北京：人民出版社，1997 年，第 38 页。

⑥ 陈来：《〈周易〉中的变革思想》，《社会科学研究》2019 年第 2 期。

⑦ 张耀天，沈伟鹏：《周易历史哲学视域下的时空观探析》，《理论界》2010 年第 9 期。

⑧ 原文为："变通者，趣时者也。"参见：黄寿祺，张善文：《周易译注》，北京：中华书局，2016 年，第 650 页。

⑨ 语出李白《上安州裴长史书》，原文："白闻天不言而四时行，地不语而百物生。白人焉，非天地也，安得不言而知乎？"

⑩ 谢清果，王婕：《趣时以和：〈周易〉的时空传播观》，《贵州社会科学》2021 年第 7 期。

⑪ 冯时：《观象授时与文明的诞生》，《南方文物》2016 年第 7 期。

⑫ 见《道德经》第二章："万物作焉而不辞，生而不有，为而不恃，功成而弗居。"

理想原则中占据中心地位<sup>①</sup>，呈现出"中国的政治结构本身很大程度需仰仗这个神圣位置上的个体的道德品质来改变整个社会的结构属性"<sup>②</sup>的图景。

"代天言说"与"对空言说"有相区别之处，但它们并不是一组二元对立的概念，而有融通的一面。彼得斯以"对空言说"妙喻交流的无奈与撒播的姿态，单以交流姿态比较中西传播思想意义并不显著，如西方基督教会中神父牧师就是"代天言说"的中介，这与中国古老的祭祀礼仪同为非对称性的交流关系，但"代天言说"的交流格局于中国传播思想史而言，其最根本的特性不在于信息交流的路径差异，而在于传播结构和政治结构的互相嵌入，也即中国本土的天人交流模式深度嵌入了中国政治制度生成、社会交往、语言符号体系和中国人的心理结构之中。

## 二、代天言说：言说嵌入政治框架

模仿西方范式书写中国传播思想史，易于忽略中国政教文明的内在逻辑。"天"的观念与政教文明关系密切，西周时"天""天命""天下"的观念就已经在社会中流行开来，形成一种统治合法性建构的<sup>③</sup>共识。从夏商周到秦汉，生成了由"天下"走向"大一统"的意识形态，而"政治共同体的政治信息的扩散、接受、认同、内化等有机系统的运行"<sup>④</sup>及由此达成的意识形态的大众生成正是政治传播的过程和根本目的。古希腊罗马虽然也存在对天的崇拜，城邦性质的罗马前期甚至同样通过占卜来与天沟通，但其并未真正从哲学转化为国家观。天的观念生成与政教文明的底层逻辑相辅相生，其独特之处在于传播结构与政治结构的互相形塑。从殷商时期的人神关系，到西周时期的天命观，再到春秋"天人合一"的思想，代天言说的交流秩序逐步定型，最终呈现为非对称性的信息交流路径，并形成了围绕"天—君—臣—民"垂直社会地位而展开的政治传播模式。

（一）绝地天通：上古传说时期与天沟通的权力合法性叙事

中国上古宗教源自古人对天文的观象授时，通过给自然之天赋予人格意义，

---

①　任锋：《如何理解"史华慈问题"？》，《读书》2010 年第 6 期。

②　史华慈：《中国政治思想的深层结构》，许纪霖，宋宏（编）：《史华慈论中国》，北京：新星出版社，2006 年，第 25 页。

③　张星久：《圣王的想象与实践：中国古代君权的合法性研究》，上海：上海人民出版社，2018 年。

④　荆学民，苏颖：《中国政治传播研究的学术路径与现实维度》，《中国社会科学》2014 年第 2 期。

由祖先神的观念发展出至高神"上帝"①。《尚书》中的《商书》等传世文献是否能够反映商代思想悬而未决，单就甲骨、金文材料而言，一般认为商代重"帝"不重"天"，而西周金文文献中"天命"的记载就已经非常普遍，如西周早期的出土文物大盂鼎铭文提及"不（通丕）显玟（文）王受天有大令（命）""我闻殷述（坠）命，唯殷边侯、田（甸）雩与殷正百辟，率肆于西（酒），故丧师巳（矣）"的天命叙事。故而"天"作为政权合法性论证的起点，由周人开创。殷商甲骨卜辞文本虽没有"天"的述词，却未必没有"天"的观念，西周"天"观念继承自商人"帝"的表达。

　　文字之外的考古证据显示对"天"的祭祀起源更早，直接将沟通天地的开端向前追溯至新石器时代。距今约 6400 多年的西水坡大墓已出现完整的祭祀遗迹，特别是 45 号墓穴构图展现了对宇宙时空的认知和天地人三才的象征内涵，展现了古人灵魂升天的宗教观念。② 更为直接的证据则是祭天礼器，祭坛早自新石器时代起就已在安徽、江浙、广东、山西等多地出现，最早的玉琮见于距今约 5100 年的薛家岗遗址，而数量最为发达的玉琮则出土自良渚遗址。此外，还包括湖广平原上发掘的礼仪性祭田以及江汉地区丰富的祭祀遗迹③，这些祭祀及相应的礼器与制度都表明至少在新石器时代古人就已经孕育了试图与天沟通的巫传统，展现了古人对天的原始敬畏。

　　可见，言说嵌入政治框架，是中国文化自婴儿时期就业已存在的一个先天禀性。特别是帝颛顼令重黎二神绝地天通的时代的神话叙事，体现了古人所面对的天人缺乏直接沟通渠道的现实。《山海经·大荒西经》言："帝令重献上天，令黎邛下地"，这一叙事被司马迁采纳，"重黎氏世序天地"（《史记·太史公自序》），借助《史记》成为正史叙事。就现实的社会结构而言，夏商时期，巫、王开始分解，并出现了由"卜"及"筮"的求占方法。卜筮的首要功用在于借助甲骨、蓍草、巫师等媒介实现"天人沟通"④，只有商王指定的巫师才有权获得天人沟通的职责，其官名为"尹"，如名臣伊尹、咸戊且已等。因为他们"介乎先公舆（与）先王之间，他们在祭祀上也是如此的身份"⑤，故而旧臣也被神化，生前担任天人沟通的

　　① 冯时：《文明以止：上古的天文、思想与制度》，北京：中国社会科学出版社，2018 年，第 425 页。

　　② 冯时：《文明以止：上古的天文、思想与制度》，北京：中国社会科学出版社，2018 年，第 26—28 页。

　　③ 许倬云：《说中国：一个不断变化的复杂共同体》，北京：北京大学出版社，2016 年，第 26 页。

　　④ 邵培仁，姚锦云：《华夏传播理论》，杭州：浙江大学出版社，2020 年，第 193 页。

　　⑤ 陈梦家：《殷虚卜辞综述》，北京：科学出版社，1956 年，第 362 页。

媒介，死后则和先公先王一道成为被祭祀、求问、祈福的对象之一。频繁的占卜活动不仅推动了系统的文字符号——甲骨文的出现，更催生了一套"占筮"系统，以《周易》六十四卦及其卦爻辞作为集大成之作。"绝地天通"的神话虽不可考，但交流权与权力垄断的绑定显然已成为现实，其主要功效在于通过断绝民与天地沟通路径的方式，实现与天沟通权力的官方收归。"占有通达祖神意志手段的便有统治的资格"[①]，以整治传统巫传统带来的"九黎乱德，民神杂糅，不可方物"（《国语·楚语下》）的沟通乱象，进而实现政治集权。

总而言之，在中国古史的传说时代，从黄帝到尧舜禹及颛顼帝等，上古神话叙事中的政治领袖无一例外都是巫王一体的[②]，"通天"的交流权赋予君王及官吏的政治身份的合法权，正是中国上古史显著的政治叙事特点。这也意味着在古人认知中存在着一个先验的"天"，"下上"与"上帝"（王帝）分立[③]，先公先王则可上于天，天人沟通的传播设计直接影响着政治秩序建构的合法性。借由传播渠道的设计，实现"人、神不扰，各得其序，是谓'绝地天通'"（《尚书·孔氏传》）的政治控制，王成为代天言说的合法中介，言说秩序带动了宗教制度和文化秩序的重建，为礼制的发展提供了文化的土壤。

（二）"天""命""德""民"：西周时期纳上下于道德的传播秩序

天人沟通的交流模式，为统治的合法性赋权，而殷商政权的覆灭同样带来了对天人沟通模式的质疑和打击。商周的政权更迭，对传统的交流模式发起了挑战：殷人神祖为何放任商朝覆灭？如果不能解决交流的问题，那么神祖的力量就受到了质疑，统治的合法性也就随之消弭。面对夏殷文化的挑战，作为异族文化的周人创造出"天"与"天命"的观念，创新和完善了与天沟通、代天言说的交流环路。

首先，周人通过将"天"与"受命"相联系，重新建构了统治叙事。传播与政治的互构关系在商人和周人的秩序建构上有所不同：商人更多地将"帝"视为至上神，"帝"上可主宰自然，如"令雨"（《甲骨文合集》14132 正）、"令雷"（《甲骨文合集》14127 正）、"令风"（《甲骨文合集》672 正）；下可"降摧"（《甲骨文合集》14173 正）制造灾难，或"帝受我祐"（《合集》6273）保佑人间，在"帝"之外，还存在上下分明的帝臣，但与王权无关。[④]而周人则通过增添"大命"

---

①　[美] 张光直：《考古学专题 6 讲》，北京：文物出版社，1986 年，第 107 页。

②　张丹：《中国古代王权合法性建构——一种舆论学视角的考察》，《新闻界》2019 年第 3 期。

③　陈梦家：《殷虚卜辞综述》，北京：科学出版社，1956 年，第 580—581 页。

④　赵诚：《甲骨文与商代文化》，沈阳：辽宁人民出版社，2000 年，第 43—44 页。

天授的传播环节，将王权与天命绑定，重新定义了政治秩序和道德伦理的关系。西周晚期师克盨铭曰"师克，丕显文武膺受大命，匍有四方"。文王武王受天之命而成为四方之主。

其次，在传播环节设计上，王权虽由天命所授，但与基督教等宗教中的上帝意志不同，周人将天命的变迁与"德"相绑定，"殷周之兴亡，乃有德与无德之兴亡，故克殷一，尤兢兢以德治为务"①。"德"正是通过传播秩序的确立消解了天的神秘性，进而形成了以人事把握天命的政治理性。周人的制度创新有三："一曰立子立嫡之制，由是而生宗法及丧服之制，并由是而有封建子弟之制、君天子臣诸侯之制；二曰庙数之制；三曰同姓不婚之制。"②究其本质，是在吸纳商人教训的基础之上，通过制度建设来重建一个有组织、有秩序的传播体系。商朝推行父子相传和兄终弟继并存的王位继承制，仲丁之后王位纷争引发九世之乱；于是，周人在王位继承秩序上确立嫡长子继承制以平息兄弟纷争，宗法制和分封制配套而生；在天人关系上，确立宗庙祭祀制度；在社会婚姻关系上，确定同姓不婚制度。通过制度创新，成功地将社会各阶层纳入一个统一的道德体系中，构建出一个上至天子、诸侯，下至大夫、士的社会交往网络。封建子弟之制与君天子臣诸侯之制不仅规定了社会和政治的等级秩序，也定义了信息传播的层级和渠道，确保了信息的垂直流动。在这个传播秩序中，周人巧妙地运用丧服制度等符号和仪式来强化身份，将亲亲、尊尊、长长和男女有别的礼法观念以视觉符号的方式呈现于日常生活中，不仅确保了信息的有效传递，也强化社会规范和道德伦理的传播，形成了一种自上而下的传播秩序。周人在革殷的过程中所建立的"天命"意识之特殊性即在于德，马克斯·韦伯也提出中国古代以道德伦理约束社会而无宗教。"皇天无亲，惟德是辅"③，周人在忧患意识下将思想文化与政治实践相勾连，以礼治国、以"道德"维系社会等级，从"敬天"走向"配天"，天命、天下的道德色彩，使得天成为国家意识形态的核心和传播起点。

"德"的评定标准与"民"关联，民心、民情首次被引入到天人沟通的交流机制中来，这是西周传播秩序的又一大创新。德的主要表现就是民心，殷商暴君骄奢淫逸，导致"民怨……故天降丧于殷"④。由此，"天""命""德""民"一以贯

---

① 王国维：《殷周制度论》，《观堂集林·外二种》（上册），石家庄：河北教育出版社，2001年，第243—244页。

② 王国维：《殷周制度论》，《观堂集林·外二种》（上册），石家庄：河北教育出版社，2001年，第232页。

③ 李民、王健：《尚书译注》，上海：上海古籍出版社，2004年，第334页。

④ （汉）孔安国传，（唐）孔颖达疏，李学勤主编：《尚书正义·十三经注疏》，北京：北京大学出版社，1999年，第380页。

之，在内在的道德层面，上至天子下至士人，皆以德自守；在外在的政治道德层面，建构了"纳上下于道德，而合天子、诸侯、卿、大夫、士、庶民以成一道德之团体"①的传播秩序；内外相合，华夏传播理想之要旨在西周时期就已成型：以自我身心的内在传播（修身）为整套传播系统的起点，通过诚意正心等方式"内求诸己"，而后以心传心、推己及人、通过言传身教等灵活的教化方式"外求诸人"（《周易程氏传》），由此构成一种"身—家—国—天下"同频共振式的传播体系。"天子自纳于德而使民则之"，内圣而后外王，最终构成了一套天人合一的、系统性的、整体性的传播模式。这套模式呈现为修身与治国相一统的同心圆结构，进一步延伸出圣贤的政治理想和礼乐教化的社会传播模式。

　　周公将民心引入政治视野，以往学者常常探究其在民心思想上的重要理论意义，当转换视角，从交流的本位出发，其运作机制会更加清晰：周公实际上是将民心引入天人交流的环路当中，补充了天人沟通中反馈机制的空白，自此"天命与民心是一体的，根据对世间民心的考察，就能洞悉天命的意志"②。值得注意的是，此时作为传达天意的交流中介的民心，并没有打破西周严格的等级制度，更没有实际的话语权，其代天言道的话语权仍然只能通过复杂的中介人间曲折地表达经过统治阶级意识形态所过滤的"民意"。但对于中国古代政治交流思想而言，这仍是一次具有转折性意义的重大突破。其本质是通过对交流模式的修正来阐释政权合法性，为商代以来上层统治精英把控国家的权力格局撬开了一个缺口，让民众这一群体首次在国家政治秩序中作为一个抽象的集体力量被统治阶级看见并承认。因民心具备了代言天道的话语权，由此引发了中国政治文化的剧烈变革③，并为后世的政治格局奠定了天道民心的基本框架。后世中国历史上天人感应的政治实践，正是这种交流环路的延伸。

### （三）天人合一：春秋战国时期知识权力重构与传播秩序变革

　　春秋时期西周以来的传播秩序迎来礼崩乐坏的时代命运。从殷商时期无所作为、屈从于神的人神关系，到西周时期富有道德色彩的敬德保民的天命观，再到春秋时期"天人合一"的思想，天的地位从超验的人格神逐渐下降到了现实世界，人神关系随着交流模式的转变而逐步转变为君民关系。

---

① 王国维：《殷周制度论》，《观堂集林：外二种》（上册），石家庄：河北教育出版社，2001 年，第 232 页。
② 谢清果，王婕：《水舟论：中国古代政治权力博弈下的民心传播隐喻》，《福建师范大学学报（哲学社会科学版）》2022 年第 2 期。
③ 王国维：《殷周制度论》，《观堂集林：外二种（上册）》，石家庄：河北教育出版社，2001 年，第 287 页。

春秋时期，天与大命的观念对周人天命观的继承与革新主要体现有三：一是在传播主体上，西周时期周人宣称膺受大命，天命专属周天子。而到了春秋战国时期，许多诸侯无须周王室的肯定而自称拥有"大命"，与周天子的天命并行不悖。二是在天的符号表征上，西周时期天的观念尚且模糊，在信仰与政治之间模棱两可，也无须天象等征兆认可；到了春秋战国时期，诸如祥瑞、异象、梦境等神秘征兆作为天命所归的中介开始出现。三是在"天"的沟通中介上，"人心可以直接通天的观念逐渐流行"①。正是在此意义上，余英时将中国的"轴心突破"视为针对"绝地天通"而发的产物。

春秋时期的思想逐渐脱离了"天"，发展到战国末期，五德终始说逐渐取代了天命观，成为统治合法性和权力更迭的主要理论阐释工具。天命观也逐渐式微，诸侯通过宣称天命，意图强调其与天的特殊关联，以确立统治的合法性。然而，政治分裂和动荡导致传统的天人交流模式逐渐瓦解，如何通过"德"和政治实践恢复秩序的难题，反映了诸侯在天人交流中的困境与不确定性。这也是诸侯虽宣称"天命"却不"革命"的关键原因。一方面，沟通天神的权力依赖于知识的垄断，而这一时期知识从官方散落四夷，交流权的下移带来了话语权的散落，造就了百家争鸣的局面；另一方面，意识形态与技术的相适配，带来了思想爆发和文明跨越的契机：正值口语时代向文字时代过渡的当口，书写媒介技术推动了著作权概念的产生，意识形态的改变又进一步催生技术力量，带来思想论著的集中爆发。伴随着政局变动与媒介突破一同到来的是，儒墨道法等诸子百家"取得了与'天'直接沟通的自由"②，从而"突破了'天人沟通'渠道被地上人王及其巫师垄断的现状，建构了另一条通天的'密道'——人心"③，与天交流的权力从君主特权下放到以知识分子为主体的个体手中，他们以"'心'取代'巫'的中介功能"④，着手对交流秩序进行讨论与重构。

春秋战国时期的天人交流变革不仅是政治变迁的反映，更是人们对于天命认知和政治合法性理解的转折点。从传播的角度而言，春秋战国时期的大变革可以被视为"绝地天通"交流秩序的坍塌与重建。天道介于可言与不可言之间，通天的交流权勾勒了中国古代政治场域的权力演变轮廓，而扮演代天言说、替天行道的中介——无论是早期的巫王，还是而后的君主（天子）、民心，都自然具备了权

---

① 姚锦云：《再论庄子传播思想与"接受主体性"——回应尹连根教授》，《国际新闻界》2019年第2期。

② 余英时：《论天人之际：中国古代思想起源试探》，北京：中华书局，2014年，第113页。

③ 姚锦云：《再论庄子传播思想与"接受主体性"——回应尹连根教授》，《国际新闻界》2019年第2期。

④ 余英时：《论天人之际：中国古代思想起源试探》，北京：中华书局，2014年，第178页。

力的合法性。虽然民心在西周时期就被引入了天命，民心成为天命意志的代表，但这种交流反馈路径体现为统治者自上而下的探查，如采风活动，很大程度上有赖于统治者的主观阐释。而民作为一个抽象集体，其政治实践的主体性尚未确立，传统偏于单向的交流秩序不能再满足维护政治秩序的需求，也就必然迎来传播秩序崩塌的结局。到了春秋战国时期，天的交流进一步创新了传播渠道。儒家之天保留了西周时期"天"的道德含义，而道家之天则成为自然的象征。①

天人沟通的交流秩序嵌入政治传播的秩序，在历经商、周及春秋的变革之后，一套非对称性的信息交流模式在华夏政治传播场域中基本定型。汉代董仲舒将这个交流模式继续向前推进了一步，给出"天人感应"的答卷："而天立王，以为民也。故其德足以安乐其民者，天予之。"（《春秋繁露注》）历朝历代对天道民心交流模式的修补不一而足，但大体不离其宗。"天何言哉？四时行焉，百物生焉，天何言哉？"（《论语·阳货》）在漫长的华夏历史中，交流权始终与政治身份相绑定，天谴、言路、民意被归结在一套交流体制之中，主导了中国传统政治的基本秩序。

### 三、中国古代政治场域中的信息交流路径与传播模式

天与不可言说联系在一起，通天的交流权勾勒了中国古代政治场域的权力演变轮廓，而扮演代天言说、替天行道的中介——无论是早期的巫王，还是而后的君主（天子）、民心，都自然具备了权力的合法性。从殷商时期无所作为、盲目屈从于神的人神关系，到西周时期富有道德色彩的敬德保民的天命观，再到春秋时期"天人合一"的思想，天的地位从超验的人格神逐渐下降到了现实世界，人神关系随着交流模式的转变而逐步转变为君民关系。而后儒家之天保留了西周时期"天"的道德含义，而道家之天则成为自然的象征。②代天言说的交流秩序就这样嵌入政治秩序，并在历史发展的进程之中逐渐被确定下来，最终定型为一种在君君臣臣父父子子式的身份政治下的非对称性的交流模式。

#### （一）非对称性的信息交流路径

如果说西方传播史上交流的特征是"对空言说"，那么中国传播思想史中交流的特征体现为"代天言说"：无论是传者还是受者，都把"代天言说"作为交流的最高层级。在交流的空间隐喻下，政治身份作为"位"的直接表征，嵌入交流秩序之中，生成了稳定的"言说—身份—政治"三角结构。研究发现，政治权力与社会结构的交互影响在中国传播思想史的进程中表现得淋漓尽致，传统政治权

---

① 张世英：《中国古代的"天人合一"思想》，《求是》2007 年第 7 期。
② 张世英：《中国古代的"天人合一"思想》，《求是》2007 年第 7 期。

力秩序的建构，在自上而下的、垂直序维的、封闭性的社会结构影响下，直接通过交流秩序的建构来实现。梳理中国古代的交流模式，是破解中国古代政治传播模式的关键，也是厘清当下民心政治历史来路的时代呼唤，同时也是在抓住其本质的基础上对传统民心政治文化进行创造性传承、转化和创新性发展的前提所在。华夏政治传播场域中的交流模式如图 4-1 所示：

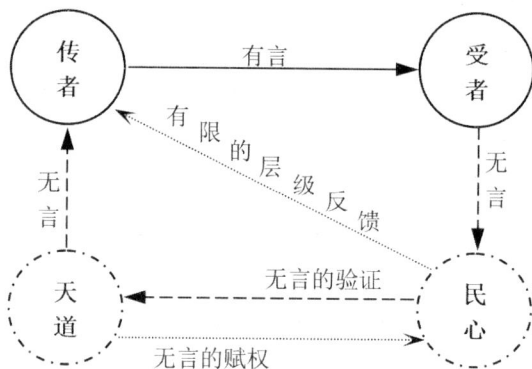

**图 4-1　华夏政治传播场域中非对称性的信息交流模式**

1. 天道—传者—受者：天人关系融入交流渠道

国际学界通常将政治传播视为一种信息交流的机制，特别是以施拉姆为代表的传播学建制带有鲜明的控制论色彩，"信息论在传播学中获得了教条般的地位"[①]。无论是施拉姆的循环模式，还是由香农—韦弗模式发展而来的德弗勒互动过程模式，都是一种技术性的视野，以控制论为代表的政治传播想象显然与中国古代的政治传播情境并不相符。交流秩序与政治秩序的同构注定了在中国传播观念的土壤上，对交流的反思不会像 20 世纪的西方一样，将之视为"一个改善通信线路或更加袒露心扉的问题"[②]。由于政治实践的结构性原因，与强调传者与受者的传播学经典控制模型不同，中国古代政治传播场域并不具备传者与受者在交流空间上的对等性。

首先，天人关系的交流环路是中国古代信息交流模式中不可或缺的一环。西方传播思想史自柏拉图始，就立足于个体本位，将交流视为人的某种根本意义，在追求"实现人与人之间的相互理解"的目标定位下，出现了"唯我论"和"传

---

① [美] 约翰·杜海姆·彼得斯：《对空言说：传播的观念史》，邓建国译，上海：译文出版社，2015 年，"前言"，第 15 页。

② [美] 约翰·杜海姆·彼得斯：《对空言说：传播的观念史》，邓建国译，上海：译文出版社，2015 年，第 44 页。

心术"两种截然相反的态度——要么是人与人瞬间互通的交流美梦；要么是难以穿透的交流噩梦。对比之下，这种基于个体本位的对交流失败的省思虽然也在中国传播思想史上广泛被讨论，如老庄也批评了文字语言等媒介的局限性，并在交流失败的成因、障碍的认知上与西方思想家有所暗合[1]，但对媒介工具性的批评始终没有占据主导地位，而是将目光锁定在了天人关系之上。

在天人关系的聚焦之下，以孔子为代表的儒家向内慎独谋求"诚意正心"、向外延展出修齐治平的人格及政治理想；以老庄为代表的道家则主张依托于自然，向内"坐忘"以"心斋"，向外"齐物"以"物化"。儒道看似不同，实则在个体的交流框架上是同一的，都是"以受者为中心的交流模式"[2]——无论是道家、儒家，还是佛教的禅修，这种内向而求的交流模式始终是中国文化的主流，将修身养性作为交流的起点，并以一种"同心圆"的结构将个体嵌入家国天下的社会结构和政治秩序中去。[3]

这种交流秩序落在社会结构之上，就形成了强调"代天言说"的政治传播格局。早在殷商之际的政治传播场域中，传者与受者之间的交流渠道呈现出单向的特征，作为上层统治者的传者向其统治疆域之内的受众发号施令，广大的受者难以实现与传者的对话，交流权的丧失意味着百姓直接被排除在国家事务的视线之外。此时，天道的话语权被绝地天通的商王统治阶层所掌握，而天的交流属性是无言的，这就造就了巨大的阐释空间，交流的规则间接地塑造了权力的关系网络。

2. 受者—民心—天道：民心作为交流的中介

天命与民心之间的交流渠道是中国古代信息交流模式中最为重要的环路。作为贯通天命与受者的中介，民心因其代表了受者交流的权力，而赋予了民众一定的现实政治地位。采风、劝谏等相应的交流制度设计使民意表达渠道得以畅通，带来了中国政治文明的进步。

传统典籍中对民心的推崇则可以追溯到尧舜时代，《淮南子》言："尧、舜、禹、汤，法籍殊类，得民心一也"（《淮南子·说林训》），《庄子》则直接将民心视为天下治理的重要指标："尧之治天下，使民心亲。……舜之治天下，使民心竞。……禹之治天下，使民心变"（《庄子·天运》），以民心作为尧舜禹政治功绩的参考标准。按照顾颉刚先生"古史是层累地造成的"[4]的历史观，民心思想最初

---

①　谢清果，王婕：《〈庄子〉对"交流失败"的求解——从与彼得斯〈对空言说〉比较的视角》，《新闻爱好者》2020年第6期。

②　谢清果，王婕：《同归殊途：彼得斯与庄子对"交流失败"原因的比较研究》，《东南传播》2019年第12期。

③　费孝通：《乡土中国（修订版）》，上海：上海人民出版社，2013年，第27页。

④　顾颉刚：《古史辨（第一册）》，上海：上海古籍出版社，1982年，"自序"，第65页。

的萌芽是否发轫于尧舜时期并不可知，但"历史是事件的故事，而非关于可预见进程的观念或力的故事"①，早在事件之前，各种纷繁错杂观念就已经出现，只不过难以对现实生活产生影响。"改变世界的不是观念而是事件"②，从周公创造"以德配天"的政治理念开始，民心才正式被引入政治视野。殷商暴政致使民怨沸腾，"故天降丧于殷"③，继而武王"恭天成命"④攻伐暴桀"以济兆民"⑤的民心叙事由此成为正统。周公将民心与天道相绑定，实际上是弥补了旧有的交流模式中传者与受者之间所缺失的反馈环节，通过交流叙事的建构有效地稳固了其政权的合法性，并自此奠定了中国古代政治传播叙事的基模。

与此同时，天道与民心作为一种想象式的交流，在带来共通的意义空间的同时，又天然加剧了无形、无言的交流属性，融合了对话与撒播的部分特征，难以将之进行二元的区分。一方面，它并没有借由人际沟通的互通性来激发互惠流动的对话，故而并不具备对话的对等互惠性与对称性的交流特征，但它又借助民心这一中介增加了由受众指向天道的反馈机制，进而在说者和听者之间实现了交流环路的闭合，显现出封闭性与互动性的特征。另一方面，天道与民心的解释权被不同的群体所掌控，虽然传者与受者之间的交流显现出如同撒播一般的、开放、延后的交流特征，但究其交流本质并不是撒播式的单向路径，而是力图增补反馈路径，最终呈现为非对称性的特征。

哈贝马斯将观点的自由交流视为构建政治公共领域的基础条件⑥，"相互交流是人类的本性，特别是在乎人类共同命运的事情上，就更需要交流"⑦。而在中国古代的交流模式之下，也出现了一个以文吏、儒生等为代表的知识分子所把控的公众舆论场。在这个舆论场域中，他们采用劝诫、上书、请愿等手段直接或间接地干预国家事务，统治者则通过采风、御史、言禁、文字狱等制度，或通达民心或控制舆论。⑧其交流模式表现出层级制的反馈特征，并以非对称性作为其区别于对话和撒播的关键特征。但不应忽视的是，哈贝马斯笔下的资产阶级的公共领域与

① 汉娜·阿伦特：《人的境况》，王寅丽译，上海：上海人民出版社，2021年，第201页。

② 汉娜·阿伦特：《人的境况》，王寅丽译，上海：上海人民出版社，2021年，第216页。

③ （汉）孔安国传，（唐）孔颖达疏，李学勤主编：《尚书正义·十三经注疏》，北京：北京大学出版社，1999年，第380页。

④ （汉）孔安国传，（唐）孔颖达疏，李学勤主编：《尚书正义·十三经注疏》，北京：北京大学出版社，1999年，第292页。

⑤ （汉）孔安国传，（唐）孔颖达疏，李学勤主编：《尚书正义·十三经注疏》，北京：北京大学出版社，1999年，第292页。

⑥ 哈贝马斯：《公共领域的结构转型》，曹卫东等译，上海：学林出版社，1999年，第23页。

⑦ 哈贝马斯：《公共领域的结构转型》，曹卫东等译，上海：学林出版社，1999年，第125页。

⑧ 谢清果，王婕：《水舟论：中国古代政治权力博弈下的民心传播隐喻》，《福建师范大学学报（哲学社会科学版）》2022年第2期。

中国古代的政治舆论领域在共性之下埋藏着交流模式的天壤之别，这种区别就体现在交流路径之上。如图 5 所示，无论是由天道指向传者的交流路径，还是由受者指向民心的交流路径，抑或由民心指向天道的交流路径，这三条交流环路都是以一种"无言"的非语言行为方式来传播的，天道民心的交流环路并不具备客观实在性，而有赖于不同主体的主观阐释，反而有类于撒播在传受双方之间所建立的交流模式。

### （二）"天—君—臣—民"垂直序维的华夏政治传播模式

天道代表着权力的来源与合法性，早在夏商周时期，天帝信仰与祖先崇拜并行不悖，天命是王权合法性的归依，君主受命于天，代天而治，而特别是董仲舒创立的天人感应学说，巩固了天赋王权的神圣性；臣子则受命于君，在"亲亲""尊尊"的礼制规约下，形成了围绕垂直社会地位等级而展开的关系格局[①]。具体表现为如图 4-2 所示的"天—君—臣—民"四级垂直序维的政治架构。

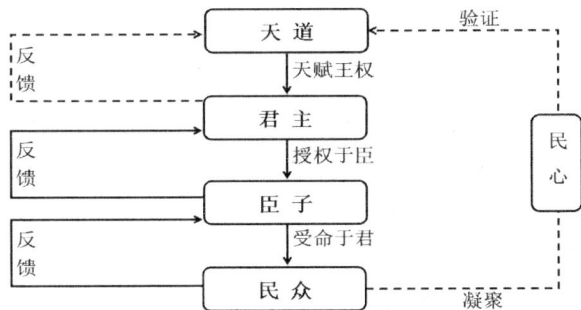

图 4-2　"天—君—臣—民"四级垂直序维的政治传播模式图

#### 1. 天神—天民—君民：交流秩序与权力格局的同构

中国古代的交流场域呈现出政治框架与交流框架相互重叠的特征，政治秩序的架构，通过对交流秩序的控制来实现。"天—君—臣—民"的传播链串起整个社会网络，形成了一种非对称性的政治传播模式，并出现了天人（君）、天民、君民三组重要关系。

（1）从人神关系到天命信仰：天人哲学的政治化

天人范畴是中国哲学的核心范畴，诸多学者将"天人关系"视为中国哲学基

---

① 郑震：《差序格局与地位格局——以亲亲与尊尊为线索》，《社会科学》2021 年第 1 期。

本问题，进而有天人相分、天人合一、天人感应等诸多分类[1]，关于"天"和"人"的实际内涵，更是争论不休。这些争论实际上忽略了中国哲学道德化、政治化的特征："中国古代天人之学讨论的核心并不是世界的本源与派生、精神和自然的关系等问题，而是封建道德伦理和政治制度的合理性、神圣性等问题，它实质上反映着个人同社会道德、现实政治与政治理想的关系。"[2]可以说，天人合一的观念始终贯穿于中国政治文化的脉络之中，组织并塑造着交流秩序与权力关系。自远古图腾信仰始，人神一体，伏羲、黄帝、尧，早期的统领无一不是神迹的产物。[3]基于自然哲学的想象，形成了早期的人神关系。发展到殷周之际的宗教神学，天主宰一切，人与神的交流借助死去的先公旧臣、先王先妣来实现。"起先只有死者（王室祖先）才能同神直接交往，以后又从中产生一个信仰：现世君主及其亲属也能通过执行天所命令的任务而保持这种交往。"[4]在这样的宗教意识中，人神关系转变为上帝与其子民的天人关系，而君主及其亲属由于垄断了代天言说的交流权而占有了显赫身份。通过将"王"与"天"的意志相绑定，天与君相关联，王权舆论实现了神化的叙事转化[5]，由此造就了广泛的"天命信仰"与巫史传统。

（2）从天人感应到天民关系：民心思想的起步

统领着中国文化根脉的《周易》，自诞生之初就与上古王朝的最高统治者及政治生活紧密绑定在一起。其宇宙生命哲学，鲜明地体现为交流通畅。"天地交而万物通也，上下交而其志同也"（《周易·泰卦·象传》），正是交流通泰的吉象表征，呈现了天人感应的交往模式，并构建了"交—通—合"的传播交往观[6]。在言说嵌入政治秩序的过程中，天人关系始终是埋藏在交流背后的线索。天人感应的思想在中国传统政治交流模式中所发挥的作用，并不是由天及君的单向撒播，天人感应本身也为制约王权提供了舆论的依据，打通了自下而上的反馈通路。这一转变首先发生在西周时将民心引入天道，完成了由民心观天道的关系建构，这是交流机制的一次重大的突破，形成了"天视自我民视，天听自我民听"（《尚书·泰誓》）的传播路线。

天人感应的思想以董仲舒为大成，他将儒家传统的天人感应思想、《公羊传》

① 丁守和：《"天""人"关系的思考》，《传统文化与现代化》1997年第1期。
② 任吾心：《天人关系是中国哲学的基本问题吗？——论"天人合一"的内涵》，《河北学刊》1990年第6期。
③ 郭沫若：《中国古代社会的研究（外二种）上册》，石家庄：河北教育出版社，2000年，第19—20页。
④ ［美］唐纳德·J.蒙罗：《早期中国"人"的观念》，庄国雄等译，上海：上海古籍出版社，1994年，第63页。
⑤ 张丹：《中国古代王权合法性建构——一种舆论学视角的考察》，《新闻界》2019年第3期。
⑥ 邵培仁、姚锦云：《华夏传播理论》，杭州：浙江大学出版社，2020年，第193页。

中的灾异说以及墨子的天罚理念融汇一炉，直接将交流嵌入政治考核的一环，极大地影响了中国古代的政治传播模式。如若君主无道则天降灾异；政治清明则天降祥瑞。反而言之，如若天灾频繁、民不聊生，就是统治者施政无道，人怨代表天怒，民心民意成为验证天道的一种渠道，直接影响着古代君主的施政方案。

在无声的交流模式下，天灾被视为君主的过错，清顺治帝亲政期间"水旱累见，地震叠闻，皆朕不德之所致也"①，他为此屡下"罪己诏"，而明崇祯帝更是因天灾等原因平均每三年就下一道"罪己诏"。"余一人有罪，无及万夫。万夫有罪，在余一人。无以一人之不敏，使上帝鬼神伤民之命"（《吕氏春秋·纪·季秋纪·顺民》）的"罪己"模板将天灾归罪于君主一人之过，以今天的目光反观虽然看似离谱，但在实际上借由天的中介，通过填补君与民交流环路的空白，实现了对君权的反制，促进了顺治帝等统治者在天灾之际关注民生，形成"朕方内自省抑，大小臣工亦宜恪守职事，共弭灾患"②的理政自觉。韦伯在其《儒教和道教》中将之归结为一种神性统治，这与近代西方的"君权神授"截然不同，"近代西方的君主，当他们干了蠢事之后，才要声明对神负责，实际上他们是不必负责任的；而中国的君主是凭借古老天生的神性进行统治的，……若是河水决堤，或祈雨祭典后仍未降雨，那么很显然——也是经典所明白教诲的——皇帝并不具有上天所要求的那些神性品质。此时，皇帝就必须为其本身的罪过公开悔，直至近代仍然如此。……如果认罪也不见效，皇帝就得准备退位，在过去，这可能还意味着以身殉祭。和其他的官吏一样，皇帝也因此受到检查官们（御史们）的公开斥责"③。而君主通过罪己的方式向民众撒播，也是通过自我批评的方式反思政府在民众间维护其魅力。在实际的传播效果上，在监督君权的同时提高了民的地位，并促进了统治者对民生的关注和担当。

（3）从天民关系到君民关系：父子关系的比附

君民关系的建构依靠父子关系的比附来实现。明代以来的诏书以"奉天承运，皇帝诏曰"为首，皇帝自命天子，在政治神话中，殷人始祖契是神鸟之子，周人始祖后稷是巨人之子，西汉刘邦是赤帝之子，尤其是开国皇帝大多营造了天生子的感生传说。王权是受命于天，代天而治，形成了"天下受命于天子，一国则受命于君"（《春秋繁露·为人者天·天人三策》）的交流秩序。

百官受命于君，成为百姓的父母官，同样也是父子关系的一种比附。王国维在《殷周制度论》中指出，西周以来"亲亲""尊尊"的宗法制，构成了以"亲属

①　赵尔巽：《清史稿》，北京：中华书局，1977 年，第 139 页。
②　赵尔巽：《清史稿》，北京：中华书局，1977 年，第 139 页。
③　马克斯·韦伯：《儒教与道教》，洪天富译，南京：江苏人民出版社，1995 年，第 40—41 页。

成为死板迂腐的代表了。道德、天命、民心在现实的军事实力面前显露出了它的空虚性。

历史实践表明，在皇权制下权力的斗争更为复杂，掌握实际统治权的多数统治者（君主、宦官、外戚等）总是更倾向于在稳固军事实力的基础上享乐和独裁，由此在中国历史上爆发了多次以生命为代价的斗争，如焚书禁书、文字狱等言论管制，东汉太学风潮、明朝东林运动等集团内部舆论争斗，秦汉、隋唐等王朝的快速更迭以及众多起义的舆论造势等。

历史在朝代的更替中动荡分合，尤其是秦汉、隋唐时期，政权快速交替。然而，正是在这一过程中，历经战乱纷争的新生统治者亲眼见证了军事暴力在长期统治中存在的局限性。简而言之，军事实力在短期统治的征服中对战争胜负和天下得失有着近乎决定性的影响。承载着民心的"水"的个体力量无疑是微弱的，但在长期统治中，当水流逐渐开始汇聚，最终形成的时代潮流却是势不可当的。正因如此，唐朝统治者才会在战乱的洗礼中强调水舟的依存关系。

统治者们发觉"在日常的生活中，总有对现有秩序不满的人，在生活的各个领域，统治机构都会受到那些感到被统治、被剥削、被奴役、被侮辱和歪曲的人的抵制和不满甚至反抗挑战。而这些挑战的化解就需要靠体制暴力和占社会支配地位的观念模式所产生的说服能力来化解"[①]。借用社会观念模式可以使得既有权力关系合法化，进而形成统治的惯性，以维护统治的稳定，降低统治的成本。这也是思想统治的重要意义所在。历史表明，借由思想控制而实现的民心传播是卓有成效的，尤其体现在知识分子和官僚群体对皇室的忠诚上。在王朝衰败之际，仍宣誓效命、力挽狂澜的知识分子和政治家屡见不鲜。如果统治者丧失了话语权，失去了民心，民心就会演变为社会变革的动力。虽然这并不意味着变革一定会胜利，但它作为一种潜在的威胁因素，加大了统治的成本和难度。

于是统治者们自觉编造种种传说故事，创建种种话语体系和价值观取向，自觉利用民心传播的作用机制，在综合考量利弊的基础上决定顺水行舟，而这又进一步促进了华夏政治文明的成型与传承。再加之深受儒家文化所倡导的家国情怀的文化氛围的感染，在稳固统治的现实需求和追求圣君贤臣理想人格的双重作用下，以民心传播为核心的水舟论逐渐强化为古代中国政治的底层逻辑。

可以说，水舟论则深刻描绘了古代社会统治者与被统治者之间传播较量的真实面貌。从官方的采风制度到御史监察，从禅让的政治表演到微服私访的故事流

---

① [美]曼纽尔·卡斯特：《传播力》，汤景泰译，北京：社会科学文献出版社，2018年，"序言"，第3页。

关系"为中心的熟人社会。① 最初伦理意义上家庭成员间父子、兄弟、夫妻的"亲亲"关系，被推及至社会国家层面上"尊尊"的政治秩序的建构，其中尤为重视父亲的角色。传统社会对政治秩序的想象，其实是对交流秩序的想象。臣子作为天、君与民沟通的一个中间角色衍生出圣贤的政治形象。总体上，政治秩序的架构与交流模式在一开始就是绑定在一起的，君民关系在交流的过程中的突出初步显现了交流秩序与政治传播同构的玄机。

2. 言说—身份—政治：交流位置隐喻下的政治传播想象

"中国的政治体制、机制和生态有着区别于西方竞选性政治的特殊性"，这就要求从政治与传播"同一"的深度去理解中国的政治传播实践。② 在"天—君—臣—民"四级垂直序维的政治传播模式的生成过程中，政治与传播同一性体现得尤为明显：政治身份嵌入交流秩序之中，权力关系、传播秩序与社会结构交互影响，生成了稳定的"言说—身份—政治"的三角政治结构。

（1）交流的空间隐喻：言说与秩序的同一

彼得斯对"媒介不仅仅是一个渠道，而且是一系列的人际关系"的理解打开了媒介研究的广袤视角，媒介的重要性在于与人的互动关系，是人与外界互动的中介渠道。以交流的姿态对中国传播思想史加以考察，政治结构与传播结构同频互振，言说与秩序交互建构，构成"历代反复求索、优先响应的基源问题"③。

天的隐喻是一种典型的位置隐喻。"'天'概念在古汉语中的原型是'位置高的现象'，'天'的全部语义拓展皆出自这一原型。"④ 在最初的政治情境之中，"一人"指代君王。如《尚书》中商汤多次以一人自称，"尔尚辅予一人，致天之罚，予其大赉汝！"（《尚书·汤誓》）"尔万方有众，明听予一人诰。惟皇上帝，降衷于下民。"（《尚书·汤诰》）在天命信仰的位置隐喻下，天与君关系类比出君臣关系，君主授权于臣，而臣子受命于君。臣子与君王的关系通过交流的义务来实现。中国古代也常以一人之下来形容朝中重臣的地位，"屈一人下，伸万人上，惟圣人能行之"（《意林·太公六韬六卷》）。在交流秩序的空间隐喻逻辑下，言说的权力与政治权力直接相关，"位卑而言高，罪也；立乎人之本朝，而道不行，耻也"（《孟子·万章章句下》）。劝谏成为特定政治地位的一种权力和责任，没有政治地位，就没有交流权。君臣各安其位，言说借由父子关系的比附而嵌入政治结构，

①　王国维：《观堂集林·外二种》，石家庄：河北教育出版社，2003 年，第 240 页。
②　荆学民，段锐：《政治传播的基本形态及运行模式》，《社会科学文摘》2017 年第 1 期。
③　胡百精：《重返基源问题：中国传播思想史的知识建构》，《中国人民大学学报》2021 年第 4 期。
④　贾冬梅，苏立昌：《从认识语言学角度解读中国传统哲学中的"天"》，天津：南开大学出版社，2015 年，第 73 页。

在天道—君主—臣子—民众之间建构起一套垂直序维的政治传播路径，是一种空间隐喻的表现。

（2）政治身份嵌入交流秩序：公共空间的入场券

在言说嵌入政治秩序的过程中，政治身份作为"位"的直接表征，在其中扮演了重要角色。在其位谋其政展现了中国传统政治的身份特色，争取交流权，就是在争取政治公共空间的入场券。在身份中介之下，劝谏君主既是臣子的权力，同时也是其义务。当交流失败，则可以易位——即更改身份。"君有大过则谏，反覆之而不听，则易位"（《孟子·万章章句下》），如若居于上位的君主拒绝听取意见，则可以颠覆君臣之位；如若更换不了皇帝的位置，就得更换自己的位置："君有过则谏，反覆之而不听，则去"（《孟子·万章章句下》）。交流权和政治角色的扮演密切相关，对政治秩序的想象依托于对交流机制的畅想。

言说借由身份的中介嵌入政治，身份作为公共空间的一种入场券，形成了权力结构的交流秩序。臣子作为父母官治理民众，民众凝聚民心反馈给臣子，臣子反馈给君主，在这一环路中，臣子成为民的代表人物。"天之生此民也，使先知觉后知，使先觉觉后觉也。"（《孟子·万章章句上》）以孟子为代表的这种将"以斯道觉斯民也"的担当精神成为后世士人的人格精神。

民心成为天意代表的特殊身份在君臣关系之外为君与民的交流环路补充了另一条反馈路径，是对天君臣民交流机制所具有的单向特征的修正，这一反馈机制的补充形成了中国古代民心政治的思想主流，并显现为华夏政治传播模式的独特形式——民心政治的沟通路径模式。天、君、臣、民作为四个重要的传播主体，其垂直次序的层级秩序并不是一开始就有的，而是在社会历史的不断发展中演变而来的。与垂直序维的身份秩序相对应，政治制度与言说秩序、身份秩序交相支撑。

# 第五章　水舟相济：新时代民心政治的人民至上逻辑

近年来，从传播学角度重新审视和解读历史已成学界自觉，特别是围绕中国传播思想史的知识建构，展开了"重返中国传统"①的努力。从中国传播学的自主性出发，回到中国文化的历史语境之中去厘清交流的历史语义，会出现许多令人惊奇的新发现，同时又能摆脱西方范式、为世界传播观念史画卷增补中国特色的空白，而非西方传播思想史的简单注脚。中国传统政治文化是建设社会主义民主政治的根基，但是地基的建造同样需要审慎的取舍，而社会主义政治大厦的建成更需要如切如磋的耐心打磨。在百年未有之大变局的历史条件下，在传统与现代的割裂之中尤为如此。在第三、第四章的基础上，本章节继续以载舟覆舟的经典政治隐喻为切口，从传播学的角度剖析中国传统政治文化中民心政治的精华与糟粕，进而阐释社会主义民主政治如何能够从历史和理论双重逻辑上实现对传统政治思想文化的创新性继承，并试图建构起新时代的社会主义民心政治理论——新水舟论。

## 一、舟领水疆：解蔽传统民心政治的传播"陷阱"

丢弃了优秀传统文化的思想源泉，也就丢弃了中国立足于世界之林的身份标识。以"水能载舟，亦能覆舟"为根隐喻的民心思想传统为中国共产党奠定了思想根基，但就此乐观地、不加批判地全盘继承传统文化是盲目而不可取的。社会主义民主政治文明的建设需要对传统文化展开创新性继承。

中国传播思想史的独特之处在于言说、天人关系与身份政治秩序的互构性，交流权与身份相绑定，既是政治权力的体现，又是不可推卸的责任，而无论君臣，

---

① 胡百精：《重返基源问题：中国传播思想史的知识建构》，《中国人民大学学报》2021年第4期。

其政治权力都依托于基于身份的话语权来实现。

（一）天道民心的交流困局：不对称的传受关系

在天道与民心的交流情境中，垂直序维的政治传播模式是一种异于西方强调信息反馈与双向交流的闭环过程的、非对称性的交流模式。非对称式的交流特征是华夏政治文明在历史的演进中力图破除单向交流、不断拓展出天道与民心这一交流路径的智慧显现。在中国古代漫长的历史实践之中，存在种种制度设计，如采风制度、御史监察、清议清谈、谏官言官等以实现自下而上的反馈，而民心机制的引入也实现了传播模式的闭环。天道与民心在政治传播中的功用更是显而易见。仅从理论层面而言，民心叙事闪耀着民心思想的光辉，特别是在先秦的史料之中，借助天威来抬高民权成为一种文化传统，荀子言："天之生民，非为君也。天之立君，以为民也。"（《荀子·大略》）孟子则更直接地抛出"民为贵，社稷次之，君为轻"（《孟子·尽心下》）的观点。

但如果以今天的目光回望这一交流模式，垂直序维为中心的交流结构存在不可避免的历史局限性。一方面天威难测、民意难料，宏观而抽象的天道和民心并不具备对话的交流属性，具有宽广的解释空间；另一方面，信息反馈的渠道仍逃脱不了纵向社会关系中自上而下的传播设计，反馈渠道也呈现层级型分布，它与信息发布的渠道完全是两套系统，充满了交流的不对等性。这并不是说在垂直序维的政治传播模式没有交流，而是无法实现及时的、平等的对话。

在民贵君轻的思想中，对民心的重视从本质而言就是为了达到巩固统治目的的一种手段，而不是切实地将民作为一种政治权利的主体来看待。在垂直序维的政治实践之中，在强盛的专制君权面前，谁能代表民？民心以何种形式展现？通过何种渠道传播？交流的困局依旧悬而未决。无论是天命还是民心，其本身都缺乏一个物质性的可见主体，这也注定了天道与民心之间反语言传播的机制，所以君主只能通过天象来解释民心，皇帝受制于天灾，这正是古代知识分子试图规约君权的一种形式。但与此同时也就将民的主体性即民权虚化而架空了。因此，民心在这样的交流机制之下更多地扮演一种书写合法性的叙事者角色。

在垂直序维的传统民心政治传播模式下，政治空间的交流场域呈现出不对等的传播的过程特征。君与民的互动看似实现了双向环路，但在现实中的传播过程中，民心和天道扮演了反馈中介的角色，因其非语言传播的中介特质，造就了交流不可避免的失败，由此产生了解释空间的真空。因而，揣摩上意就成为各层级沟通的主要手段，对话般的交流几乎不可能实现，政治传播场域的垂直序维被进一步固化。

可见，单向的交流模式阻碍了民心的沟通。缺乏有效反馈机制的政治传播模式注定会使得民心被束之高阁。对这种非对称式的交流模式做出改进，正是建设当代民心政治理论的关键所在。正是基于这样的政治传播格局，贝淡宁等学者尝试为当代中国政治描摹"基层民主、上层尚贤、中间可进行政治实验"的政治可能①，"垂直民主尚贤制"②的民主政治模型引起了学界的热烈讨论。民心的集聚在于民意的有效传播，只有构建起公平的交流场域与平等通畅的反馈渠道，民心政治才能真正得以实现。政治传播需要正反馈，这也正是建构当今社会主义民心政治理论的首要问题，即作为传播过程的渠道的通畅设计。

（二）民心决定论的叙事迷雾：民心与武力的对立统一

在不对称的交流场域之下，传受双方缺乏有效的互动沟通，而天道民心的中介更是直接抹去了交流的核心问题，民众的主体地位、民意的传播渠道建设、民权的制度化操作都被简化甚至是忽视了。取而代之的是，民心的焦点被聚集在叙事的建构上，民心成为确立政权合法性、劝谏、谋私、改革、革命等诸多政治活动的舆论资源。民心适用于多方权力主体博弈的需要，无论是统治者，还是革命者，抑或官员，乃至百姓，都在民心舆论场上各取所需，由此产生了以水舟论为典型代表的经典政治隐喻。究其本质而言，"后世的统治者们讲'以民为本'，实质上讲的是君之本，讲的是统治术……是民为君之本，或者说，统治者要以民为本，犹如舟与水的关系"③。由此，水舟论形成了经典的叙事框架："一是固本论，从正面讲得民即得天下；一为失本论，从反面讲失民即失天下。"④

水舟论所展现的围绕民心展开的舆论博弈深刻烙印着权力的痕迹。得民心者得天下与失民心者失天下的叙事建构不过是民心决定论的一体两面，其核心都围绕政治权力而展开，这也彰显了中国古代政治传播领域不可忽视的独特生态。赵云泽通过对整个中国新闻传播媒介史的考察发现，"新闻传播媒介一直都生存和被'摆布'于权力的场域之中"⑤，而"所有关涉政治核心要素的举动实质上都牵涉着传播的行为"⑥，故而在中国的政治生态之中，政治即为传播。从权力和政治形态之

---

① 贝淡宁，吴万伟：《论中国垂直模式的民主尚贤制——对读者评论的回应》，《文史哲》2018年第6期。

② 贝淡宁，由迪：《中国的垂直民主尚贤制及其启示》，《探索与争鸣》2020年第6期。

③ 夏勇：《民本与民权——中国权利话语的历史基础》，《中国社会科学》2004年第5期。

④ 夏勇：《民本与民权——中国权利话语的历史基础》，《中国社会科学》2004年第5期。

⑤ 赵云泽：《作为政治的传播：中国新闻传播解释史》，北京：中国人民大学出版社，2017年，第274页。

⑥ 赵云泽：《作为政治的传播：中国新闻传播解释史》，北京：中国人民大学出版社，2017年，第275页。

间的关系而言，中国古代政治传播场域下垂直序维的地位结构决定了其单向交流的模式，而这样的交流模式又必然加固了君民的身份区别。

民心作为一种政治正确毋庸置疑，但在现实世界的另一端民心也被多方权力主体所争夺，沦为一种叙事话语策略。由此可见，水舟叙事的建构本身就暗藏着民心决定论的叙事陷阱，即忽略了民心的现实传播渠道的建设，转而去建构民心叙事：一方面对民心的传播和作用机制只字不提；另一方面又罔顾武力因素，无限夸大民心在政权得失中的决定性作用，进而建构起民心与天下之间直线型的简单因果关系，并以此为模板套用在历史兴衰与朝代更替的叙事之上。在民心光环的加持下，"失去民心的王朝崩溃了，声称'与民休息'的新王朝又诞生了"①，华夏政治文明在朝代更替的轮回中故步自封。

究竟是民心还是武力决定了天下的得失？这一争论长期盘桓于历史学界的天空之上，这一争论恰恰显示了长期以来从政治与历史视角解读中国古代民心思想的局限性。当从传播的视角对民心决定论的叙事陷阱加以拆解，民心与武力的解释困局也就随之明朗了。将军事实力与民心二元对立，正是民被虚化而架空的典型体现。这种争论不能说是毫无意义，但绝对是一种视线的混淆与焦点的偏移——以一种近乎文字游戏方式的叙事建构淡化了人们对最重要的民心传播机制的关注。

民心与武力并不是二元对立的关系。不可否认的是，中国近代的屈辱就是从科技与军事实力的落后开始的，而毛泽东主席在八七会议上也提出"枪杆子里出政权"的著名论断。民心与武力相辅相成，共同构成天时、地利、人和三才相生的最佳状态。特别以郑和下西洋为典型代表，以强大的武力作为后盾，秉持睦邻友好、以礼相待的理念，"循礼安分，毋得违越，不可欺寡，不可凌弱，庶几共享太平之福"②，实现了季风洋流（天时）、地缘政治（地利）的统一，并最终达到了文化交流（人和）的传播效果，李约瑟评价郑和的航海活动将中国古代先进的航海技术传播到了西方。强大的军事力量及"由海向陆"的登陆作战能力为朝贡贸易保驾护航③，使得船队在面临"诸蕃皆苦之"④的锡兰王的海盗行为时有能力自保；对民心的尊重，又使得在将锡兰王擒到南京之后又将其送回家乡，"自是海外诸蕃益服天子威德，贡使载道，王遂屡入贡"⑤，树立了中国睦邻友好的大国形象，沿岸诸国对中国呈现出欢迎的姿态，与此后数十年亚洲沿海国家对葡萄牙船队的交往

---

① 陈永森：《儒家的民本思想与王权主义》，《江西社会科学》2001年第8期。
② 《郑和家世资料》，北京：人民交通出版社，1985年，第2页。
③ 张晓东：《郑和下西洋的海权性质》，《史林》2021年第4期。
④ （清）张廷玉等：《明史（简体字本）》，北京：中华书局，2000年，第5658页。
⑤ （清）张廷玉等：《明史（简体字本）》，北京：中华书局，2000年，第5658页。

态度形成了鲜明对比。

在社会主义民心政治的理论逻辑中，国家的军事力量是保护人民安全的有力保障，民心与武力应当是和而不同的关系。当代中国的和平崛起，从一定程度上也印证了民心和平的意愿同样需要以强大军事的硬实力为基础，空谈民心不是真正的辩证唯物主义。

### （三）圣君贤臣的政治幻象：民主与专制的框架碰撞

"凡船性随水，若草从风"[①]，宋应星对水舟传播模式的想象代表着中国古代文化场域的一种普遍认知，水舟论在本质上与风草论一脉相承，都是在定于一尊的传播机制下、上行下效式的一种教化传播模式，体现了"中国对传播主体德行的关注以及以民为本所生成的一定程度上的受众主体性"[②]。这种垂直序维下的信息传播呈现出纵向传播强劲、横向传播薄弱的特征。

"若讲政治，则重要在制度"[③]，民心实践的关键在于政治传播的过程设计，而政治传播过程的实现则重在传播制度的设计。面对传受双方不对等的传播关系，古代的统治阶层也力图通过一系列的制度设计去调整社会传播结构以实现君民主体间的有效对话，张文英将之归结为谏诤制度、清议、政治性谣谚、民变等具体方式，[④] 由此引发了政治场域中民主与专制两种框架间的碰撞。"黄帝立明台之议者，上观于贤也；尧有衢室之问，下听于民也；舜有告善之旌，而主不蔽也；禹立谏鼓于朝，而备讯谣也；汤有总街之庭，观民诽也；武王有灵台之宫，贤者进也；此古圣帝明王所以有而勿失、得而勿亡也。"（《管子·桓公问》）华夏政治文明自发端之始，就已开始注重建设民意的反馈渠道，明台、衢室、告善旌、谏鼓、总街之庭等都是直接收集并听取民意反馈的场所。历经谏议大夫（秦）、谏大夫（汉）、保氏下大夫（北周）、纳言（隋）、司谏（宋）等职位转变，谏官制度在秦汉至隋唐时期逐渐完善。这些都是打通民心传播的伟大尝试，扩宽了舆论的表达渠道，发挥了政治监督的功能。

在制度支撑下的民主框架保障了舆情的表达，但由于政治的结构性原因，这种表达不可避免地存在一个重大缺陷：与庞大的人口基数相比，告善旌、谏鼓等表达方式在实际的传播实践中，注定只能允许极少数的民心得以反馈；而在民众

①　（明）宋应星著，潘吉星译注：《天工开物》，上海：上海古籍出版社，2008 年，第 249 页。
②　谢清果，陈昱成：《"风草论"：建构中国本土化传播理论的尝试》，《现代传播（中国传媒大学学报）》2015 年第 9 期。
③　钱穆：《中国历史研究法》，北京：九州出版社，2011 年，第 17 页。
④　张文英：《中国古代舆情表达方式探析》，《天府新论》2013 年第 3 期。

之外的、受过教育的士人群体才是反馈民心的真正传播主体。一方面，真正能够实现民心的有效反馈的主体范围被局限在士人群体之中；另一方面，士人群体怀揣着修身、齐家、治国、平天下的政治理想希冀着学而优则仕，这就导致了民主的传播过程是自上而下的设计，而本就被局限窄化的民意反馈，其表达的有效性又最终取决于统治者的态度。这样的传播制度设计，并没有真正将"民"作为传播主体，而是把"民"抽象化为一个集体，民心的权力空间被笼罩在君权的阴影之下，这也就不难解释为什么辽明清之后，监察的对象逐渐向官员而不是君权聚焦，进而出现君主集权日益加强的局面了。

　　作为规约君权的制度补充，圣君贤臣的政治想象也就伴随着天道民心的叙事建构一起出现了，这种政治传播模式的想象恰恰是民主与专制两种框架碰撞的产物。《泰誓》曰："天视自我民视，天听自我民听"①，孟子将民心的地位抬高到与天道平齐的地位，试图以此来形成对统治者的规约。但这一叙事的问题在于"天不言，以行与事示之而已矣"②，如前所述，天道民心本身是一种非语言的、反对话的交流机制，那么对天道民心的感知就不得不通过对自然的观察来实现，天灾在这一传播逻辑中被阐释为民怨的代名词。反馈机制的缺乏，自然也就造就了圣君贤臣一厢情愿的政治想象。

　　圣君贤臣的政治想象掩盖了王权与民心的矛盾，导致了"数千年来以抽象的群体精神扼杀个人权力的专制正统"③。对圣贤的推崇进一步建构起君主的权威，稳定了现有的政治权力秩序，直到有一天被革命者从外部攻破，"朝代在更替，王权主义则绵延流长"④。而民心也成为君主可以随意根据需要所拿捏的一种手段。可见，传统民心思想虽闪耀着古人政治智慧的光辉，但在传播的环节之中，民心的建构仍旧停留在理论层面，而缺乏足够的、针对传播过程的制度设计。理论与实践的脱节，使得民心反而服务于君权，成为君权的统治工具。民本思想与王权的绑定进一步加固了官本位的政治格局，在这样的格局下，君为体，民为用，这显然忽视了人民的主体地位，与马克思的群众观以及中国共产党当下的民心政治理论大相径庭。

---

① 方勇译注：《孟子》，北京：中华书局，2010年，第182页。
② 方勇译注：《孟子》，北京：中华书局，2010年，第182页。
③ 许苏民：《古代圣哲的诡谲微笑——论20世纪中国社会思潮与传统文化的关系》，《华东师范大学学报（哲学社会科学版）》2010年第2期。
④ 陈永森：《儒家的民本思想与王权主义》，《江西社会科学》2001年第8期。

二、新水舟论：社会主义民心政治对传统民心的超越

君主为舟，臣子为楫，民众为水，在垂直的地位格局之下，臣民各安其位，而民心就构成了反哺并验证天道的另一层交流逻辑。"皇天无亲，惟德是辅"①，周公"以德配天"来解释商周政权的更迭，将民心引入了政治传播的视野，最终在漫长的政治历史实践中形成了垂直序维的政治传播模式。垂直序维的政治传播模式具有鲜明的单向交流特征。尽管在中国古代漫长的历史实践之中，也存在种种制度设计，如采风制度、御史监察、清议清谈、谏官言官等以实现自下而上的反馈，而民心机制的引入看似也实现了传播模式的闭环，但其主要结构还是以垂直序维为中心。

作为中国政治传播的根隐喻，水舟论在新时代被赋予了新内涵，透过传播的棱镜，被民本思想光芒所遮蔽的叙事陷阱被拆解。借由马克思主义唯物史观和群众观的理论指引，民心政治实现了重构。水与舟的所指发生了改变，舟水关系在中国共产党百年奋斗的历史经验中得到了重新书写。习近平总书记在纪念红军长征胜利八十周年大会上的讲话中强调："'水能载舟，亦能覆舟。'这个道理我们必须牢记，任何时候都不能忘却。老百姓是天，老百姓是地。忘记了人民，脱离了人民，我们就会成为无源之水、无本之木，就会一事无成。"②在驶向中华民族伟大复兴的巨轮上，中国共产党为这艘巨舰掌舵领航；中国化、时代化的马克思主义为这艘巨轮保驾护航；从群众中来的党与人民同舟共济、团结一心，以独立自主、开拓创新、敢于斗争、自我革命的昂扬姿态，共同探寻符合中国国情的社会主义航向。新水舟论彰显了社会主义民心政治的文化底蕴与人民底色，是马克思主义中国化的理论创造。

（一）民心政治的传播理论逻辑：从天赋民权到人民至上

在中国古代的传统政治传播模式之中，民心因其代表天道而被重视，换言之，"民"本身并不具备真正的主体性，只是由于天道无言，而"民"在交流环路之中作为"天"的代言人而具有了政治合法性的意义。无论是天道对民心的赋权，还是民心对天道的印证，都是一种无言的姿态，这样的传播链条为现实统治留下了巨大的解释空间，这也是造就非对称性的交流属性的根本原因所在。在民本思想的历史进程之中，天道与民心的绑定固然具有重大的进步意义，但仍旧避免不了传统民心语境下君为体、民为用的政治现实。

① 李民，王健：《尚书译注》，上海：上海古籍出版社，2004年，第334页。
② 《在纪念红军长征胜利八十周年大会上的讲话》（2016年10月21日），北京：人民出版社，2016年，第15—16页。

在马克思主义的群众观下，这样的传播理论逻辑得到了彻底的改变：民的主体地位不再由传统的天道来赋权，而是因为"历史活动是群众的活动"①，"人民是历史的创造者和见证者，是历史的'剧中人'和'剧作者'"②，人民因其在历史实践中的主体地位而成为"创造世界历史的动力"③。在人民至上（而非天道赋权）的交流理论逻辑下，民的主体性得以真正确立，"每个人的自由发展是一切人的自由发展的条件"④成为建构政治与交流秩序的基本共识。在纪念马克思诞辰200周年大会上，习近平指出马克思主义作为"谋求人类解放的人民性理论，第一次创建了人民实现自己解放的科学理论体系"⑤。中国共产党作为执政党"依靠人民创造历史伟业"⑥，人民至上的价值取向彰显了马克思主义的人民性理论，这一理论彻底改变了千百年来中国古代交流渠道设计的底层逻辑，为真正打破传统天道民心传播过程的非对称性难题奠定了理论基础。

从交流的角度审视中国政治传播的独特生态，中国古代的民心政治的困境得以解蔽，社会主义民主政治的建构破除了埋在天道民心和圣君贤臣表象之下的叙事困局，民心不再是统治的一种舆论手段，人民的重要地位真正得以显现，这才是真正的民心决定论，也正是社会主义民主政治的巨大飞跃。

### （二）交流秩序的身份隐喻转变：从父母官到人民公仆

"民心是最大的政治"的政治判断实现了政治与传播的同一。民的主体地位因其在历史实践中的重要地位而被重视，不再由传统的天道来赋权。而反交流机制的天道民心的传播过程被全过程民主的实践过程所取代，颠覆了传统水舟论语境下君为体、民为用的政治现实。

从这里也可以看出当代中国政治传播理论的一个重要转向——政治与传播的同一性。赵云泽从新闻传播媒介史的角度出发，发现媒介史烙印着"作为政治的

---

① 卡尔·马克思，弗里德里希·恩格斯：《马克思恩格斯文集（第1卷）》，北京：人民出版社，2009年，第287页。

② 中共中央文献研究室：《十八大以来重要文献选编（中）》，北京：中央文献出版社，2016年，第127页。

③ 毛泽东：《毛泽东选集（第三卷）》，北京：人民出版社，1991年，第1031页。

④ 卡尔·马克思，弗里德里希·恩格斯：《马克思恩格斯文集（第2卷）》，北京：人民出版社，2009年，第53页。

⑤ 中共中央党史和文献研究院：《十九大以来重要文献选编（上）》，北京：中央文献出版社，2019年，第424页。

⑥ 中共中央党史和文献研究院，中央"不忘初心、牢记使命"主题教育领导小组办公室编：《习近平关于"不忘初心、牢记使命"论述摘编》，北京：党建读物出版社，中央文献出版社，2019年，第52页。

传播"的鲜明印迹，提出"传播即政治"①；而荆学民则从政治学本位出发，试图克服政治与传播的学科壁垒，以进入元态的、具有独立而完整内涵的"政治传播"的研究领域。他们殊途而同归，从交流的角度审视中国政治传播的生态，发现了政治与传播的同一性——政治即为传播，传播即为政治。

从政治传播的隐喻入手，关于身份秩序的政治传播隐喻是思维逻辑的体现，不仅关乎着思想和行为的依据，更管辖着日常的运作，"文化中最根本的价值观与该文化中最基本概念的隐喻结构是一致的"②。在传统的民心隐喻中，君是传播主体，被视为历史的主体，特别是在"家国一体"的政治伦理下，"宗法家族制度与君主专制政体相辅相成"③，家国并举，以孝比忠，君权成为父权的一种拔高，强调顺从的忠孝之道也由此成为君民交流的主要原则。在"天—君—臣—民"四级垂直序维的政治架构下，君子成为"天子"，官员成为百姓的"父母官"，这种身份秩序的建构是对传播秩序的一种复刻。

这样的身份秩序在中国共产党的执政下得到了彻底的颠覆，"我是中国人民的儿子"④，领袖与人民的关系实现了反转，"领导干部是人民公仆，不是当官做老爷"⑤，"党员干部与人民群众的关系就是公仆与主人的关系"⑥。习近平总书记强调，中国共产党人要永远做人民公仆，身份角色的改变背后是民心价值观的根本差别——民扮演着父母的角色，是国家的主人和历史的创造者，人民当家作主就成为社会主义民主政治的核心。人民公仆的身份要求党的各级干部"必须密切联系群众，党的宗旨就是全心全意为人民服务"⑦。而党立党为公、执政为民、为人民服务。对民的主体性的确认确立了民本位的政治理念，这与中国传统的民心理念有着根本性的不同。

从天子、官老爷到人民公仆，这种群众观下的叙事身份转变背后是对传统民心思想的飞跃式创新发展，中国古代的民心政治的陷阱在政治传播的视域下得以解蔽，社会主义民主政治的建构破除了埋在天道民心和圣君贤臣表皮之下的叙事陷阱，民心不再是统治的一种舆论手段，人民的重要地位真正得以显现。这也正

---

① 赵云泽：《作为政治的传播：中国新闻传播解释史》，北京：中国人民大学出版社，2017年，第275页。

② [美]乔治·莱考夫，[美]马克·约翰逊：《我们赖以生存的隐喻》，何文忠译，浙江大学出版社，2015年，第20页。

③ 朱凤祥：《传统中国"忠""孝"矛盾的理论基因和实践表征》，《云南民族大学学报（哲学社会科学版）》2007年第3期。

④ 中共中央文献研究室：《邓小平思想年谱》，北京：中央文献出版社，1998年，第182页。

⑤ 习近平：《干在实处走在前列》，北京：中共中央党校出版社，2013年，第526页。

⑥ 习近平：《之江新语》，杭州：浙江人民出版社，2007年，第216—217页。

⑦ 习近平：《摆脱贫困》，福州：福建人民出版社，1992年，第208—209页。

是社会主义民主政治的巨大飞跃。

（三）补足对称性的交流渠道设计：自我革命与全过程民主

在革新人民主体性的理论基础之上，中国共产党在百余年的奋斗历程中健全和发展了一整套人民当家作主的制度体系，来开阔民心表达的空间、保障政治传播交流渠道的通畅。"一百年来，党领导人民进行伟大奋斗，积累了宝贵的历史经验：坚持党的领导，坚持人民至上，坚持理论创新……发展全过程人民民主，保证人民当家作主，协同推进人民富裕、国家强盛、中国美丽。"[①] 交流渠道的设计主要体现在向内自我革新、向外发展全过程民主两个层面上。

尽管存在民心智慧的光芒，但垂直序维的政治传播模式带来了反交流的传播机制，而反馈渠道的缺乏，磨灭了自我革新的可能。"如何跳出治乱兴衰的历史周期率？……经过百年奋斗特别是党的十八大以来新的实践，我们党又给出了第二个答案，这就是自我革命。"[②] 中国共产党的自我革命意在打破传统民心政治服务于权贵的缺陷，是落实民心政治的有效策略。

另一是群众型政党的传播渠道设计——"全过程民主"。面对传统民心政治在交流的反馈上"非对称"且"无言"的缺陷，中国共产党设计了"全过程民主"的民主政治实践路线，力图切实打通传播的各个环节，从而将民心政治的理论与实践相统一，而这正是跳出历史周期律的关键所在。"民主不是装饰品，不是用来做摆设的，而是要用来解决人民要解决的问题的"[③]，无论是人民代表大会制度、多党合作和政治协商制度、民族区域自治制度和基层群众自治制度等制度的不断健全，还是县级融媒体中心建设等传播环节的设计，都是畅通交流渠道的努力，以有效保障人民权力。特别是在新时代，坚持以人民为中心是习近平新时代中国特色社会主义思想的核心内容，"人民民主是中国共产党始终高举的旗帜"[④]，这种根本性不同的关键在于民心传播的制度设计之中，并集中体现在社会主义民心政治的叙事模式上。透过传播的棱镜，被民心思想光芒所遮蔽的叙事陷阱被拆解；而借由马克思主义唯物史观和群众观的理论指引，民心政治在当代实现了重构。

总而言之，在建设中国特色社会主义政治文明的时代呼唤下，中国共产党以马克思主义唯物史观和群众观为指导，破解了传统民心思想中的三大陷阱：天道

---

① 《中共中央关于党的百年奋斗重大成就和历史经验的决议》，2021-11-17（第 1 版），http://paper.people.com.cn/rmrb/html/2021-11/17/nw.D110000renmrb_20211117_1-01.htm。

② 习近平：《以史为鉴、开创未来　埋头苦干、勇毅前行》，《求是》2022 年第 1 期。

③ 习近平：《习近平谈治国理政》第二卷，北京：外文出版社，2017 年，第 296 页。

④ 中共中央文献研究室：《习近平关于社会主义政治建设论述摘编》，北京：中央文献出版社，2017 年，第 9 页。

民心的交流陷阱、民心决定论的叙事陷阱和圣君贤臣的想象陷阱，进而在尊重人民主体性的基础上，实现了对传统民心思想的飞跃性创新。作为建构具有中国特色的社会主义政治文明的理论胚胎，水舟譬喻在新时代被赋予了新内涵，新水舟论彰显了社会主义民心政治的人民底色，是马克思主义中国化的理论创造。中国特色社会主义民心政治为世界民主的进程提供了有益探索。

在著名的窑洞对中，毛泽东提出："我们已经找到新路，我们能跳出这周期率。这条新路，就是民主。"[①]以马克思主义为引领的社会主义民心政治的建设与传统民心政治有着根本性的不同，一方面它从传统政治文化中提炼出了观念的精粹，另一方面又以马克思主义的唯物史观和群众观实现了对传统民心的创造性转化和创新性发展，以人民群众作为历史的主体，坚持为人民服务、人民当家作主的价值理念，并通过全过程民主的传播渠道设计实现了理论与实践的统一。特别是在新时代，坚持以人民为中心是习近平新时代中国特色社会主义思想的核心内容，"人民民主是中国共产党始终高举的旗帜"[②]，这种根本性不同的关键在于民心传播的制度设计之中，并集中体现在社会主义民心政治的叙事模式上。传统的水舟论也被赋予了新的时代内涵，代表着人民至上的、共生交往的政治文明理念。

### 三、民心是最大的政治：马克思主义中国化与党的政治建设

传统民心政治存在的传播和叙事陷阱，对社会主义民主政治而言更具有建设性的意义，垂直序维的政治架构显然已经不适用于当下大众传播的过程中。而民心传播的关键在于民心与实力的适配、理论与实践的统一，对于国家的发展而言，这二者缺一不可。相对于已经较为完善的民心政治理论，全过程人民民主的实践显得更为关键。在媒介更迭日新月异的新时代，如何去构建公平的交流场域？如何利用和设计好大众传播工具来扩大民主？这都是需要不断反思与更新的问题。而党的自我革新同样也需要制度保障，唯有与时俱进地更新民心传播的渠道，让反思和改进成为常规，而不是简单地套用民心作为叙事工具，才能真正突显人民群众的主体地位，让人民成为国家的主人。

政治传播是党的政治建设的应有之义。"党的政治建设"宗旨就是"讲政治"。要"讲政治"，就需要增强党的政治传播意识；能"讲政治"，就需要提升党的政治传播能力；会"讲政治"，就需要建构党的政治传播体系。总之，政治建设必当统领政治传播实践，政治传播活动必须回应政治建设宗旨。换言之，有必要从政

---

①　黄炎培：《八十年来》，文史资料出版社，1982 年，第 149 页。

②　中共中央文献研究室：《习近平关于社会主义政治建设论述摘编》，北京：中央文献出版社，2017 年，第 9 页。

治传播的角度来理解和加强党的政治建设，方能更有效深入地推进党的政治建设，因为党的政治建设本质上是一种政治传播实践形态。

（一）民心是最大的政治：社会主义民心政治理论的创新

自美苏冷战结束以来，以历史终结论、文明冲突论为代表的、具有浓厚西方中心主义色彩的观点在 20 世纪八九十年代甚嚣尘上，"西方的'自由民主'已经在世界上定于一尊"①。在西方把控民主解释权的背景下，尽管中国特色社会主义政治的成功实践拓宽了世界民主政治的多元发展形态，但这依然没能改变西方对中国特色社会主义民主形式的偏见和否定，并将中国道路视为一种"具有偶然性"②的、"不具备可持续性"③的非民主的权威政治。且不谈当下以美国为首的西方民主陷入"'治理衰败'和'民主衰退'的双重困局"④的治理现状，就冷战后的世界民主化进程而言，现代民主形态呈现出多元化的发展趋势。"西方民主发展的条件与道路是引导世界民主化进程的唯一标准"⑤的观点招致世界人民的普遍批评，这种基于西方文化论的"民主"认为西方文化传统为民主的发展提供了土壤，而那些非西方社会具有"根深蒂固的反民主文化，会阻碍民主规范在该社会的传播"⑥，所以非西方社会的民主程度因受西方的影响程度不同而异，这种叙事带有浓厚的西方中心主义色彩，其本质是借助政治修辞而实现的话语霸权和文化殖民。

世界民主的进程呼唤贴合本土实际的多元道路探索，随着中国特色社会主义进入新时代，社会主义民主政治道路的独特性和优势日益凸显。2016 年 1 月 12 日，习近平总书记在第十八届中央纪律检查委员会第六次全体会议上作出"民心是最大的政治"的判断，展现了中国共产党坚定的人民立场。以"民心是最大的政治"为代表论述的民主理论突显了社会主义政治文明坚持以人民为中心、坚持人民主体地位、坚持发展为了人民、坚持全心全意为人民服务、坚持人民当家作主的特点，以切实实现"权为民所赋"和"权为民所用"相统一，共同构成了十八大以来党中央治国理政的一条主线，成为习近平关于民主重要论述的理论基

①　弗兰西斯·福山：《历史的终结》，呼和浩特：远山出版社，1998 年，第 388 页。

②　贺银根，尚庆飞：《中国道路与"历史终结论"的终结》，《人民论坛》2021 年第 26 期。

③　贺银根，尚庆飞：《中国道路与"历史终结论"的终结》，《人民论坛》2021 年第 26 期。

④　林毅：《重塑民主：全过程人民民主对西方民主的超越》，《探索》2022 年第 2 期。

⑤　周敏凯，赵盈：《转型民主问题与现代民主形态多种属性研究——兼析亨廷顿的转型民主观》，《同济大学学报（社会科学版）》2014 年第 3 期。

⑥　[美]塞缪尔·亨廷顿：《第三波：20 世纪后期的民主化浪潮》，欧阳景根译，北京：中国人民大学出版社，2013 年，第 283 页。

础①，同时也是习近平新时代中国特色社会主义思想的核心内容。

中国共产党扎根于中国历史实践，在马克思主义的理论指引下，结合"以人民为中心"的当代实践，创新性地从中华优秀传统文化中提取并建构出"民心是最大的政治"的文明理念，并形成了一整套中国特色社会主义民主政治的话语体系。以"民心是最大的政治"②为代表论述的民主理论是马克思主义基本原理同中华优秀传统文化相结合的最新成果。作为中国传统政治思想的精髓，民心政治理论具有悠久的思想传统，而文化传统不仅仅是政治文明发展的源泉活水，更是政治行为的内在根据、政治制度的思想基础和政治文明主体的塑造者。③"如果没有中华五千年文明，哪里有什么中国特色？如果不是中国特色，哪有我们今天这么成功的中国特色社会主义道路？"④社会主义民主政治文明的发展必然扎根于中华民族文化之中，在对传统民心思想借鉴的同时，也需要有针对性地进行扬弃。当代的民心政治理论并不是对传统思想的照搬全抄，而是一种借鉴性批判，尤其是从交流的逻辑上实现了对传统民心政治思想文化的创新性继承和创造性发展。在西式民主模式占据国际话语主流的情况下，如何去解释中国特色社会主义的政治文明理念显得尤为迫切。

## （二）同舟共济：党的政治建设内在的传播逻辑

习近平总书记在党的十九大报告中首次正式使用了"党的政治建设"概念，并且深刻定位了新时代党的建设"把党的政治建设摆在首位"的总基调，强调了"以党的政治建设为统领"的总原则。二十大报告的第一部分再次强调"以党的政治建设统领党的建设各项工作，坚持思想建党和制度治党同向发力"，并在第十五部分，即从严治党部分提出了明确要求："加强党的政治建设，严明政治纪律和政治规矩，落实各级党委（党组）主体责任，提高各级党组织和党员干部政治判断力、政治领悟力、政治执行力。"众所周知，"政治建党"是中外政党产生与延续的生命线。因为政治信仰、政治立场是政党创立的精神与旗帜，是政党团结党员的核心竞争力所在。中国共产党历来注重党的建设，而且一直以来把思想建设、作风建设、组织建设以及加强与改善党的领导作为主要抓手。从根本上讲，这几

---

① 胡伟：《民心是最大的政治——习近平关于民主重要论述的理论基础》，《毛泽东邓小平理论研究》2018年第8期。

② 《习近平：在第十八届中央纪律检查委员会第六次全体会议上的讲话》，2016-05-03日（第2版），https://reader.jojokanbao.cn/rmrb/20160503。

③ 吴自斌：《文化传统与政治文明发展》，《学海》2006年第2期。

④ 习近平：《把弘扬优秀传统文化同马克思主义立场观点方法结合起来》，《习近平谈治国理政》（第四卷），北京：外文出版社，2022年，第315页。

方面的建设本是党的建设的应有之义。然而当党的执政地位取得以后，尤其是长期执政，难免会带来执政的懈怠，忘记了初心，松懈了使命，脱离了群众，使党的主张与政策脱离了实际，滋生了享受主义、官僚主义、形式主义等一系列问题。在这种背景下，为了再次深刻汲取上个世纪东欧剧变和苏联解体的教训，尤其在我国社会主义建设进入新时代的关键时期，改革开放进入深水区的时刻，凝聚全党共识，提升党的自我革命意识，巩固党的执政能力，夯实执政的民意基础，中国共产党适时提出加强"党的政治建设"的理念，是纲举目张的英明举措。

在党的建设中，突出党的政治建设，是马克思主义哲学辩证唯物主义与历史唯物主义思想方法现实运用的结晶。因为事物发展有主要矛盾与矛盾的主要方面。新时代中国社会的主要矛盾是"人民日益增长的美好生活需要和不平衡不充分的发展之间的矛盾"，那么党的建设的主要矛盾是什么？那就是党的执政能力和执政水平与党所面临的"百年未有之大变局"不相适应问题。只有不断改善和加强党的执政能力和执政水平，才能适应新时代人民对党的建设的期待。而在党的建设各方面中，党的政治建设又是矛盾的主要方面。因为办好中国的事情关键在党。十九届六中全会的决议明确指出："中国特色社会主义最本质的特征是中国共产党领导，中国特色社会主义制度的最大优势是中国共产党领导。"党的领导地位源于党的领导力，而党的领导力就源于党的建设，核心是政治建设。

而新时代"党的政治建设"的环境发生了深刻变革，那就是新媒体时代的到来。在媒介化社会中，党必须懂得传播，善于传播，才能赢得民心民意。网络已经成为反映民心民意的重要场域，同时追求民主法治、公平正义的公民也越来越主动参与民主监督，于是新时代群众监督、网络监督、传媒监督等已然交织在一起，构建起一张无形的网络。这张网络无不考验着党的网络治理能力，为此线上办公，第一时间回应，网民的诉求，已然成为改善党执政能力和执政水平的重大方面。也正是如此，近年来党加强了传统媒体与新媒体的融合发展，突出媒体融合和全媒体建设。在此背景下，中国的政治传播实践已经悄然改变着自己的形态，亦即原来注重政治宣传的传统方式，需要提升到"政治沟通"的境界，甚至也需要树立"政治传播"的理念，丰富传统的政治宣传观念，以增加随风潜入夜的传播效果。因为当下的国内外网络舆论环境中，各种社会思潮泛滥，党的方针政策与主张如何能够经受得住冲击，并能积极正向地影响舆论、引导舆论，从而实现弘扬社会主义核心价值观，改善执政党的形象的目标，成为党的政治建设的使命，而达到这一目的的杠杆在于增强政治传播意识，锻造政治传播能力，构建政治传播体系，从而从根本上增强党的政治建设能力。

查阅现有的研究文献，主要研究方向有：其一，围绕探索党的政治建设的历史逻辑，主要探索百年来党的政治建设的历史经验，如骆乾的《中国共产党政治建设的百年历史考察》（《山东社会科学》2021 年第 12 期）；其二，探索党的政治建设的理论逻辑，主要分析党的政治建设与党的其他方面建设的内在逻辑，如王磊的《"把党的政治建设摆在首位"的深刻逻辑》（《党的文献》2021 年第 5 期）；其三，探索党的政治建设的实践路径，结合具体领域开展研究，如王鸿铭的《论党的政治建设与国家治理能力的提升》（《社会主义研究》2021 年第 6 期）。本章则着力从政治传播的视角，以期呈现党的政治建设内在的传播逻辑。

　　1. 增强政治传播意识：提高中国共产党政治建设的方向标

　　荆学民认为："政治传播是指政治共同体的政治信息的扩散、接受、认同、内化等有机系统的运行过程，是政治共同体内与政治共同体间的政治信息的流动过程。"[1] 党的政治传播就是政党基于自己的政治目标与信念，开展党内政治建设和党与民众以及其他政党和组织间的沟通活动。可以说，从政党的成立到政党的运作都离不开政治沟通，因为从根本上讲，政党本身是一种严密的组织传播存在形态。有学者认为："党的政治建设中的政治是指中国共产党与中国社会中各成员互动所产生的社会关系。这种社会关系集中包含在了中国共产党的政党使命、政治属性、价值目标、组织原则、组织功能，以及中国共产党与各民主党派的党际关系中。"[2] 这里的"社会关系"就直接表明政治是建立关系、维护关系乃至解散关系的一系列传播实践。

　　第一，政治传播是党的政治建设的主轴。首先，需要明确的是，就党的建设而言，"政治传播"其实是贯穿党的政治建设的运作机理。因为政治建设的目的无非就是要诠释党存在和执政的合法性进而巩固党的发展和执政地位，而在此过程中，政治沟通是贯穿始终的政治活动。政治沟通正是将党和执政者的主张、理念与政策等向党和执政者内部和执政者外部（本国执政者、党员与民众，党和执政者与域外政党和执政者及其民众）传达，从而树立自身政党形象，获得党内外支持的过程。其中，我们有必要树立一种意识，那就是"政治即传播"意识，即无政治不传播。政者，正也。政治从根本上讲就是正确、正当地治理国家社会和团结民众的活动。而要达到"正确、正当"的效果，传播（沟通）是党组织运作的基本功能。"治"本身就包含着治理主体与治理受众，以及两者之间的沟通过程，这正是基于一切传播手段与方式而实现的政治传播实践。从这个意义上讲，政治活动本身就是一种传播活动，也只有从传播的角度来把握"政治"，才能实现"正

---

　① 荆学民：《中国政治传播研究的学术路径与现实维度》，《中国社会科学》2014 年第 2 期。
　② 王建国，唐辉：《论党的政治建设中政治概念的内涵》，《理论视野》2022 年第 3 期。

治"。任何的传播活动，都会影响人与人、人与社会以及人自身灵与肉的关系的变动，而这个变动归根结底会涉及国家和社会的安定与稳定，影响到党和执政者的治党能力和执政效力，从而终究会危及党和执政者的执政地位。而当我们把传播放置到大众传播媒介这一层次时，那么"中国的大众传播史不但鲜明呈现着被政治雕刻的印迹，而且大众传播媒介本身也在诠释着'民主''专制''新知''启蒙''解放''革命'等政治核心话语，生动地演示着'传播即政治'这一鲜明主题"①。历史与现实都表明讲究政治传播是党的政治建设的内在规定性，甚至是核心入手处。

第二，政治传播是党"讲政治"在各种传播形态中的体现。从这个意义上讲，历经历史考验并克服一切艰难险阻熔铸而成的党魂所在便是"讲政治"。伟大英明的中国共产党把"讲政治"抒写在自己的旗帜上，体现在实践中，亦即把"讲政治"作为执政党政治建设的第一要务。习近平同志指出："旗帜鲜明讲政治、保证党的团结和集中统一是党的生命，也是我们党能成为百年大党、创造世纪伟业的关键所在。"②"讲政治"，实际上就表明"政治"是一种理想信念活动，即坚守政治原则和政治立场。从这个意义上讲，"讲政治"也是一种"内向传播"活动，即注重党员干部坚持以党性原则来加强自我对话，自我说服，自我管理，即以"政治"作为党员干部立身处世的最高准则，一切以合不合乎政治原则作为行动指南，以党员的高标准严要求来规范自己，即自觉地以当下的"主我"去召唤作为优秀党员的"客我"，塑造钢铁般的意志，使自己保持一个共产党员的本色。对此，习近平号召全党同志"不忘初心、牢记使命，必须以正视问题的勇气和刀刃向内的自觉不断推进党的自我革命"。其次，"讲政治"之讲，体现在党员的人际传播之间，以当不当讲，能不能讲，作为自己与他人交往的行为规则，守底线，明是非，讲纪律，敢担当。再者，"讲政治"体现在组织传播之中，那就是党要管党，每个党员都要接受党的各级组织的领导，步调一致地履行党员义务，行使党员权利。既有民主的生动活泼，又有集中之严肃认真。最后，"讲政治"也体现在大众传播之中，这一点集中体现在"党管媒体"上，在中国党媒姓党，一切媒体都得听党指挥，都得守土有责，守土担责，守土尽责。也就是要围绕弘扬社会主义核心价值观这一主旋律，传播党的宗旨与路线，成为动员人民投身国家和社会建设的伟大洪流。

综上所述，党的政治建设，是要"讲政治"，而"讲政治"便是要把"政治信

---

① 赵云泽：《"传播"即"政治"——"政治传播"视角下的中国传播史研究框架》，《郑州大学学报（社会科学版）》2017年第4期。

② 习近平：《在党史学习教育动员大会上的讲话》，《求是》2021年第7期。

仰""政治立场""政治纪律"等贯穿于一切社会活动中。这种政治社会化的过程本身就是一种传播过程，因为"传播指的是人与人的关系赖以成立和发展的机制"（库利）。从这个意义上讲，"讲政治"，亦即注重"政治建设"，本身就是一种"政治传播"意识。因此，增强政治传播意识，就成为提高党的政治建设的题中之义，成为政治建设的风向标。为此，党就有必要把能不能做好政治传播，在多大程度上做到政治传播，当作衡量执政党的政治建设的标杆。

2.打造政治传播能力：提升党的政治建设的关键一招

习近平同志反复强调过："在领导干部的所有能力中，政治能力是第一位的。"[①]既然党的政治建设要"讲政治"，就要树立"政治传播意识"，而紧接着便是能"讲政治"，就是要求培育"政治传播能力"。

第一，政治传播能力的基础在于学习能力的培养。习近平对全党提出了"学而信、学而思、学而行"的号召，其用意在于此。学习是政治传播的应有之义，也是党的政治建设的基本要求。《礼记·学记》早就指出："建国君民，教学为先。"这种意识就是把学习提高到治国理政的高度来看待。从政治传播角度而言，学习教育活动本身正是政治信息传播的重要方式与渠道，从而是政治建设的关键一招。如同当下的"不忘初心、牢记使命"主题教育活动和"四史教育"活动，正是因应新时代加强与改善党的领导，增强党的执政能力的需要和提升党的纯洁性、先进性和战斗力的内在要求。习近平在"不忘初心、牢记使命"主题教育总结大会上的讲话中，就深刻阐明了"学习"之于一个政党的重要："中国共产党人依靠学习走到今天，也必然要依靠学习走向未来。""要做到真学真懂真信真用"，"在学懂弄通做实上下苦功夫，在解放思想中统一思想，在深化认识中提高认识，切实增强贯彻落实的思想自觉和行动自觉"。因为新时代我党面临许多风险挑战，比如脱离群众的风险，这一风险是根本性的，而立党为公，执政为民的政党理念也必须落实在全心全意为人民服务上。脱离群众，失去民心，党就会失去执政的合法性，就要亡党亡国。《论语·学而》开篇亦讲"学而时习之，不亦乐乎！"这是因为儒家意识到"学"意味着知识的传承，而"习"意味着当下的社会实践，只有学以致用，理论联系实际，才能真学真用。总的来说，不学不足以求知，不习不足以真知。只有党员干部知行合一了，党的先进性和战斗力才能不断保持与发扬。

学习是我党的优良传统，无论是各级党组织的集体学习，还是党员的自主学习。学习本身一方面是党员作为社会公民必须坚持终身学习，才能增强服务人民

① 习近平：《关于"不忘初心、牢记使命"论述摘编》，北京：党建读物出版社，中央文献出版社，2019年，第115页。

的能力；另一方面才能够增强对党的性质、宗旨理解与贯彻的能力。毛泽东在《实践论》中就曾说道："感觉到了的东西，我们不能立刻理解它，只有理解了的东西才更深刻地感觉它。感觉只解决现象问题，理论才解决本质问题。"掌握党的理论都不是轻而易举的事，而且理论又处于不断的演进中。因为理论随实践的变化而变化。这一切都需要我们增强学习能力。况且，马克思主义的理论具有实践品格。马克思曾在《〈黑格尔法哲学批判〉导言》中指出："理论一经掌握群众，也会变成物质力量。理论只要说服人，就能掌握群众；而理论只要彻底，就能说服人。"[①] 马克思强调的是理论对指导实践的价值，但是理论是要靠学习，才能转化为实践的力量。学习正是传播的最有效和根本的形式，只有学习才能将媒介传递的党的主张转化为党员的意识，体现在自觉的行动中来。从这个意义上讲，当下的"强国学习"实践，便是常态化党的政治建设的传播实践的鲜明表现。

第二，政治传播能力的培养，核心是增进党员的党性素养。我们明白学习正是增强党性修养的核心路径。习近平曾指出："党性是立身、立业、立言、立德的基石。""党性和人民性从来都是一致的、统一的。"[②] 党员也是人民中的一分子，而且是能够起先锋作用的优秀分子。党员本身就是实践党的主张和宗旨的主体，是党与群众联系的媒介。党员是党的形象的最为直接，最为生动的表征。正如毛泽东同志说过的"长征是宣言书，长征是宣传队，长征是播种机"。而一代人有一代的长征，当代中国走向实现"两个一百年"目标的伟大征程中，每位优秀党员本身其实就是宣言书、宣传队与播种机。党员的具身传播富有亲和力与感染力，因为传播者的公信力是其传播效果的决定性因素。也正是如此，我党才非常注重先进典型的宣讲活动，也注重在实践中考验学习成果。当前的"战疫"行动，许多党员干部或成为最美的逆行者，或率先垂范，坚守岗位，无怨无悔地奉献自我。这既是党性的体现，也是政治传播能力的展现。所以党始终强调"理想信念是一个思想认识问题，更是一个实践问题"[③]。由中央组织部、中央广播电视总台联合推出的"两优一先""两学一做"系列特别节目——《榜样》正是讲述一位位在各个岗位上做出杰出贡献的党员的生动故事，以鲜活的形象展现党员的光辉形象，对增强全党同志的党性修养起到了示范引领作用。这也是中国共产党加强党的政治传播能力建设的一个优秀案例。

第三，政治传播能力建设需要培育良好的政治生态。习近平同志指出："做好

---

① 《马克思恩格斯选集（第 1 卷）》，北京：人民出版社，2012 年，第 9-10 页。
② 《习近平谈治国理政》，北京：外文出版社，2014 年，第 154 页。
③ 中共中央文献研究室编：《十六大以来重要文献选编》（中），北京：中央文献出版社，2006 年，第 622 页。

各方面工作，必须有一个良好政治生态。"① 良好的政治生态说到底是风清气正，表现为政治觉悟、政治担当、政治道德过硬。好的政治生态集中体现在政令畅通，令行禁止，杜绝阳奉阴违的现象。不可否认的是，党内确实存在个人主义、分散主义、自由主义、本位主义、好人主义、宗派主义、圈子文化、码头文化的不良现象，权权、权钱、权色交易以及选人用人上的不正之风，这些都在侵蚀着党内政治生态。面对这样的挑战，整肃风气、重塑形象已成为党的政治建设的关键问题。因此，习近平在十九大报告中指出："坚持党中央权威和集中统一领导，是党的政治建设的首要任务。"这在一定程度上对政治传播能力提出了明确要求，那就是要求坚持民主集中制原则，历经民主讨论，集中领导来决定的党的方针、政策与决议，各级党组织与全党同志就要坚决贯彻。个人如有意见，可以通过党内合适的渠道传递，但不可以消极懈怠乃至抗拒组织决议。相关规定集中体现在 2016 年颁布的《关于新形势下党内政治生活的若干准则》中。堡垒最容易从内部攻破，物必先腐而后生虫。营造良好的政治生态正是疏浚政治传播渠道，纯正党的关系，高举党的旗帜，塑造党治国理政的核心与权威地位的明智之举。

习近平同志在中共中央政治局第十六次集体学习中指出："加强党的建设，必须营造一个良好的从政环境，要有一个良好的政治生态。"政治生态清朗意味着政治传播有序高效，相反政治生态混乱，则政治传播失序。政治生态本质上也是政治传播环境，意味着党、政府、社会诸多关系状态。理顺三者的关系，实现以党领政；政府贯彻以民为本的执政理念，勤政爱民；社会拥护领导，安定有序。达到这样传播效果的关键在于上情下达与下情上达。这不仅需要党管传媒，让传媒发挥监测环境的功能，引导舆论、影响舆论，实现官方舆论与民间舆论的有效良性互动；而且包括党员干部能够在组织传播和人际传播过程中准确模范地践行党的政策与主张，切实维护人民群众的根本利益。良好政治生态的营造，关键在于教育干部，把握好关键少数。因为这些关键少数正是政治传播中的关键节点，从某种程度上讲，关键少数正是"意见领袖"。正所谓"上梁不正下梁歪，中梁不正倒下来"。我党的优良传统是树立榜样，榜样的力量是无穷的。党和国家树立谷文昌、焦裕禄、杨善洲、张富清等典型，发挥党员先锋模范作用，是营造政治生态的关键。当然同时，对于违反党的政治纪律，也需要及时"打虎""拍蝇"，才能从正反两方面营造好政治生态，从而做到维护"两个权威"，增强"四个意识"。从本质上讲，营造良好政治生态本身就是一种政治传播实践，也是政治传播的目的。换言之，政治传播通畅不通畅就看政治生态健康不健康。

---

① 习近平：《关于全面从严治党论述摘编》，北京：中央文献出版社，2016 年，第 33 页。

第四，政治传播能力建设关键在于党的制度建设。为了涵养风清气正的"政治生态"，制度建设是党的政治建设的压舱石和定海神针。因为正如邓小平所说："制度好可以使坏人无法任意横行，制度不好可以使好人无法充分做好事，甚至会走向反面。"习近平同志也指出："针对新情况新问题以改革创新精神补齐制度短板，健全制度"①，同时还要"提高制度执行力，让制度、纪律成为带电的'高压线'"②。为此，党的十九届四中全会上就明确提出了"坚持和完善党的领导制度体系"的目标，着力建设以下六种制度：建立不忘初心、牢记使命的制度；完善坚定维护党中央权威和集中统一领导的各项制度；健全党的全面领导制度；健全为人民执政、靠人民执政各项制度；健全提高党的执政能力和领导水平制度；完善全面从严治党制度。制度建设可以说是党的政治传播的清道夫，因为制度建设是保证党的政治信息合理生成、有效传播的关键。从本质上讲，党的制度建设旨在规范党内外政治信息的收集、整理、研究和发布等一系列活动，是对政治信息的传播路径、传播效率的顶层设计。其中涉及党中央与基本党组织的关系，党与群众的关系，党与各民主党派的关系，党与其他各国政党的关系。只有构建好党的政治传播之网，党的信息能够有效传递，这其中包括对包括党媒在内的一切媒体的管控；党的各级组织能够高效配合，纲举目张，建立健康的党内各组织内部与组织之间关系的良好互动；进而使全党能够共同分享党的信仰，巩固共识。归结为一句话，党的政治建设的成败体现在是否能够有效地借助媒介，实现传递政治信息，建构良好的政治生态（关系），巩固政治信仰的意义共享的政治传播回路。党的政治建设如应有的制度没有，或者虽有却形同虚设，也就是说，如果制度建设不到位，就是政治信息不能有效传递，政治沟通就无法正常运作，党的凝聚力与战斗力就会削弱。从这个角度看，党提出的"不忘初心、牢记使命"的目标就很及时，本身就是为了从源头上、从能力上保障党的政令通畅，使党的意志能够迅速成为全党思想上的统一意识，行动上的步调一致。同时，提出的"两个完善"是从"立规矩"的角度，为构建"不忘初心、牢记使命"制度的长效机制服务。此外，"三个健全"的制度，则是"练内功"，是着力在党自身的能力上下功夫。党有心为民，用心执政，还需要能够执政，善于执政，这就需要有制度上保证党组织不可懈怠，不可自我满足，始终保持党的纯洁性与先进性。因此，习近平提出要"将党的政治建设放在首位"的论断，是抓住了党建的牛鼻子。

①　习近平：《关于全面从严治党论述摘编》，北京：中央文献出版社，2016年，第36页。
②　《十八大以来重要文献选编》（中），北京：中央文献出版社，2016年，第195页。

### 3. 构建政治传播体系：深化中国共产党政治建设的着力点

上文从能"讲政治"的角度，阐述了政治传播的能力建设问题。而要让能力充分发挥出来，还需要会"讲政治"。会"讲政治"就需要建设要素齐全、功能完善的政治传播体系。

中国共产党政治传播是党通过一系列媒介与渠道向全党全国各族人民和海内外人士传递党的路线、方针、政策与决议以实现凝聚共识、动员社会、影响舆论和树立形象目标的政治活动。

从本质上讲，党的政治建设只有清晰明确地立足政治传播体系的构建，才能够做到有条不紊地推进工作开展，为此我们需要从传播主体、传播媒介、传播受众、传播内容、传播效果等五大方面做好以下政治传播体系的建构：

第一，明晰政治传播的主体责任，加强党的全面领导。中国共产党是中国特色社会主义建设的领导核心。党的领导地位与权威不容动摇。早在 2016 年 1 月中央政治局会议就首次明确提出了"四个意识"，强调"要坚持党中央集中统一领导，在各级党组织和广大党员、干部中强化政治意识、大局意识、核心意识、看齐意识，确保在思想上政治上行动上始终同党中央保持高度一致"。十八大以后，又进一步提出"两个维护"。十九届四中全会中又深刻地概括了国家制度和国家治理体系十三个"显著优势"，其中第一个显著优势就是："坚持党的集中统一领导，坚持党的科学理论，保持政治稳定，确保国家始终沿着社会主义方向前进的显著优势"。党的领导地位是历史与人民的选择，更是党自身先进性的结晶。党的先进性在于党代表广大人民群众的根本利益，并善于探索出一条马克思主义中国化的道路，用马克思主义中国化的理论成果来武装全党，形成了"四个自信"，这就为国家富强、民族复兴和人民幸福奠定了坚实的基础。从这个意义上讲，中国共产党当然是政治传播的核心主体，发挥主导作用。这一点也体现在党的十九届六中全会的决议中，即十大坚持的第一条"坚持党的领导"。

在互联网背景下的新时代，在坚持维护党在政治传播体系中的主体地位的同时，应该形成"政党—国家—社会"三位一体的格局。① 扩而言之，以中国共产党为主体，与其他各民主党派开展协商式民主，团结一致致力于国家建设和社会治理。各民主党派发挥参政党的作用，起到民主监督作用，从而一定程度上起到发挥促进政令畅通的作用。此外，社会各界人士衷心拥护党的领导以自身鲜活的社会实践呼应了党的政治建设。中国共产党善于走群众路线，党的政治建设同样

---

① 荆学民，赵洁：《特质与效能：中国政党政治基础上的政治传播析论》，《学术界》2019 年第 12 期。

需要群众监督，需要社会舆论与党的舆论、国家舆论的呼应。而且从根本上讲，党的一系列创新大多源于群众的社会实践，又回归于指导社会实践。从这个意义上讲，人民群众和各人民团体正是在党领导下的政治传播的共同实践主体与传播主体。

当然，党自身在发挥政治传播主导地位的过程，本身需要在政党内部、政党与人民以及政党与民主党派之间开展一系列政治传播活动。党自身的政治传播是保障党先进性与纯洁性的根本所在。因此，需要形成一系列制度来促进沟通。主要有：会议制度，如十九大、每年的"两会"等；报告制度，包括常委会向全委会报告、各级党组织向上级报告、下级党组织向上级的请示、上级党组织对下级指示等等；学习制度，包括集体学习制度、党内教育制度和集中教育活动；政治协商制度，与各民主党派开展治国理政各个层面的民主协商、重要事项进行通报与咨询。①

第二，拓宽政治传播渠道，充分发挥融媒体作用，把握时效度，使政治信息在广度、深度和强度上得到前所未有的提升。在新媒体时代，党报党刊和广电系统的基础性地位没有变，但是它们都需要进行"互联网＋"的转型升级，因为受众已经转向互联网。受众在哪里，党的政治传播活动就要在哪里。因为互联网阵地，党不去占领，其他意识形态就会泛滥。就国际传播能力建设问题的中央政治局第三十次集体学习上的讲话中，习近平同志号召全党同志和全国各级政府部门："要加快构建中国话语和中国叙事体系，用中国理论阐释中国实践，用中国实践升华中国理论，打造融通中外的新概念、新范畴、新表述，更加充分、更加鲜明地展现中国故事及其背后的思想力量和精神力量。要加强对中国共产党的宣传阐释，帮助国外民众认识到中国共产党真正为中国人民谋幸福而奋斗，了解中国共产党为什么能、马克思主义为什么行、中国特色社会主义为什么好。"习近平在党的新闻舆论工作座谈会上强调："党的新闻舆论工作坚持党性原则，最根本的是坚持党对新闻舆论工作的领导。党和政府主办的媒体是党和政府的宣传阵地，必须姓党。"党的意识形态的主导地位是需要依靠党所管媒体的方式方法的创新，以及媒体自身顺应传播规律的改革创新，需要运用大数据和云计算来把握受众的喜好，并引导改进节目制作的新风尚。时下《信·中国》《这就是中国》《社会主义"有点潮"》《马克思是对的》等节目能够将原本枯燥的理论以通俗、生动、优雅、多媒体艺术的方式呈现，赢得了青年朋友的心。荆学民认为："目前中国的政治传播亟须将更

---

① 薛忠义，刘志成，刘舒：《中国共产党政治传播机制探析》，《东北师大学报（哲学社会科学版）》2012年第4期。

多的政治信息投放于大众媒介和互联网媒介渠道，并且赋予大众媒介和互联网媒介在政治传达基础上的政治解释和政治评论的权力，以更好地实现政治信息在政治传播中的'蝶化'效应。"[1] 政治信息的传播需要把握时机，比如在 70 周年国庆，全国各媒体联动，用融媒体方式展现中华人民共和国七十载的辉煌历程，振奋了党心与民心，也向世界传播了一个崛起的中国形象。同时，也需要把握度的问题，固然要坚持正向宣传为主，典型报道为主的方式，但是也要正视问题，对于沦为人民公敌的"老虎"与"苍蝇"都要予以揭露与批判，才能弘扬正气，收到正向效果。此外，政治传播也要讲究效果，不能唱独角戏，要把有效的社会资源用到点子上，充分利用各种灵活的体制机制，巧用市场机制，做到资源活化利用，有效利用。例如，我们把北京冬奥会和冬残奥会的成功举办作为阐述党团结人民，集中力量办大事的生动写照。事实胜于雄辩。把云南大象迁徙事件作为党推动生态文明建设的生动事例，体现了党构建自然生命共同体的主张，并使这一宏大叙事的主张落地。

第三，丰富政治传播内容，改善表达形式，让党的理论与思想能够传得开，能够入脑入心。中国共产党区别于其他资本主义政党的最显著的特征在于她的政治纲领。有学者指出："政治纲领为全党指明了奋斗目标及实现奋斗目标的行动路线，对全党的思想和行动起着统领和主导作用，同时决定着党的政治生活、政治生态、政治文化的健康与否。为此，党的政治建设必须以党的政治纲领为轴心，服务于而不是偏离或脱离党的政治纲领。"[2] 加强党的政治建设需要加强党的理论建设与思想建设。理论建党和思想建党是中国共产党的传统优势，主要体现在党在不同时期能够与时俱进地提出因应时代变化的新理论、新观念等新的话语体系，可以说正是通过不断创新话语体系，使党的理论与思想能够不断以新的面貌出现，既体现了作为马克思主义政党的本质，又能够遵循马克思主义中国化的根本原则，理论联系实际，实事求是，不断推动"四个伟大工程"来保持党的先进性与纯洁性，而这一切都应该是围绕党的政治纲领来开展，否则就会变质，变色，走上邪路。

中国政治传播话语体系确实有自己的特色，那就是宏大叙事，具有高大上的一面，尤其是党的决议和领导人的重要会议上的讲话，还有主流媒体如央视的《新闻联播》。此类的话语可能更适合党员干部等知识分子，因为党的决议和领导人对重要问题的看法，是严肃认真的事情，需要用经得起推敲的话语表达。只不过，

① 荆学民：《探索中国政治传播的新境界》，《中国人民大学学报》2016 年第 4 期。
② 丁帅，王国胜：《习近平关于党的政治建设重要论述的三维解读》，《理论探索》2022 年第 2 期。

还需要关照到更多的普通百姓，他们需要一些接地气的话语表达，比如"照镜子、正衣冠、洗洗澡、治治病"这种群众路线教育的话语表述，它们其实也可以表达出以往"对照党章找差距""清正廉洁""批评与自我批评"以及"惩前毖后、治病救人"等表述同样的深刻内涵。即使是字正腔圆的《新闻联播》现在也有了《主播说联播》，让主播对联播新闻畅谈有人情味，有温度的看法，就显得亲切自在。总的来说，中国政治传播话语还需要将主流价值观与百姓的生活实践相结合，用讲故事的方式，用生动的事例来传播。只有传播话语贴近生活，贴近实际，贴近群众，才能赢得民心和民意。中央电视台的特别节目《平"语"近人——习近平总书记用典》就能以百姓更易理解的方式对习近平的用典意蕴进行大众化传播，包括人民日报社评论部推出的《习近平用典》第一、第二辑也是时代化、大众化传播习近平新时代中国特色社会主义思想的有效方式。

第四，引导政治传播受众，成为政治传播主体，以人民至上的理念，推动党的建设伟大工程。当前对我国政治传播的受众，学界还缺乏深入研究。一般认为，群众就是受众。从广泛意义上说，确实如此。因为"党管一切"，党的政治建设从终极而言，就是让所有的群众都能够听到、听懂、听进的党政策与主张，都能够成为党的同路人。但是，就现实性而言，群众内部的差异性是巨大的，且在新媒体时代，网民主要是以青年群体为主，移动传播已成为传播的主种形态，也就是说，"两微一抖"已成为社会化媒体的主体。因此，党的政治建设就需要紧紧围绕这种新的传播生态来开展政治传播。因为不同的媒体平台，有不同的传播方式，或者有不同的传播偏向，或偏向音频视频，或偏向图文并茂，或偏向言简意赅，总之，不再只是原来的长篇大论了。现在的阅读是浅阅读，刷屏时代，党的政治传播也需要与时俱进地根据受众使用媒体习惯而改变自己的传播方式。例如用可视化新闻的方式讲些"两会报告"的要点，或国家领导人一年内的视察和外访的路线图用"时间都去哪儿了"的路线图表示，就直观明了，简洁易懂，这样才能增强受众黏性。

总而言之，政治传播需要了解群众，需要以细分受众的方式，既要有核心受众，又要关照边缘受众与潜在受众。坚持以受众为中心，体现以人民为中心的理念，把人民应知未知的信息用恰当的方式传达给群众。

第五，追问政治传播效果的影响因素，让效果促改革，以开放包容的胸襟，形成多元一体的传播格局，让党的政治建设落地生根。从根本上讲，检验党的政治建设的传播效果，需要从民间舆论来检验。比如说，党和国家提出的"中国梦"，并诠释它包含人民的梦，是实现人民幸福的梦，是中华民族伟大复兴的梦，这样的梦就显得亲切自然，赢得百姓的称赞与传播。甚至在国际上，也赢得许多国家效仿，例如印尼总统与马来西亚总理都说本国梦与中国梦相通。甚至，"人类命运共同体"理念这一宏大叙事也越来越赢得世界的目光，联合国有关决议也写入这一理念，说明中国开始能够将本国的理论上升为一种具有共同价值意义的"政治文明"而被世人所接受。中国共产党近年来举办了世界政党大会和亚洲文明对话会议、"一带一路"国际合作高峰论坛等主场外交活动，展现中国形象和中国共产党的形象。[①]

当前我国的政治传播效果正由讲究宏观效果"人民知晓"的整体性感知向微观的"人民认同"的内心认同转变，即由知晓资讯到入脑入心的转变。这种效果导向的变化，说明党的政治传播效果意识的增强。中国共产党还不断拓展政治沟通渠道，比如两会时间的"部长通道"，以及"我有问题问总理"等活动，就越发亲民，让百姓能够有更多渠道表达自己的意见与想法，从而减轻政治焦虑。此外，也用实实在在的成绩，践行以人民为中心的发展观，增强人民的政治认同感。例如当前战"疫"实践，党宣扬了党员的无私奉献精神，以具体事例表明党的号召力与战斗力。

此外，增强政治传播效果，还需要用好法治手段。比如，我国就颁布了《中华人民共和国国家安全法》《中华人民共和国网络安全法》《国家网络安全战略》等法律法规，例如2020年3月1日生效的《网络信息内容生态治理规定》，一方面鼓励宣扬党的政策主张和社会主义核心价值观等内容，另一方面禁止一切破坏国家稳定的言论。中国共产党强调对网络治理，是从源头上管控危害党的政治建设的不利因素。当然，要让网络治理产生好的效果，需要区分好百姓正当的政治诉求表达与反面的意识形态问题，要尽可能做到百姓的政治焦虑能得到及时疏解，此外还要做好信访工作，开通有效通道，能保障人民的知情权、表达权、建议权、监督权能够得到落实。总之，人民满意是党的政治建设的目的所在，也是政治传播的着力点所在。

综上所述，正如邓小平所指出的："我们人民的团结，社会的安定，民主的发展，国家的统一，都要靠党的领导。"更如党的十九届四中全会审议通过的《决定》所强调的："必须坚持党政军民学、东西南北中，党是领导一切的，坚决维护党中央权威，健全总揽全局、协调各方的党的领导制度体系，把党的领导落实到国家治理各领域各方面各环节。"这里的维护、总揽、协调、落实从本质上讲都是党的"政治传播"功能的体现，也是需要通过党的"政治传播"来实现的。

---

① 荆学民：《探索中国政治传播的新境界》，《中国人民大学学报》2016年第4期。

# 第六章　水舟原型：中西文明与媒介叙事的比较研究

　　海船隐喻是西方媒介本体论的重要隐喻。以海、船为典型意象的水舟叙事是媒介本体的隐喻展现，作为人类借以立足于海洋环境之上的技术表征，"船可以作为一种比喻来描述媒介如何使得各种世界成为可能"①。"海"即"水"——彼得斯笔下所构建的"海"的形象并非狭义地指具象的海洋，而是一种更为抽象的"水"环境："如果这一无处不在的海洋环境——一个存在于众多生命的体内和体外的生活世界——不是媒介，还能是什么呢？"②而"船"即"舟"，先秦文献中多以"舟"指"船"，"舟"字始见于商代甲骨文，是船的象形字，本意即船③，到汉代之后，多用船字。④即便是在《奇云》之中，舟船也是通用而未区分的。"（海/河等）水"与"舟（船）"相勾连，巧妙地阐释了媒介对人的中介作用以及人类生存的境况。所以从字面意义而言，彼得斯的海船也可以被视为水舟的一种。

　　无论是东方还是西方，"（海/河）水"都与"舟船"相勾连，成为经典隐喻，这种叙事差异被彼得斯视为中西方文明的轴心差异。借用这一广泛存在于世界范围内的经典概念隐喻——"水舟"来阐释媒介作为一种中介的本体论，是彼得斯的高明之处。海船隐喻形象地阐释了原本形而上的"媒介道说"，是彼得斯建构其媒介本体哲学思想的重要隐喻之一，更广泛存在于世界范围内，能天然地自觉勾连起其他文化情境中的共鸣，但这种共鸣很容易遮蔽其背后的文化差异。细而思之，彼得斯的海船隐喻显然与华夏本土语境下的水舟大相径庭。虽然彼得斯看到

---

　　①　[美]约翰·杜海姆·彼得斯：《奇云：媒介即存有》，邓建国译，上海：复旦大学出版社，2020年，第12页。

　　②　[美]约翰·杜海姆·彼得斯：《奇云：媒介即存有》，邓建国译，上海：复旦大学出版社，2020年，第65页。

　　③　李学勤主编：《字源》，天津：天津古籍出版社，2013年，第751页。

　　④　曹先擢，苏培成主编：《新华多功能字典》，北京：商务印书馆，2005年，第931页。

了这一点，并蜻蜓点水般地提到这可能是"两个文明之间的轴心差异"①，但其船喻建构与媒介分析的史料观点依旧不可避免地立足于西方文化土壤之上。媒介虽无国界，但其表征与指涉却受到时空及文化因素的极大影响。世界范围内水舟的叙事指涉物虽相似，但其叙事差异却很大。这种差异本身是否暗含着不同文明的思维差异？又会对媒介本体的认识和理解产生何种影响？

彼得斯的"媒介哲学与中国道家思想在媒介本体论上"②呈现出高度的相似性，这也是文明交融共生的时代趋势，但于相似之中找到差异、定位自身、照亮彼此才是文明互鉴的必由之路。故而，本研究围绕"水舟"这一媒介本体论的隐喻，立足隐喻话语分析视角，回溯最早的一系列"水舟"叙事原型并对其进行发生学考察，从概念隐喻理论出发，以《圣经》《山海经》《理想国》和《周礼》《墨子》等文本为语料，对灭世洪水与大禹治水、诺亚方舟与番禺制舟、圣人之舟与国家之船三组叙事进行对比分析，并借由"现象—认知—语言"的认知语言学框架，对人类文明轴心时代的"水舟"观念的原型进行发生学考察，进而展开中西文明的比较研究。具体而言，通过对比分析中西水舟隐喻的构建路径，试图从开源于轴心时代的文明中探究中西水舟隐喻背后所隐藏的认知思维差异，解答水与舟的隐喻如何勾连在一起，又如何从一种物质性实体转换为一种思维态度，从而还原水舟隐喻的原型，进行中西文明的比较研究。

一、从媒介本体的"水舟"隐喻追问水舟原型差异何以必要？

水舟③观念贯穿于全人类的经验生活、并影响着人们的思想行为，是透视和解读不同社会的重要"文化钥辞"④。水舟隐喻是彼得斯建构其媒介本体哲学思想的重要隐喻之一，也是本研究追问中西水舟原型差异的起点。华夏本土意义的"水舟"隐喻与彼得斯的"水舟"隐喻显然在结构及内涵上相差甚远。作为传承千年并越发活跃于我们日常生活中的重要隐喻，"水舟"内涵在不同文明中存在着不同的自然环境土壤和不同的主观叙事建构，水舟隐喻暗藏着中西文明的交汇，其媒介隐喻既彰显着人类文明的共性，又自水舟观念起源之初就已产生了差异。这种差异是否暗含着不同的文明对待人与自然关系的不同思维？本研究意在回答看似相似

---

① ［美］约翰·杜海姆·彼得斯：《奇云：媒介即存有》，邓建国译，上海：复旦大学出版社，2020年，"中文版前言"，第3页。

② 邓建国：《从认识论到本体论：彼得斯《奇云》中的"媒介道说"》，《新闻记者》2019年第11期。

③ 本研究的水舟是广义的，泛指一切水与船，在西方文化中集中体现为海洋和船的意象；在华夏文化中体现为河流和舟的意象。中西水舟内涵的分野将在下文中得到阐释。

④ 吴予敏：《中国传播观念史研究的进路与方法》，《新闻与传播研究》2008年第3期。

的东西方船喻叙事在结构和内涵上的具体差别，以拆解中西水舟隐喻背后的话语逻辑，为理解媒介提供本土化的视角与启示。

（一）"水舟"：技术与自然相整合的媒介本体隐喻

什么是人？面对苏格拉底这一亘古常新的难题，彼得斯从媒介哲学出发，将人类视为"浮游于多舟之上的生物"[①]，"船"作为人类立足于海洋之上的技术表征，充分彰显了"在非人的环境中生存多么能催生我们去发明各种技术……通过'船'我们得以了解人类的存有是多么具有强烈的人工性"[②]，海因船得以成为人类生存的媒介环境，船也因此成为"媒介之媒介"[③]。

水舟作为整合技术与自然的象征，彰显了"技术"作为人类生存所依赖的工具，对人类生存方式所产生的媒介作用，其所建构的媒介隐喻具有本体论的哲思。媒介本体论的思考源于海德格尔对技术媒介的存在分析，"到了海德格尔时期，对技术媒介的哲学意识才第一次出现，数学与媒介的连接、媒介与本体论的连接也以更精确的术语而得到阐明"[④]，海德格尔摧毁了形式与内容之间二元对立，才使得技术媒介取代形而上学的精神物理媒介。"海德格尔的技术媒介本体论思想为我们打开了媒介生成这一媒介研究领域"[⑤]，而后基特勒、彼得斯都循着这一媒介研究的技术性传统路径，去重新审思技术对人类主体性的重塑。"人类掌握着地球这艘大船的方向舵。船若触礁，它并不会毁灭地球，因为地球已经熬过了比这大得多的灾难，却会导致人类的灭亡。触礁毁灭的是船只而不是海洋。"[⑥]船代表着"人类在各种凶险环境中通过人造栖息地而得以存活"[⑦]的技术依赖，海与船就成为人、工具和环境的媒介象征，而"媒介就是我们的境况、我们的命运，以及我们面临的挑战"[⑧]。彼得斯将船作为描述其媒介观点的一个重要隐喻，其媒介本体论将媒介视

---

① ［美］约翰·杜海姆·彼得斯：《奇云：媒介即存有》，邓建国译，上海：复旦大学出版社，2020 年，第 62 页。

② ［美］约翰·杜海姆·彼得斯：《奇云：媒介即存有》，邓建国译，上海：复旦大学出版社，2020 年，第 113 页。

③ ［美］约翰·杜海姆·彼得斯：《奇云：媒介即存有》，邓建国译，上海：复旦大学出版社，2020 年，"推荐序"，第 2 页。

④ ［德］弗里德里希·基特勒：《走向媒介本体论》，胡菊译，《江西社会科学》2010 年第 4 期。

⑤ 张三夕、李明勇：《海德格尔媒介本体论思想阐述》，《华中师范大学学报（人文社会科学版）》2017 年第 5 期。

⑥ ［美］约翰·杜海姆·彼得斯：《奇云：媒介即存有》，邓建国译，上海：复旦大学出版社，2020 年，第 61 页。

⑦ ［美］约翰·杜海姆·彼得斯：《奇云：媒介即存有》，邓建国译，上海：复旦大学出版社，2020 年，第 113 页。

⑧ ［美］约翰·杜海姆·彼得斯：《奇云：媒介即存有》，邓建国译，上海：复旦大学出版社，2020 年，第 61 页。

为一种中介，消解了技术与内容的二元对立，而"海"与"船"共同构成了媒介本体的概念隐喻。

　　在媒介本体论思想上，不论是媒介的容器比喻，还是有无的哲学思辨，彼得斯的"媒介哲学与中国道家思想在媒介本体论上"[①]呈现出高度的相似性，这也是文明交融共生的时代趋势。然而，每种文明的媒介本体不能简单地一概而论，不同的思维对人、技术与自然的关系理解存在着巨大差异，这势必会影响到对媒介本体隐喻的叙事建构。中西水舟隐喻所展现的媒介本体形象也存在着本质的差异。细而究之，中西水舟隐喻截然不同，在呼唤建构本土传播学的当代，从媒介本体着手，于相似概念之中找到文明差异，才能更好地定位自身、照亮彼此，并为本土传播学的建构提供一套合法性的说辞，从而避免坠入东方主义的窠臼，走出"传播学中国化"的伪命题陷阱，进而建构出运用中国话语、展现中国风格、呈现中国气派、洋溢着中国价值的传播学"中华学派"。

（二）从水舟原型追问中西文明差异何以可行？

　　媒介本体的水舟隐喻并非现代媒介学家的凭空独创，而是沿袭了西洋文明传统。在西方传统的政治想象中，船几乎是一个永恒的意象。自柏拉图始，船就成为国家的隐喻。"以'船'隐喻'国家'，以'大海行船'隐喻'统治国家'，以'航海术'隐喻统治国家的技艺、知识乃至秘密，这在古代希腊政治与历史文献中屡见不鲜。"[②]发展到今天，船喻在世界范围内都广泛存在，是人类文明的一个极为相似的共同概念隐喻。在当代社会，时代潮流、倒行逆施、逆水行舟、同舟共济、乘风破浪、扬帆起航、生命方舟等词汇在生活中屡见不鲜。拉美格言"船的力量在帆上，人的力量在心上"近期更是成为一种主流政治话语，被各类媒体用来阐释文明交流、民族团结[③]、世界"人类命运共同体"理念的实践[④]等内容。特别是在互联网场景中，水、船的比喻在整个世界都显得更为广泛，如冲浪、信息浪潮、沉浸式体验、登录……借用这一在世界范围内广泛流行的"海"与"船"的隐喻来进行媒介哲学思考，是彼得斯创造和传播其媒介概念及理论的点睛之笔。

---

① 邓建国：《从认识论到本体论：彼得斯〈奇云〉中的"媒介道说"》，《新闻记者》2019年第11期。

② 林国华：《在灵泊深处：西洋文史发微》，北京：北京大学出版社，2014年，第331页--

③ 《民族交融好味道》，2015-09-30，http://opinion.people.com.cn/n/2015/0930/c1003-27649442.html；人民日报：《中华民族是命运共同体》，2020-10-20，http://opinion.people.com.cn/n1/2020/1020/c1003-31897957.html。

④ 值中国与哥伦比亚建交40周年之际，澎湃新闻引用这句话说明人类命运共同体的建构。参见达尼罗：《哥伦比亚汉学家：船的力量在帆上》，2020-07-22，https://www.thepaper.cn/newsDetail_forward_8387529。

相较之下，华夏"水""舟"的相关论述广泛出现在中国古代哲学、政治思想、文学意象、水运交通、隐喻叙事等研究中。以水比德、以水拟医、以水喻道、以水谈兵、以水论政等水喻在中国的叙述模式中屡见不鲜，形成了以自然喻人事的修辞模式，水喻也被誉为中国古代的"根隐喻"①。古人对"水"极为重视②，形成了"水崇拜"③，产生了上巳节等仪式活动④，创造出丰富多彩的华夏水文化⑤，更成为儒释道哲学思想的理论源泉。华夏对舟船的研究集中在帆船史及其与文明发展的关系层面，如对古代帆船的构造及性能研究⑥、舟船历史活动考察与文明发展⑦、造船技术与航海故事⑧、各个历史时期的技术成就与著述⑨等。舟行于水，水舟具有天然的联系，在日常生活中，水能浮舟、水涨船高、载舟覆舟等系列隐喻更是屡见不鲜。对水舟的隐喻内涵研究集中在中国古代政治思想研究中，特别是对先秦民本思想的考察，以及在当代政治思想研究中以"水舟"诠释党的群众路线⑩、党群关系⑪、政治实践等⑫。

物质性的水在早期的东西方文明中都扮演了重要角色，而具有独特生物学意义的舟⑬，则揭示了人的技术属性。区别于华夏，西方对水舟的探讨体现为一种航海叙事。自柏拉图创建国家之船的隐喻开始，大海行船的政治隐喻就已成为西方船喻的一条主线。学界对水喻的分析已然非常成熟，主要集中在哲学、文学领域，"水"也成为中西文明对比的焦点，如中西"水喻"衍生机制⑭、"water"与"水"

---

① 刁生虎：《水：中国古代的根隐喻》，《中州学刊》2006 年第 5 期。

② 李小光：《太一与中国古代水崇拜——以彩陶文化为中心的考察》，《宗教学研究》2009 年第 2 期。

③ 向柏松：《中国水崇拜与古代政治》，《中南民族学院学报（哲学社会科学版）》1996 年第 4 期。

④ 艾菊红：《泼水节与古代上巳节的比较》，《云南社会科学》2003 年第 2 期。

⑤ 肖冬华：《中国古代思想中的"水"》，《兰台世界》2012 年第 10 期。

⑥ 何国卫：《中国木帆船》，上海：上海交通大学出版社，2019 年。

⑦ 席龙飞：《中国古代海洋船舶》，深圳：海天出版社，2019 年。

⑧ 金秋鹏：《中国古代的造船与航海》，郑州：中州古籍出版社，2020 年。

⑨ 席龙飞，唐浩，鞠金荧：《舟船桥梁》，上海：长江出版社，2019 年。

⑩ 洪坚：《论红船精神与党的群众路线——舟水关系的当代诠释》，《嘉兴学院学报》2015 年第 2 期。

⑪ 卢继元，张国：《从"舟水关系"到"鱼水关系"》，《党政论坛》2013 年第 3 期。

⑫ 姜庆环，杨大成，宋建中：《舟泛水上 心系于水——中国共产党保持先进性的规律性认识》，《陶瓷研究与职业教育》2006 年第 1 期。

⑬ 古尔汉将马车、犁、风车、舟船等视为一种具有生物学意义的发明，这些发明虽然源自人类的技术创造，但同时也跟随着人类的身体一起演化，进入自然的历史之中。参见 [ 美 ] 约翰·杜海姆·彼得斯：《奇云：媒介即存有》，邓建国译，上海：复旦大学出版社，2020 年，第 60 页。

⑭ 张柳溪：《汉英"水"隐喻认知对比研究》，博士学位论文，南京师范大学，2012 年。

的词义对比分析 ①、概念隐喻分析 ②、认知相似性考察 ③、认知差异的文化归因 ④ 等。关于汉英水喻的对比研究大都集中在语言符号学领域，这些探索已经对中西方"水喻"的文化差异有所涉及，但缺乏对差异成因的深入理解。它们普遍将水喻视为一个笼统的整体概念，对水喻的考察分析时间跨度非常广，无法进行细致的历史分期比较。而且由于水内涵的宽泛性而缺乏聚焦，对水舟隐喻内涵的分析寥寥无几。水舟这一概念虽然被媒介学、政治学等学者所关注，但常常作为配角零星出现在政治学、历史学、传播学等学科对水文化、政治思想和舆论探究的背景介绍中。而对华夏水舟的分析则或浅显表面，简单将之视为民本思想的注脚，或一句带过，借之表述观点。真正将水舟结合起来，进行深入的文化解读，或将中西方水舟观念内涵进行对比的研究更是罕见。

水舟隐喻暗藏着中西文明的交汇，其媒介隐喻既彰显着人类文明的共性，又自水舟观念起源之初就已产生了差异。华夏本土意义的"水舟"隐喻与彼得斯的"水舟"隐喻显然在结构及内涵上相差甚远，这正是本研究探究的核心问题所在：海与船的隐喻作为彼得斯构建媒介理论的隐喻基石之一，其媒介分析的史料观点及隐喻底层逻辑很大程度上立足于西方文化之上，给我们带来媒介启示的同时，也隐藏着一个秘而不宣的问题——世界范围内的水舟隐喻看似相通，但其隐喻的叙事逻辑却存在很大区别。单以华夏文化语境和以古希腊、罗马文化为起源的西方文化语境比较而言，在西方语境中，灯塔、风暴、激流、风向、船帆等词汇成为常见的隐喻，海洋与航海被视为催生人类起源的媒介；而华夏显然并没有过多关注航海，而是走向驯化河流，洪水治理、农业灌溉、漕运交通、水利建设显然在华夏文化发展实践的过程中占据了绝对的主体地位。船的隐喻内涵看似相近，实则却是不同的叙事建构，不同文明对船的理解进路与隐喻建构的逻辑基础千差万别。那么，看似相似的东西方船喻叙事在结构和内涵上具体有何差别？这种差别本身是否影响了不同文明对媒介本体的认识和理解？对这些问题的解决恰恰是破解船隐喻背后的媒介本体论的前提所在。

进而言之，水舟是具有中国本土特色的、蕴含深厚华夏文化的关键概念，海船是西方文明的典型意象。对"水舟"观念的对比解读不仅能够从源头上梳理文明发展的历史脉络，更是理解中西文明分野、理解媒介差异的突破口所在。故而，

---

① 贾冬梅，蓝纯：《"water"与"水"的认知词义的对比分析》，《外语教学理论与实践》2010年第3期。

② 黄兴运，覃修桂：《体验认知视角下"水"的概念隐喻——基于语料的英汉对比研究》，《山东外语教学》2010年第6期。

③ 方芳：《中西方"水喻"认知象似性考释》，《铜陵学院学报》2016年第2期。

④ 张柳溪：《汉英"水"隐喻认知对比研究》，博士学位论文，南京师范大学，2012年。

本研究将彼得斯的海船隐喻视为"水舟"的一种概念阐释，并以"水舟"这一具有中国本土特色的、蕴含深厚华夏文化的关键概念为研究对象，其具体内涵包括舟船、海洋与河流等意象。通过从水舟这一共同概念隐喻入手，研究和辨析东西文化语境中"水舟"的产生源头、内涵流变，以及与社会制度、历史行动之间的联系和相互作用，以期撬动对东西方文化及其思维异同的理解，进而在立足自身文化主体性的立场上为理解媒介本体提供多元化的视角。

在各类观点交锋的当代，水舟隐喻在世界范围内并行不悖，中西水舟隐喻的内涵也在不断交流融合。从源头上厘清中西水舟叙事的共性与差异，是在立足自身文化主体性的基础上求同存异，并在建构中国话语和叙事体系，并向世界阐释中国，推动中华文化更好地走出去的同时，推动人类文明的交流互鉴。对水舟媒介隐喻的理解，既是本土的，也是世界的，但终归是人类的。

二、中西水舟的原型比较及其叙事建构差异

对水舟的讨论贯穿整个人类历史，但早在轴心文明时代，东西方就均已出现了水舟隐喻的原型，并都形塑了后期的文明。解读"水舟"隐喻，首先要回溯"水舟"原型的诞生场景。早在轴心文明时代①，东西方就均已出现水舟隐喻的原型。余英时先生从比较文化史的视野出发，以"轴心突破"②概念解释中国思想起源，认为"轴心突破"奠定了华夏文明的精神，并在文明的发展中发挥着长期的引导作用。③水舟观念最初的"原型"④就发轫于这一时期。

虽然隐喻概念在轴心文明时代还未成型，但无论是东方的庄子，还是希腊的亚里士多德，都将比喻的表达方式视为一种修辞手段。到了近代，社会学家赋予了这类修辞学以结构主义的内涵，隐喻背后的概念结构被学者所重视。特别是莱考夫和约翰逊在反思传统隐喻理论的基础之上，在认知语言学的开山之作《我们赖以生存的隐喻》中提出了"概念隐喻"理论，将人对自然的体验、人与自然的

---

①　"轴心时代"是卡尔·雅斯贝尔斯在《历史的起源与目标》一书中创造的名词，指公元前800年至公元前200年这一段时间内，中国、印度、以色列和希腊四个古老文明在同一时期纷纷出现了思想的大爆发，老庄孔孟等中国先哲、释迦牟尼及耶稣等宗教先驱、苏格拉底、柏拉图、亚里士多德等西方先哲纷纷登场，这一群星璀璨的时期被后世称为"轴心时代"。

②　余英时：《论天人之际——中国古代思想起源试探》，北京：中华书局，2014年，第1—2页。

③　余英时：《论天人之际——中国古代思想起源试探》，北京：中华书局，2014年，第11页。

④　本研究的原型指心理学家荣格创造的原型理论，具体指神话、宗教、梦境、幻想、文学中不断重复出现的意象，它源自民族记忆和原始经验的集体潜意识。

互动①纳入概念隐喻的考察范围中来。"船本身就是一个隐喻"②，从文明源头考察轴心时代东西方对水舟隐喻的建构，揭示其背后的思维模式、思想理念，是剖析"水舟"观念的有效路径。

故而本研究选取轴心时代最早的一系列水舟文本作为重要原型，对其诞生的背景进行发生学考察。特别是自20世纪60年代始，人类社会进入"新轴心时代"③，随着经济全球化的发展，世界文明也呈现出交融、冲突的特征，人类围绕全球治理、人类命运共同体、社会发展等议题展开对未来的多元化思索。此时，重新审视轴心时代的先哲对人生价值的思索和理想社会秩序的追寻，是为了更好地在新轴心时代多元的文化激荡中定位自身，返本开新，在充满矛盾和冲突的观点交锋中建构基于本土文化土壤的话语体系。

船作为一种水运交通工具而被创造，其隐喻建构与文明发展的地理空间环境密切相关，特别是水环境，探讨"水"是探讨"舟"的背景和前提，故而对水舟的考察并不能分开进行，我们仍有必要对水、舟各自的源流做一简要梳理，并借此考察"舟"是在何时以何种角色融入水中，构建为一种叙事的。

（一）中西水舟之"水"的原型及其自然观比较

人类起源和文明发端与史前洪水传说相伴而生，而西方船喻更是绕不开诺亚方舟的叙事影响。早在《圣经》和《山海经》两本兼具历史与神话的重要典籍中，水舟的原型就已登场。通过对《圣经》和《山海经》水舟叙事的考察，发现自大洪水传说之始，东西方文明从源头上就已显现出差别。值得玩味的是，同样身处知识匮乏、崇拜天神的时代，面对同样的自然灾害，中西方却建构出截然不同的水舟叙事体系。借由大洪水灾难文本所展现的水舟之"水"的原型比较如下：

案例一：《圣经·创世纪》洪水灭世

我要使洪水泛滥在地上，毁灭天下。④ 降雨在地上四十昼夜。⑤

案例二：《山海经·海内经》鲧禹治水

---

① 邵钦瑜，冯蕾：《"概念隐喻"理论兴起的动因》，《南通大学学报（社会科学版）》2017年第6期。

② [美] 约翰·杜海姆·彼得斯：《奇云：媒介即存有》，邓建国译，上海，复旦大学出版社，2020年，第114页。

③ 郭长刚：《"新轴心时代"与全球治理体系变革》，《探索与争鸣》2020年第3期。

④ 黄锡木，卓新平中文主编（托马斯·奥登英文主编）：《古代经注·创世记1-11章》（卷一），石敏敏译，上海：华东师范大学出版社，2014年，第152页。

⑤ 黄锡木，卓新平中文主编：《古代经注·创世记1—11章》（卷一），石敏敏译，上海：华东师范大学出版社，2014年，第154页。

洪水滔天，鲧窃帝之息壤以堙洪水，不待帝命；帝令祝融杀鲧于羽郊。鲧复生禹，帝乃命禹卒布土以定九州。[①]

对舟船和海洋的书写和想象显现出人类文明的共性，《圣经》与《山海经》都描绘了大洪水灾难的情形。自大洪水传说之始，中西对"水"环境的认知就已显现差别。在《圣经》中，洪水源自上帝对人类的惩罚，上帝"见人在地上罪恶很大，终日所思想的尽都是恶"[②]，决定"降雨在地上四十昼夜"[③]，于是"大渊的泉源都裂开了，天上的窗户也敞开了"[④]，水势浩大以至于"天下的高山都淹没了"[⑤]。人类在自然的洪水面前，毫无招架还手之力。"水"具体表征为一望无际的"海"的意象。人与自然（洪水）之间呈现为一种主宰与被主宰的关系，生存环境主宰着人类命运的境况。

华夏世界观的开始，则没有创世与造物主，也没有人与自然激烈对抗的关系，而是一种自为自化的结果。[⑥]表现在《山海经》的故事中，史前的洪水是一场自然灾害，天神鲧为了拯救人类而去盗取能够阻止洪灾的"息壤"。天帝得知后派火神杀死鲧。但他并没有对洪水坐视不理，而是派遣鲧的儿子禹去治水。而在真实的历史上，大禹在治水过程中划定九州并收获民心，三过家门而不入等故事被建构起来，突显了人类力量在自然灾害面前的主体能动性。这种通过努力改造自然的叙事影响着中国人对人与自然关系的感知，成为中国文明发展的主流叙事，典型的代表如华夏另一则史前洪水故事的叙事框架也是如此：《淮南子》等先秦典籍借用《山海经》中"祝融降处于江水，生共工"[⑦]的原型，建构出共工氏与颛顼争为帝、共工怒触不周山、女娲补天等故事。到了东汉，王充进一步在《论衡》中将两则神话合二为一，共工怒触不周山以至于天河之水注入人间，女娲补天以止洪水，洪水灾难的源头和解决都有了细节的解释，构成了一则完整的救世神话，被《史记》等后世典籍采纳。其叙事脉络都呈现出人在自然面前的主体能动性。

---

① 袁珂校释：《山海经校释》，上海：上海古籍出版社，1985年，第301页。

② 黄锡木，卓新平中文主编：《古代经注·创世记1—1章》（卷一），石敏敏译，上海：华东师范大学出版社，2014年，第146页。

③ 黄锡木，卓新平中文主编：《古代经注·创世记1—11章》（卷一），石敏敏译，上海：华东师范大学出版社，2014年，第154页。

④ 黄锡木，卓新平中文主编：《古代经注·创世记1—11章》（卷一），石敏敏译，上海：华东师范大学出版社，2014年，第158页。

⑤ 黄锡木，卓新平中文主编：《古代经注·创世记1—11章》（卷一），石敏敏译，上海：华东师范大学出版社，2014年，第161页。

⑥ 牟复礼：《中国思想之渊源》，王重阳译，北京：北京大学出版社，2016年，第35页。

⑦ 袁珂校释：《山海经校释》，上海：上海古籍出版社，1985年，第300—301页。

从水的原型出发，与西方"毁灭天下"①的海洋意象不同，东方水的原型表现为一种可以被治理进而"以定九州"②的河流环境。虽然船在东西方文明中都扮演了人类驯服自然的媒介，但其媒介功能在对"水"环境的感知中就已浮现差异：西方的"水喻"体现为一种"海喻"，虽然冒险与征服占据了文明的主流，但究其本质而言，是"自然无法驯服，只能被航行或顺应"③的自然观，船也因此被视为一种救赎的象征；华夏的"水喻"更多地体现为一种"河喻"，通过筑坝、挖渠、改道、引流等实践，衍生出"自然可以被驯化和改造"④的自然观，道法自然，船成为联通彼岸世界、走向和谐共生的媒介。

（二）中西水舟之"舟"的原型及其技术观比较

《圣经》与《山海经》作为兼具神话与历史的史料，其历史呈现为一种主观叙事。东西方不仅对洪水灾难的形式感知存在海与河的差异，在洪水成因、解决方案上也形成了对比，舟的引入路径也呈现出鲜明区别。中西水舟原型之"舟"的比较如下：

案例三：《圣经·创世纪》诺亚方舟

耶和华对挪亚（诺亚）说，你和你的全家都要进入方舟……一切有血肉的生物中，各带一对，进入方舟……保存生命。⑤

案例四：《山海经·海内经》番禺制舟

帝俊生禺号，禺号生淫梁，淫梁生番禺，是始为舟。⑥

面对滔天的洪水灾难，诺亚"因为在这世代中，我（耶和华）见你在我面前

---

① 黄锡木，卓新平中文主编（托马斯·奥登英文主编）：《古代经注·创世记1—11章》（卷一），石敏敏译，上海：华东师范大学出版社，2014年，第152页。

② 袁珂校释：《山海经校释》，上海：上海古籍出版社，1985年，第301页。

③ [美]约翰·杜海姆·彼得斯：《奇云：媒介即存有》，邓建国译，上海：复旦大学出版社，2020年，"中文版前言"，第3页。

④ [美]约翰·杜海姆·彼得斯：《奇云：媒介即存有》，邓建国译，上海：复旦大学出版社，2020年，"中文版前言"，第3页。

⑤ 黄锡木，卓新平中文主编：《古代经注·创世记1—11章》（卷一），石敏敏译，上海：华东师范大学出版社，2014年，第152—154页。

⑥ 袁珂校释：《山海经校释》，上海：上海古籍出版社，1985年，第300页。

是义人"①的缘故，被上帝选中，启示他"要用歌斐木造一只方舟"②，船，作为上帝恩赐的救赎工具，成功帮助诺亚度过了洪水危机。洪水退去后，上帝"赐福给诺亚和他的儿子，对他们说，你们要生养众多，……凡活着的动物，都可以作你们的食物。这一切我都赐给你们"③。同时，上帝还与诺亚立下誓约："凡有血肉的，不再被洪水灭绝，也不再有洪水毁坏地了。"④诺亚成为中东地区各民族的共同祖先。上帝是贯穿整个故事的主线人物，决定了人类的命运，而船作为上帝的恩赐，成为救赎的象征。

反观《山海经》故事，舟船作为一种人类智慧的器物象征而出现。"帝俊生禺号，禺号生淫梁，淫梁生番禺，是始为舟。"⑤《山海经·海内经》记载帝俊的曾孙番禺开始做舟，而番禺的孙子吉光造出了木头车。舟车同源，这些发明代表着古人的机巧与智慧。

### （三）上帝恩赐与人类智慧：两种原型的叙事差异

《圣经》与《山海经》作为兼具神话与历史的史料，其历史呈现为一种主观叙事。同样面临自然界的洪水大灾难，东西方在洪水成因、解决方案上形成了鲜明的对比。舟的引入路径也呈现出鲜明的区别。

从文化人类学的角度而言，神话在叙事史上的地位不可忽视。维柯将"原始人"感知环境并创造神话的能力视为一种创造"结构"的能力。借由中西神话的"对读"，可以发现在神话叙事的构成因素中，从文本选择、叙事对象，再到叙事结构，其功能层、行动层、叙述层⑥都存在着明显差异。《圣经》与《山海经》所构建的中西方史前洪水神话的叙事差异比较如表6-1所示：

---

① 黄锡木，卓新平中文主编：《古代经注·创世记1—11章》（卷一），石敏敏译，上海：华东师范大学出版社，2014年，第154页。

② 黄锡木，卓新平中文主编：《古代经注·创世记1—11章》（卷一），石敏敏译，上海：华东师范大学出版社，2014年，第149页。

③ 黄锡木，卓新平中文主编：《古代经注·创世记1—11章》（卷一），石敏敏译，上海：华东师范大学出版社，2014年，第172—174页。

④ 黄锡木，卓新平中文主编：《古代经注·创世记1—11章》（卷一），石敏敏译，上海：华东师范大学出版社，2014年，第177页。

⑤ 袁珂校释：《山海经校释》，上海：上海古籍出版社，1985年，第300页。

⑥ 参见罗兰·巴尔特的叙事结构理论。

表 6–1《圣经》与《山海经》史前洪水神话的叙事差异比较

| 题项 | | 《圣经》 | 《山海经》 |
|---|---|---|---|
| 水 | 洪水起因 | 上帝对人类罪恶的惩罚 | 自然灾害 |
| | 洪水过程 | 上帝降雨，淹没高山 | 洪水滔天 |
| | 解决手段 | 诺亚方舟 | 鲧禹治水 |
| | 灾后重建 | 上帝的恩赐与誓约 | 划九州，创国家 |
| 舟 | 舟的来源 | 上帝恩赐 | 圣人发明 |
| | 舟的作用 | 水中救命 | 水上交通 |
| | 故事主体 | 舟与洪水 | 舟与番禺 |
| | 舟船意象 | 宗教救赎的器物象征 | 人类智慧的器物象征 |
| 人 | 主要人物 | 上帝、诺亚、人类 | 番禺、大禹 |
| | 主体内涵 | 人神两分 | 人神一体 |
| | 文化意涵 | 上帝崇拜 | 人祖信仰 |

就"舟"的登场背景而言，在洪水进入视野之初，船就作为一种物质与技术的双重媒介进入西方文化的视野。西方将大洪水视为上帝对人类罪恶的惩罚，暗示着人与自然相对抗的先天格局。而后诺亚依据神的指令掌握了制船技术，船作为上帝恩赐的救赎工具，作为一种物质媒介成功帮助诺亚度过洪水危机。西方将大洪水视为上帝对人类罪恶的惩罚，诺亚依据神的指令制作了船，凸显了人类的渺小，而将船视为一种拯救的技术手段。如同幸运女神堤喀乐于让其发生的、偶然且难以用语言表达的事件一般，船所代表的技术源自上帝的恩赐，是渺小的人类借以对抗并生存于自然之中的媒介工具。在"物—我"关系中以人为中心，"自然"被边缘化，这与西方主流传播话语对自然的忽视[1]一脉相承。

就叙述视角与话语模式而言，《圣经》多次采用直接引语，借上帝之口来推动关键故事情节的发展；而《山海经》同样也是非聚焦型视角，但其用句极为精简，这也展现了中西神话叙事传统的差异。[2]在故事主体上，中国的主人公是人神一体的，《山海经》不仅仅是神话寓言，同时富含着地理、科技、历史、民俗、医学等宝贵史料；相较之下，诺亚方舟的故事主体则是人神界限分明的，故事完整丰满。特别是在情节的构成上，无论是洪水起因，还是求生手段（船），还是灾难后的重建，方舟叙事都与"神"密切相关，本质上是一种宗教叙事。西方的水舟隐喻深

① Gyuchan, J. (2004). Redoing critical studies in nature：A suggestion for the articulation of cultural studies and ecology.Korean Journal of Communication Studies，12（5），50-60.

② 张开焱：《巫术转化路径与中西神话差异性叙事传统的生成》，《中国比较文学》2018 年第 2 期。

刻烙印着宗教的痕迹，如在受洗仪式中的"活水"（living water），源自耶稣（The spring of living water），在《圣经》中被赋予了"基督精神"，象征着神的教诲与恩赐。基都教会也被誉为航船，耶稣被视为船主。① 到了基督教统治的中世纪，大教堂更是被装饰为一艘船的形状，成为神权统治的象征。

　　总结而言，船超越其物质性而成为上帝的化身，逐渐从一种物质媒介走向一种技术媒介，成为人类战胜以洪水为代表的自然的技术手段。而船的技术隐喻着人类在自然环境中得以生存的媒介，代表着一种工具性的救赎。显然，诺亚方舟中船隐喻所内涵的对技术的追问仅仅涉及技术的工具性和正确使用它的目的性，"对于技术的正确的工具性规定还没有向我们显明技术的本质"②。此处尚未涉及技术的本质，而更侧重于技术对人类生存境况的建构，偏向于技术现象学意义上的"集置（Ge-stell）"③。

　　同样是面对大洪水，古代中国则生成了大禹治水的故事，走向人祖信仰。虽然在《山海经》故事中，大禹是受天帝的指派而治水，但他治水的手段和方式是通过疏通的智慧和三过家门而不入的人为努力。在为政治人物赋予天授王权的神话色彩的同时，大禹治水使治水与政治权力相绑定。鲧治水失败被杀，而大禹治水有效被尊为王，最终开启了家天下的新篇章，这就是"水能载舟亦能覆舟"政治内涵的最初写照。大禹在治水这一具有国家事务高度的项目中，一方面划定九州，联结诸侯，积累了实力；另一方面制造了一系列的舆论事件，如违背丧葬礼制优先选择治水等，都塑造了一种将忠国爱民置于家孝与个人利益之前、艰苦奋斗的圣贤形象，形成了良好的社会舆论反响，以至于舜因禹治水贤名而禅位，就此创造了"国家"这一社会政治形态。大禹治水的故事被历代传颂，水与政治相捆绑，"善为国者，必先除其五害，……五害之属，水最为大"（《管子·度地》）。自此成为农业社会广为认同的舆论基调，治水与治民并行不悖。先秦儒家将"水"引入民本思想的阐释中来，如提倡"仁政"的孟子言盛赞大禹治水之道所展现的体恤民生、忧国忧民的仁政之心。"民之归仁也，犹水归下"（《孟子·离娄章句上》），水成为君民关系的一种隐喻，为水舟论的诞生奠定了思想基础。

　　可见，"水""舟"意象的渊源与所指在文明起源之初就已初露端倪，并与中西文明的走向齐驱并进。华夏"舟"的意象并没有特意强调其水的环境背景，而

---

　　① 盖佳择、杨富学：《基督教、佛教与摩尼教对汉文景教文献的影响——以"船喻"为中心》，《中东研究》2019年第1期。
　　② 马丁·海德格尔：《演讲与论文集》，孙周兴译，北京：生活·读书·新知三联书店，2005年，第5页。
　　③ 马丁·海德格尔：《演讲与论文集》，孙周兴译，北京：生活·读书·新知三联书店，2005年，第19页。

是与圣人进行了捆绑，"舟"代表着人类对自然的适应和改造，与自然和谐共生，是人类认识环境、适应环境、改造环境的智慧表征。舟车同源，这些发明代表着古人对人与自然关系的积极态度。不同于传播技术的中介性，媒介技术拥有创造环境的能力，将人类与自然连通起来构成一个媒介世界。① 大禹治水的媒介逻辑即为如此，注重"人"的主体性，洪水起因虽不在人的掌控范围之内，却更关注如何克服困难、合力重建家园，创建了发明工具、适应改造自然、人定胜天的积极叙事，从而为形成祖宗信仰奠定了文化基础。此处船的媒介隐喻更偏向于存在意义上"作为日常生活实践的、伴随身体参与的、落实于具体的空间场景的"② 的本体论追问——即具有"生成性"的、"作为世界的媒介"③。

### 三、中西船的结构隐喻比较与认知路径差异

由上文对水舟原型叙事的比较发现，"舟"作为水上交通工具，在西方的叙事体系中成为在海洋般的水环境中救赎自我的技术象征；而在华夏叙事体系中并未将之与水勾连，反而强调了它的发明者，将之视为人类在自然之中追求更好的生存的智慧表征。有趣的是，这两种叙事在东西方不约而同地在同一时期出现了一个极为相似的比喻——用船来类比国家。东西方的船喻不仅出现时间相近，同时也在内涵上产生了极为相似的共性。立足文明源头的共性，借由对共同概念隐喻的考察，展示"水舟"隐喻在中西文明中的呈现及其认知之不同，进而深挖中西文明内在理路的不同，才能在文明交流互鉴之中照亮彼此。

水是舟的背景板，但水并不是重点所在，舟才是水舟关系的重点所在，故而本研究进一步以船的结构隐喻为考察重点。立足文明源头的共性，借由对共同概念隐喻的考察，"水舟"隐喻在中西文明中的呈现及其认知之不同也就跃然纸上了，由此可以管窥中西文明内在理路的差异。

西方船喻贯穿于其宗教、政治、社会、文化等各个层面，而回溯轴心时代，最典型、引用最广泛的代表莫过于柏拉图在《理想国》中创造的"国家之船"的结构隐喻④，用水手与船长来比喻人民与哲学家（理想的统治者）的关系。"国家之船"追求哲人为王，这与华夏的"圣人之舟"的观点非常相像。华夏"舟"最早

---

①　Kirsty Best（2010）. Redefining the Technology of Media：Actor，World，Relation，Techne：Research in Philosophy & Technology，14（2），140-157.

②　孙玮：《从新媒介通达新传播：基于技术哲学的传播研究思考》，《暨南学报（哲学社会科学版）》2016 年第 1 期。

③　胡翼青，谌知翼：《作为媒介性的生成性：作为世界的媒介》，《新闻记者》2022 年第 10 期。

④　莱考夫在《我们赖以生存的隐喻》一书中将概念隐喻分为结构隐喻、方位隐喻和本体隐喻三类。

的叙事源头是圣人之所作，在后世的政治解读中代表着君主与国家。"圣人之舟"讲求圣贤治国，内圣外王与哲人王的观点发生了巧妙的叠合，但同时又隐藏着截然不同的深层逻辑。

案例五:《理想国》：国家之船

设一船队或一船之领袖。事事胜于其他之水手。惟其耳目不甚清明。驾舟之术。亦非完善无指摘之处。于是诸水手争欲得其驾舟之职。每人自信已有驾舟之理由。……求其与以驾舟之职。……夺其舟而自为领袖。至此则彼等之自相残害。……助之夺权者。均酬以船长领袖等之美名。①

案例六:《周礼》等：圣人之舟

作车以行陆，作舟以行水，此皆圣人之所作也。(《周礼·冬官考工记》)

圣王作为舟车，以便民之事。(《墨子·辞过》)

君者，舟也；庶人者，水也。水则载舟，水则覆舟。(《荀子·哀公》)

国家之船与圣人之舟都蕴含着对理想国家治理状态的一种隐喻。虽同为治国之道，水舟的内涵则全然不同。从概念隐喻的视角出发，将治国比喻为驾船是一种典型的结构隐喻，国家之船与圣人之舟的隐喻看似相似，但实则根植于不同的文化经验，背后有着不同的思维认知逻辑和映射过程。拆解国家之船与圣人之舟从源域到目标域的映射过程，将案例五与案例六的结构隐喻比较分析，以探析中西"船"的概念分野背后所透露的媒介分野，案例五与案例六的结构隐喻比较分析如表 6-2 所示:

人类借助舟的工具究竟是立足于海洋之上还是立足于河流之上，这本身就代表着对人类对自身生存境况的一种感知，而这种感知影响着人类对自身、对船这一技术媒介的定位。

---

① 柏拉图:《理想国》，吴献书译，南京：译林出版社，2011 年，第 184 页。

表 6-2　中西船的结构隐喻比较与媒介性分野

| 题项 | | 圣人之舟 | 国家之船 |
|---|---|---|---|
| 水舟结构隐喻 | 舟 | 舟作为圣人智慧的器物象征，引申为形而上的君德与国运 | 船作为国家隐喻，表现为国家治理的具象场域 |
| | 水 | 载舟覆舟的河水环境，比喻民心向背 | 随时风暴的海洋环境，比喻国家治理的艰难 |
| | 主体 | 水对应民；舟对应君 | 水手对应民众；船长对应统治者 |
| | 掌舵者 | 内圣外王（圣人掌控船） | 哲人王（哲人掌控船） |
| | 本体隐喻 | 国家治理如同治理河流 | 国家治理如同海洋冒险 |
| | 治国手段 | 针对君主个体的修养 | 高超的航海术（如奥德修斯）① |
| | 治国目标 | 水能载舟，民心归附，政权平稳，避免被颠覆 | 船只平稳运行，保全船员生命，到达理想彼岸② |
| 媒介分野 | 水舟表征 | 水与舟共同构成人类生存的整体系统，危机由舟（统治）无德引发 | 水代表人类生存的境况，自然条件恶劣，舟作为媒介技术手段，总是面临挑战 |
| | 媒介属性 | 水与舟互为媒介，载舟覆舟相生相克 | 舟是行于水的物理、技术媒介，渡水（征服自然）则弃舟（技术） |

（一）国家之船：西方水舟相生的国家治理叙事

在国家之船的结构隐喻中，国家被喻为脆弱的木船，需要在随时可能狂风暴雨的茫茫大海中航行（以恶劣的自然环境隐喻治国难度之高）。追求平稳和安全就是国家之船的第一目的，因而船长（统治者）的航海术（治国能力）就显得非常重要。而柏拉图笔下"耳目不甚清明"的船长就是在嘲讽无能的国王。国王无能，则无法领导"水手们"，最终导致混乱与颠簸。所以，治国关键在于推选真正的航海家为王。而众人"所祈求于这艘船的，也唯有一件事，那就是这艘船要足够坚固和强大，能够保护他们，不至于命丧大海……保全生命，这正是被称为'国家'的这艘古老的航船与万能的上帝签订的一项古老而神圣的契约"③，这正与诺亚方舟所代表的救赎意指所吻合。

以哲人王为代表的国家之船隐喻在西方文化中得到了传承，船的形象在西方

---

① 奥德修斯是古希腊神话故事中的英雄人物。他顺利通过"斯库拉"和"卡律布狄斯"（《奥德赛》里守护在墨西拿海峡的两侧的海怪）所把守的海峡，是航海术高超且足智多谋的代表人物。

② 柏拉图认为国家这艘航船的目的是要平安驶过凶险的海洋，最终回到美好的港湾。而霍布斯则认为根本没有一个所谓的港湾，所以国家这艘船没有目的地可言，只是为了保全船员的安全需要。参见林国华：《在灵泊深处：西洋文史发微》，北京：北京大学出版社，2014年。

③ 林国华：《在灵泊深处：西洋文史发微》，北京：北京大学出版社，2014年，第331页。

的文学、绘画、建筑乃至瓷器作品中屡见不鲜，船也成为西方文明中的一个"基本意象"和"根隐喻"①。可见，国家之船的航海隐喻是柏拉图对国家治理的想象，旨在借由高超的治国术实现国家的安全与和平，其本体隐喻是期望追求通过技术性的船（航海术）来实现对海洋的征服，仍将船定位为一种工具性媒介。

### （二）圣人之舟：华夏援舟入水的政治叙事路径

在古华夏，舟是人类智慧的象征。虽然舟的发明人版本万千，如《山海经》认为是番禺制舟，《易经》提出黄帝、尧、舜"刳木为舟"（《易经·系辞下》），《墨子》认为后稷做舟，《吕氏春秋》提出虞妁做舟……但其共同点在于将舟视为人类智慧的产物。在西周时期，舟车往往连用，是君主的出行工具，因而成为圣王的器物象征，舟车也因此成为臣子劝谏常用的器物比喻。如墨子"圣王作为舟车"（《墨子·辞过》）作喻，劝谏君王应当节省开支，不贵装饰，这就是"圣王之为舟车"（《墨子·非乐》）的做法。在后世的发展中，圣人之舟的内涵又进行了扩展，并引入了水的场景。《尸子》记载了站在舟中的栾氏子与晋国君主对话的场景。栾氏子以舟作喻："失百姓，则舟中之人皆栾氏子也。"（《尸子卷上·贵言》）君主无德，百姓就都是"舟中之人"——反抗者。《说苑》言"君不修德，船中之人尽敌国也"，也为此意，将舟楫与民心关联。作为水运工具的"舟"，也因此被用以代表敌对者的战船，进而引申出对君德、民意与国运的探讨。舟行于水，水舟具有天然的联系。在春秋战国时期，作为水运工具的"舟"进一步发展成为国家战争机器，仅在《左传》中，就有6处提到"舟师"。②舟船是统治者视察巡游、玩乐的工具，其规模形制都有着严格的标准，与政治身份息息相关；再加之自春秋以来舟师楼船的军备力量日益重要，直接关乎着国家存亡；同时舟船也是中国古代在东南亚乃至印度洋地区进行国际交往的重要媒介，因此成为中国古代政治场域中的重要意象，因此成为知识分子在劝谏场景下最常用的意象，作为一种说服手段，借水舟引发对治国治民之道的探讨。

### （三）水舟相生与援舟入水：中西国家治理的两种叙事

由前文比较发现，西方的水与船的意象相伴而生，西方的水表现为海洋的意象，即便是史前洪水也是汪洋大海一般的水，船成为在海洋中存在和救赎的象征，国家也被喻为一艘船。而华夏的水、舟虽然同时出现在《山海经》之中，但水和

---

① 陈幼堂，张掌然：《三个船喻对生命文化学研究的启示》，《长沙理工大学学报（社会科学版）》2015 年第 5 期。

② 李波：《〈史记〉中的船和舟》，《中国典籍与文化》2008 年第 3 期。

舟的隐喻却是分别展开的。水是河流的意象，在政治层面形成了以水喻政的叙事传统。无论是治水，还是圣人制造舟，都突出了"人"的智慧和主体性。"水舟论"作为中国古代政治的一个代表性隐喻，寓意既相互依存又相互制约的君民关系，更成为民本思想的代名词，构建了中国古代朝代兴亡的叙事模型。

总而言之，在水舟话语的共性之下，隐藏着的是西方水舟相生、华夏援舟入水的叙事差别。舟在华夏语境中最初是圣人智慧的器物象征，体现了一种乐观的改造自然的思维；而在西方语境中船体现为一种生存的技术及救赎手段，体现了人类存在的艰难与渺小。西方之船与华夏之舟在源域向目标域的概念映射路径上存在着本质的不同：圣人之舟的本体隐喻表现为治国如同治理河流，是积极的、改造自然、与自然和谐共生的寓意；国家之船的本体隐喻则将国家治理等同于航海冒险，暗示着自然环境的凶险。相应地在治国手段上，哲人驾船要修炼高超的航海术，随时准备应对狂风暴雨以保全船员的生命；圣人掌舟则强调君主个体的修养，通过内圣外王实现船只的稳定，而后借由着以水喻政的叙事模型，华夏的水舟走向对君民关系的哲思。用水舟来比喻国家治理，不仅仅是一种修辞手段，更包含在隐喻建构背后的政治理念。经由东西方治水与航海的水舟源流对比，不难发现，中西政治理念有着根本的不同，这也是后世政治模型走向分野的文化基础。

### 四、中介与中连：中西水舟叙事的媒介性分野

无论是西方海与船，还是华夏河与舟，水舟叙事都充斥于其文化语境中的日常生活、文学历史等各类叙事建构中，并影响和形塑着文明的发展轨迹。历史地理是国家治理模式选择的重要影响因素之一，特定隐喻总是与其生存环境及其应对模式相关，故而借由认知语言学理论框架勾勒水舟隐喻的建构进路。上一章通过对"水舟"隐喻结构的比较发现，"水""舟"意象的渊源与所指在文明起源之初就已显露端倪，在此基础上，本部分以此管窥中西媒介本体的本原差异，撬动对"媒介本体"的反思与再审视，进而从水舟隐喻背后的媒介理解差异中去找寻中西文明的轴心差异与交流空间。

研究认为，西方水舟的隐喻演进路径与华夏对水舟的认知路径呈现出鲜明的差异。此差异中又隐含着对"媒介之'中'"的理解差异，集中体现为中介性隐喻和连接性隐喻的区别。看似相似的水舟隐喻背后，却有着完全不同的演进逻辑。研究认为，中外对于船的认识差异隐含着对媒介本体理解的细微差异——西方体现为媒介之"介"——对中介性的强调；而华夏对媒介的理解更侧重于"媒"，体现为一种连接性。如此，就能从中西水舟媒介本体隐喻的本原差异中管窥中西文明分野的十字路口。

特别需要注意的是，本研究所探讨的媒介隐喻并不是尼尔·波兹曼所定义的"媒介即隐喻"传统论点，而是将媒介视为文明存在的构成因素，在媒介技术的思想谱系中"延展人与媒介关系的本体论分析"①。媒介作为一种中介的本体论观点，将媒介视为一种居于中间位置的、拼接人文与自然、组织时空秩序的黏合剂。

### （一）中西水舟叙事建构的认知语言学比较

中西船的隐喻何以呈现出水舟相生、援舟入水两种叙事差别？要想回答这一问题，就必须对中西舟的隐喻演进路径进行细致的梳理。历史地理是国家治理模式选择的重要影响因素，特定隐喻总是与其生存环境及其应对模式相关。前文从中西文明的共性中已剖析了水舟概念的内涵差异。本部分将进一步从思维层面的认知机制考察水舟概念隐喻，借鉴"现象—认知—语言"的认知语言学理论框架，对前文水舟发生的情境及其概念演变进行总结性的梳理，并从思维层面的认知机制考察水舟概念隐喻。"现象"代表发生环境，"认知"实为身体感知，"语言"表现为一种叙事建构。通过前文对洪水神话的叙事分析及舟船意象的结构隐喻分析，可以发现行为经验对概念隐喻生成的重要影响。为了更加立体地展现中西方水舟概念的生成过程，借用行为经验来充当现象与认知之间的逻辑桥梁，并补充文明模式与思维特征板块，试图从水舟的共同概念隐喻审视中西文化共性，并从水舟的深层思维表征解读中西文明的特性。结果如图 6-1 所示：

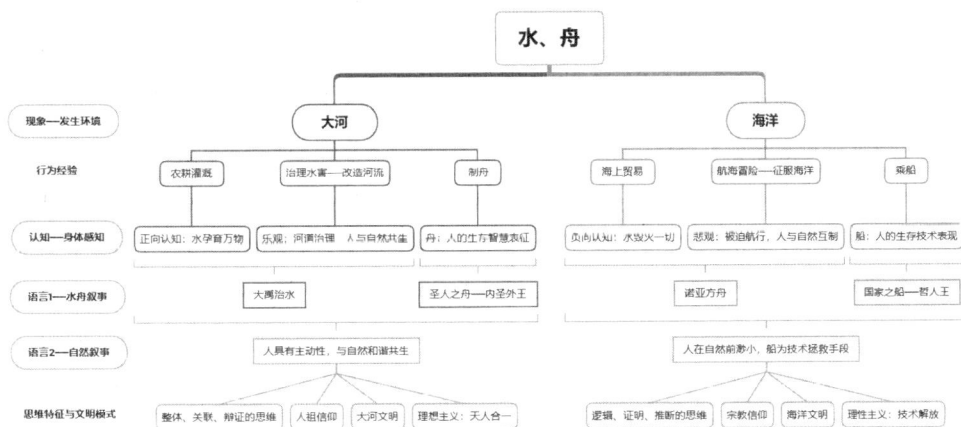

**图 6-1　水舟隐喻的认知语言学比较分析**

---

① 郭小安，赵海明：《媒介的演替与人的"主体性"递归：基特勒的媒介本体论思想及审思》，《国际新闻界》2021 年第 6 期。

水舟的叙事差异与文明发展的地理空间环境密切相关。斯塔夫里阿诺斯在《全球通史》中提出，中国地区肥沃的大河流域和平原，孕育了古老的中国文明。四大文明古国无一不是发端于大河流域，并以农业经济为主，它们被誉为"大河文明"。黄河和长江两大流域作为中华文明的摇篮[①]，华夏文明也被唐晓峰称为"两河文明"[②]的一种。随着对航海科技史的深入研究，中国辉煌壮阔的航海传统也呈现在世人面前，但就正史的记载传统而言，航海显然未能被纳入中国历史的主流叙事。

欧洲文明发端于希腊，海产资源丰富的古希腊以航海贸易经济为主，由此创造了绚烂多彩的海洋神话，成为西方文明的摇篮。不同的地理环境，衍生出中西风格迥异的大河文明和海洋文明。[③]西方的"水"更多指海洋，其船喻集中展现为一种航海叙事；而华夏的"水"则体现为一种河流环境。海洋与河流的分野在船喻的叙事差异中赫然显现：西方水与船的意象相伴而生，"水"更多指海洋，其船喻集中展现为一种航海叙事——即便是史前洪水也是汪洋大海一般的水，船成为在海洋中存在和救赎的象征，国家也被喻为一艘船。关于"水"的认知分野背后体现了东西方不同的文明观念。

希腊人生活在海洋国家，而华夏是一个大陆国家。[④]古希腊海洋的外部环境催生了航海贸易的行为经验，继而引申出古人对自然、技术、存在的感知。不仅催生了一系列的海洋神话叙事，更练就了古希腊人开拓、求索的航海精神。变幻莫测的海洋代表着毁灭一切，人依靠船及航海术在海上立足。这也与诺亚方舟的故事有着巧妙的暗合：船作为一种技术象征，表征着技术是人类的救赎，人是一种技术性的存在。这种技术理性思想深刻发端于古希腊哲学，从苏格拉底到柏拉图，再到亚里士多德，都对技术与自然、伦理的关系进行了技术哲学思考。拉康将人类的存在比喻成一艘船，海德格尔则将人视为技术的奴隶，古希腊人的技术之思奠定了西方文明对技术的追问，这种追问贯穿于近代经验主义和唯理主义思潮、启蒙运动、德国古典哲学、现代西方哲学，乃至现代社会科学研究之中。典型的各时期代表如培根、霍布斯、笛卡儿、洛克、卢梭、康德、黑格尔、马克思、恩格斯、杜威、罗素、海德格尔、马尔库塞、鲍德里亚等都延续了对技术的哲思，

① 张雷，鲁春霞，李江苏：《中国大河流域开发与国家文明发育》，《长江流域资源与环境》2015 年第 10 期。

② 唐晓峰：《中国的"两河文明"》，《中国国家地理》2001 年第 4 期。

③ 梁茜茜：《浅析地理环境对海洋文明发展的影响——以希腊城邦国家为例》，《文史博览（理论）》2014 年第 6 期。

④ 冯友兰：《中国哲学简史》，涂又光译，北京：北京大学出版社，1985 年，第 32—35 页。

不断追问人、技术、自然、社会与道德的关系。[①] 表现在语言层面，航海经验直接影响了柏拉图对于国家治理的想象，进而建构出国家之船的航海隐喻，即借由高超的治国术实现国家的安全与和平，其本体隐喻是期望追求通过技术性的船（航海术）来实现对海洋的征服。这一隐喻在西方文化中得到了传承，船的形象在西方的文学、绘画、建筑乃至瓷器作品中屡见不鲜，船也成为西方文明中的一个"基本意象"和"根隐喻"[②]。

相较于西方由航海经验（海洋无法被驯服，只能顺应它去航行冒险）引申出的对自然、技术、存在的感知，华夏的农耕经验则激发了中国人对水的正向情感。治水的经验突出了人改造自然，与自然和谐共生的能动主体性，进而生发出道法自然的观念，水也因此成为"道"的象征。水滋养万物，农耕灌溉造就了水与农业的密切关联进一步催生了治水如治民的比喻。比如慎子借治水之法比喻治国之道："治水者，茨防决塞，九州四海，相似如一。"（《慎子·逸文》）国家法令政策源自客观现实，治民如同治水，重在顺势而变，循序渐进。在历朝历代的治水实践中，治水与治民联系在了一起，进而产生了"鱼失水则死，水失鱼犹为水也"（《尸子卷下·七十》）的"鱼水譬喻"，将水喻为民心，将鱼喻为统治者。尸子关于君依赖于民的鱼水譬喻，直接启迪了荀子"水则载舟，水则覆舟"式的君民关系认知的形成。从国家治理的角度而言，水舟作为中国人关于治理的一种集体记忆，与社会治理相绑定，形成了以水舟隐喻君民关系和国家治理之道的文化概念图式。

### （二）媒与介之间：中西媒介理解的潜在差异

舟（船）与水（或海、或河、或江）连通一体，打通了人工与自然、工具与环境的界限，生动地展现了人类生存的境况，这是东西方对"船"认知的交汇，"可谓是东海西海，心同理同，哪怕时间上相隔了一千多年"[③]。究水舟隐喻而言，西方的船原型代表着人立足于凶险的海洋环境中的人造栖息地，技术性的工具思维未能突破"此在"与"世界"之间的距离；而华夏对水舟原型的认知则是刚柔并济的、整体关联的。借用华夏"中"的概念来向中国读者阐释媒介的居中特性和杠杆作用，是彼得斯向中国推介其媒介哲学的妙招，但他对"中土王国""媒介

---

① 盛国荣：《西方技术思想研究：一种基于西方哲学史的思考》，北京：中国社会科学出版社，2011年。

② 陈幼堂，张掌然：《三个船喻对生命文化学研究的启示》，《长沙理工大学学报（社会科学版）》2015年第5期。

③ 黄旦：《云卷云舒：乘槎浮海居天下——读〈奇云〉》，《新闻大学》2020年第11期。

王国"的延伸不免有牵强附会之感。① 正是这份牵强附会的直觉，隐藏着中西哲学对媒介想象的细微差异——媒介作为居中杠杆的"介（中介）"效果与"和（连接）"效果区别。

黄旦敏锐地发现了彼得斯"船"的媒介隐喻，并在《奇云》的推荐序中以"海之'船'"为引子，将李白《望天门山》所营建的天、地、人、船共在的关联意象，颇具海德格尔"天地人神"之味②。此处恰恰藏着一个中西船喻极易被忽视的区别：在天地人的共性背后，是"船"与"神"的分野。华夏天地人船是中国"和"哲学理念的展现，舟行水上，将人与自然连接在一起，是一种连接性的隐喻。看似与海德格尔的存在哲学异曲同工，但西方船的原型最初是上帝的化身，代表神的恩赐。水中"船"的意象，正是审视中西思维异同与媒介分野的切口，借由水舟意象所体现的中西媒介隐喻内涵异同总结如表 6-3 所示：

表 6-3　中西水舟意象的媒介隐喻内涵异同

| 题项 | | | 中 | 西 |
|---|---|---|---|---|
| 水舟意象 | 相同 | 本体隐喻 | 舟代表人工，水代表自然，水舟一体，共同构成人类生存的境况 | |
| | 相异 | 水喻自然 | 刚柔并济的、整体关联的、辩证的自然观 | 凶险的自然生存环境，人与自然的矛盾对立 |
| | | 船喻居中 | 和：人工与自然合二为一，道法自然，天地人和 | 存在：技术工具理性，征服海，立足于海 |
| 媒介隐喻 | 相同 | 媒介属性 | 居"中"状态 | |
| | 相异 | 中的内涵 | 偏向"媒" | 偏向"介" |
| | | 媒介隐喻 | 连接性的隐喻 | 中介性的隐喻 |
| 文化技艺分野 | | 水舟技艺 | 追求形而上的诗意 | 追求形而下的技术 |
| | | 技术观点 | 用以求学 | 学以致用 |

看似相似的水舟隐喻背后，却有着完全不同的演进逻辑。从水舟意象而言，船与水（或海或河或江）连通为一体，打通了人工与自然、工具与环境的界限，生动展现了人类的生存境况。究其隐喻而言，西方的船代表着人立足于凶险的海洋环境中的人造栖息地，对水抱有负面情绪；而华夏对水的认知则是刚柔并济的、

---

① 黄旦：《云卷云舒：乘槎浮海居天下——读〈奇云〉》，《新闻大学》2020 年第 11 期。
② 黄旦：《云卷云舒：乘槎浮海居天下——读〈奇云〉》，《新闻大学》2020 年第 11 期。原文为：天门中断楚江开，碧水东流至此回；两岸青山相对出，孤帆一片日边来。

整体关联的，总体持一种乐观态度。

语言即媒介，媒介即隐喻。波兹曼延续了媒介环境学派的观点，将媒介视为一种隐蔽的隐喻，借由隐喻强有力的暗示能力，左右着现实世界的观念建构。"船"隐喻本身就是媒介环境学派对技术构成"媒介环境"观点的一种注脚。对媒介与技术、媒介与文明偏向的关系思考，是媒介环境学派的主论调。本研究所探讨的媒介隐喻具体表现为水舟隐喻的媒介内涵，它不同于之前英尼斯、芒福德、麦克卢汉等人对环境的关注，而"将媒介视为自然和文化两者的拼接，也即身体和技术的组合"①的"中"的状态。这种观点继承了海德格尔对技术和自然的追思，打破了内容与形式的二分，而将媒介的本体视为一种居中状态，把技术置于文化分析的构成要素之中。

1. 乘船危，就桥安：中和与中介的媒介理解差异

对媒介"中"的特性认知构成了中西方水舟媒介隐喻的共性——媒介隐喻表现为对自然和文化的一种黏合。彼得斯试图用华夏文化"中"的概念对这种"居中"的状态进行解释，然而，中西对媒介"中"的特性却有着本质的理解差异。于是，本研究试图从源头解析水舟话语背后的语言思维，从人与自然的互动中探寻中西文明及思维的异同，以期为媒介的理解提供一种基于本土思维的反思。

在"中"的具体释义上，借由对水舟海船概念的剖析，不难发现，中西方存在着明显的不同，集体体现为"介"和"和"的效果差别，也即中介性与连接性的媒介隐喻差别。中介性的媒介偏向"介"，表现为媒介的中介作用，即关联事物，但不能融通二者。就如同作为媒介人物的教父与牧师一般，媒介扮演着沟通中介的角色，人神界限分明，不能混同。在这种媒介观下，西方之船作为保障人类生存的技术手段，发挥着沟通人与自然的中介作用，为人在海洋之中提供了一个中介性质的立足点。中介性的媒介隐喻根植于技术理性，催生了逻辑、证明、推断的思维模式。而在华夏语境中，媒介更偏重于"媒"，是一种连接性的隐喻。连接性体现为媒介对自然和人文的调和与贯通。华夏的船将人工融入自然，追求天人合一，泛舟往往成为一种洒脱随性的诗意象征，舟也成为打通天地人的一种连接性媒介。在这种媒介观潜移默化的影响下，华夏文化将自然与人文、人与神视为一个整体，将时间和空间视为一个变动不居的整体，因而更加注重人的主体性，关注世俗生活，形成了人神祖先信仰，以及整体的、辩证的、关联性的思维。

其区别可以进一步借由中西关于生死媒介的不同感知来阐释。西方中介生死

---

① ［美］约翰·杜海姆·彼得斯：《奇云：媒介即存有》，邓建国译，上海：复旦大学出版社，2020年，第57页。

的媒介是船，此岸与彼岸之间隔着冥河，不可连通。但可以撑船摆渡，船就成为通往彼岸世界的工具，是一种中介两岸的媒介象征，以一种奥古斯丁式的过河拆桥、登顶踢梯的态度对待媒介。在媒介的工具性定位下，以船为代表的媒介技术，无论是语言还是身体都不过是实现目的的手段，如果混淆了"为我们所用"的工具定位，媒介"为我们所爱"，那无疑是踏上了一条虚幻的不归路。[①] 于是，媒介的本质被归结为上帝通过泥塑肉体显圣、进而实现具象化在场的传播手段，思想如同上帝一般，借助符号的包裹来显圣，基督教诠释学的精髓正在于此，将符号视为承载内容的器具，西方主流传播学的演进正遵循了这一媒介逻辑。

"乘船危，就桥安，圣主不乘危。"[②] 在中国正史的叙事之中，同样作为渡河的媒介，桥的地位高于船，并成为君主为政的一种方式隐喻。帝王泛舟湖上，与天下之安危直接绑定，如元史中臣子以"陛下以万乘之尊而泛舟自乐，如天下何？"[③] 的理由劝阻元文宗游湖。与之相对应的是，古人对桥有着肯定的情感。《魏史》记载，"后高祖将自小平泛舟幸石济，亮谏曰：'臣闻垂堂之诫，振古成规，于安思危，著于周易。是以凭险弗防，没而不吊。匹夫之贱，犹不自轻，况万乘之尊，含生所仰，而可忽乎！是故处则深宫广厦，行则万骑千乘。昔汉帝欲乘舟渡渭，广德将以首血污车轮，帝乃感而就桥。夫一渡小水，犹尚若斯，况洪河浩汗，有不测之虑。且车乘由人，犹有奔逸致败之害，况水之缓急，非人所制，脱难出虑表，其如宗庙何！'高祖曰：'司空言是也。'"[④]

在中国的神话传说中，同样在阴阳分割之地有一条奈河，然而其过河的方式是架桥，奈何桥与河水相融，架通了彼岸世界，追求弥合差异，这就是连接性的媒介隐喻，其思维逻辑与水舟一体的自然观和技术观是一脉相承的。中西生死交感的媒介分野，恰是连接性和中介性的区别体现。这种分野体现在对技术的追求上，西方追求征服自然，本身对技术充满渴求，是学以致用；而华夏则更注重整体的和谐，有一种关联性思维，人与自然不相胜，追求天人合一，而技术是根据需要才发明的，并始终对技术保持一种审慎态度，是用以求学。

2. 连接性和中介性的隐喻差别

在各类观点交锋的当代，水舟隐喻在世界范围内并行不悖，中西水舟隐喻的内涵也在不断交流融合。而西方的媒介思想本身也受到华夏道家有无辩证等思维

---

① ［美］约翰·杜海姆·彼得斯：《对空言说：传播的观念史》，邓建国译，上海：上海译文出版社，2015年，第100页。

② （汉）班固：《汉书（简体字本）》，北京：中华书局，1999年，第2285页。

③ （明）宋濂等：《元史（简体字本）》，北京：中华书局，2000年，第2272页。

④ （北齐）魏收：《魏书（简体字本）》，北京：中华书局，2000年，第451页。

的影响。从源头上厘清中西水舟叙事的共性与差异，是为了在立足自身的基础上照亮彼此。一方面，中西方对媒介的不同感知造就了不同的文化传统与文明差异，同时这种差异又反向影响了中西方对媒介功能的不同观点。

要理解这一差异，首先需要彻底解放旧有的媒介观，而将媒介视为"凭借某种物质来管理时间、空间和权力"①的存在，进而探查中西的时空秩序、言说空间等的建立方式。通过对中西水舟叙事路径的差异的比较，不难发现中西文化对媒介功能有着不同的认知。隐藏在文化背后的连接性和中介性的隐喻差异，不仅导致了中西方思维方式的差异，同样也影响了中西方社会的文化发展路径，更造就了东西方文明的分野。而后，西方走向漫长的宗教统治的中世纪，中国走向长达两千余年的封建君主专制社会，媒介对时间、空间和秩序的组织作用在这里就已显现。

另一方面，连接性的媒介隐喻所彰显的是一套文明和谐的理论，即文明共生论②，这种媒介隐喻对当下政治理念产生着随风潜入夜一般的影响。借由对水舟海船的隐喻剖析，可以发现，中西水舟海船的文明界限并非泾渭分明的，事实上古希腊哲学家对水的文明研究同样起步于尼罗河与埃及文明，到了近代，海船水舟的语言叙事在全世界都更为广泛。连接性的媒介隐喻背后，其实是华夏文明美人之美、美美与共的包容特性的展现，与兼容并包的华夏历史一脉相承。

可喜的是，随着媒介哲学的兴起，特别是以海德格尔、基特勒、彼得斯等人的媒介思想为代表，其对媒介的反思逐步从反媒介（中介）的媒介工具论转向重媒介（"物"自身）的媒介存在论③，突破了2500多年来欧洲传统本体论视野下对技术的简单排斥，从本体论与存在论的层面实现了从信息（内容）本位到媒介（形式）本位的过渡。存在主义和现象学的思索过程充分展现了中西文明交流互鉴的印记，海德格尔、维特根斯坦和德里达等都深受《道德经》《庄子》的影响，道家不言、容器、人与自然　体的观念以及其文明批判倾向"闯入了西方敞开的大门"④，我们也就不难理解为何媒介哲学思想与中国道家思想之间拥有高度的相

---

① ［美］约翰·杜海姆·彼得斯：《奇云：媒介即存有》，邓建国译，上海：复旦大学出版社，2020年，第23页。

② 谢清果：《文明共生论：世界文明交往范式的"中国方案"——习近平关于人类文明交流互鉴重要论述的思想体系》，《新疆师范大学学报（哲学社会科学版）》2019年第6期。

③ 李智：《从媒介工具论到媒介存在论：西方媒介思想的演变》，北京：中国传媒大学出版社，2022年。

④ 卜松山，赵妙根：《时代精神的玩偶——对西方接受道家思想的评述》，《哲学研究》1998年第7期。

似性。①

即便西方对整合技术与自然、媒介与存在的思考深受中国哲学的熏陶，但无论是本体论还是存在论，中国传播学界对媒介学的接受仍主要依赖于西方传播思想史的主流路径。

中西船喻差别带来共在的启示——媒与介的偏向并非绝对，也非永恒，而是走向一种交融共生，"媒介不只是人们认识和改造世界的中介化工具，而是人与媒介共在的关系"②，媒介被视为"凭借某种物质来管理时间、空间和权力"③的存在，展现了媒介本体研究的前进方向，展现了媒介本体研究的前进方向，而人与媒介、自然和谐共在的理想状态不仅是华夏文化能够给予媒介本体思考的哲学启示，更是中西文化乃至人类文明的共同旨归，更警示着中国的学术自信不能仅仅亦步亦趋地跟随西方的脚步，而要从根本上立足于自身的文化传统来完成创新。

---

① 邓建国：《从认识论到本体论：彼得斯〈奇云〉中的"媒介道说"》，《新闻记者》2019 年第 11 期。

② 郭小安，赵海明：《媒介的演替与人的"主体性"递归：基特勒的媒介本体论思想及审思》，《国际新闻界》2021 年第 6 期。

③ [美] 约翰·杜海姆·彼得斯：《奇云：媒介即存有》，邓建国译，上海：复旦大学出版社，2020 年，第 23 页。

# 第七章　上善若水:《道德经》水道隐喻的
镜像媒介功能

水与舟的隐喻变迁史非常复杂,前文的重点聚焦于水与舟的总体叙事,故而对水和舟的单独考察不可避免地有所缺失。仅以水隐喻的演进而言,就在历史的演进中展现出了复杂的变迁过程。

西周时期,在敬德保民的主流思想下,水被赋予了德行的象征意义,这一思想在孔子那里得到进一步的发展。孔子将水作为德性思想的具象化表现。《孔子集语》中记述了孔子论水的片段,最早记载于《荀子·宥坐》。原文为:"孔子观于东流之水。子贡问于孔子曰:"君子之所以见大水必观焉者是何?"孔子曰:"夫水,大遍与诸生而无为也,似德。其流也埤下,裾拘必循其理,似义。其洸洸乎不淈尽,似道。若有决行之,其应佚若声响,其赴百仞之谷不惧,似勇。主量必平,似法。盈不求概,似正。淖约微达,似察。以出以入,以就鲜洁,似善化。其万折也必东,似志。是故君子见大水必观焉。"孔子不仅将水的特性与人的品德相联系,更将水与儒家推崇的德义智勇等价值观直接关联,进一步丰富了水的象征意义。

孔子对水德的推崇与老子如出一辙。老子认为水善于滋养万物而不争,体现了道的本质,抛出了"上善若水"的核心道喻。先秦诸子对水的理解与其政治观点有着密切的关联,孟子有将人性与水做比较的湍水之喻:"人无有不善,水无有不下。今夫水,搏而跃之,可使过颡;激而行之,可使在山。是岂水之性哉?其势则然也"(《孟子·告子上》);管子有"水者何也?万物之本原也,诸生之宗室也"[①]的本体论思想,他同样将水的特性上升到德的境界:"水者何也?……美、恶、贤、不肖、愚、俊之所产也"[②],还提出"是以圣人之化世也,其解在水。故水一则

---

① 吴文涛,张善良:《管子》,北京:北京燕山出版社,1995年,第300页。
② 吴文涛,张善良:《管子》,北京:北京燕山出版社,1995年,第297页。

人心正，水清则民心易。民心正则欲不污，民心易则行无邪。是以圣人之治于世也，不告人也，不户说也，其枢在水"①的治国理政思想。

在《尚书》中水是五行之一，而发展到秦朝时期，水喻也从德性的意蕴发展到刑法的象征。根据邹衍的"五德始终"循环论，周朝属于"火德"，取代周朝必以"水德"获胜。秦朝选择水作为自身的属性，却并未发挥德治的一面，反而倾向于表现水暴虐、阴冷的特质，即强调法治而非德治，从而使得水的隐喻在秦朝时期发生了深刻的变化。

可以说，水与人类文明相伴而生，水喻被视为中国哲学的根隐喻，更成为中西对比研究的一个热门领域，对中西"水"的词义对比、认知异同对比、概念隐喻对比等研究已然非常详实。在媒介研究中，中西对"水"的认知分野更是被彼得斯视为中西"两个文明之间的轴心差异"②。"海洋和航海被视为催生人类起源的媒介"③，海洋和河流的地理差异造就了中西截然不同的自然观。华夏自大禹治水始，河流治理、水利灌溉与水运交通就已成为国家事务，治水与政权相绑定；而西方哲学自诞生之始，就展开了对水的追问。不过，作为西方文明源头的海洋城邦——希腊，其最初对水的思索并非出自海洋，而同样源自对河流的考察——柏拉图、亚里士多德等人都是基于尼罗河的物质实体，围绕水与文明展开思考，进而揭开了西方哲学本体论演进的帷幕。

近年来，在数字媒介平台的背景下，媒介越发呈现为一种抽象的基础设施环境。学界对媒介的关注也从媒介内容转向技术偏向的物质形式。正如现象学哲学从物自体转向研究内容得以呈现的背景一般，媒介研究也展开了本体论意义上的媒介哲学追问。彼得斯在《奇云》中论述其海洋媒介时，发现中西对"水"的认知存在显著差别，这种认知影响了中西对媒介理解的差异。《道德经》的水道隐喻不仅给海德格尔带来了技术批判的启发，更直接启发了彼得斯关于"媒介是容器和环境"④的比喻。《道德经》的水道隐喻能够带来的媒介启示远远不止这些。在媒介成为呈现内容的抽象平台的当下，"物之为物的直接依据消失了"⑤，平台媒介如何影响着文明发展的偏向，人类又该怎么看待媒介与时空之间的关系？这恰恰是

① 吴文涛，张善良：《管子》，北京：北京燕山出版社，1995 年，第 300 页。

② ［美］约翰·杜海姆·彼得斯：《奇云：媒介即存有》，邓建国译，上海：复旦大学出版社，"中文版前言"，2020 年，第 3 页。

③ ［美］约翰·杜海姆·彼得斯：《奇云：媒介即存有》，邓建国译，上海：复旦大学出版社，"中文版前言"，2020 年，第 2 页。

④ ［美］约翰·杜海姆·彼得斯：《奇云：媒介即存有》，邓建国译，上海：复旦大学出版社，2020 年，第 2 页。

⑤ ［美］丽莎·吉特尔曼：《纸知识：关于文档的媒介历史》，王昀译，上海：复旦大学出版社，2020 年，第 193 页。

今天互联网平台下媒介哲学必须建构的原因。

故而，本章节以《道德经》的水隐喻为例，一是作为前文水隐喻的延伸扩展，二是作为一种媒介思考案例，以回应第六章对媒介隐喻的探索路径的思考。在《道德经》以水喻道的本体隐喻中，借由水之像，无形无相的道得以呈现出其"虚像"；而在道视域下的水，也得以从物质实体中抽离出来，拥有了诸多拟人化的品格隐喻，隐含着以道观水的认知基模。以道观水与以水喻道共同构成了彼此映射的两组镜像，发挥着相互阐释的媒介功能。水与道镜像一般的本体隐喻彰显了从无形到有形、从无界到有界的特性，这正是媒介容器隐喻的特征。道法自然所彰显的中国传统的隐喻思维为数字技术背景下媒介哲学的建构带来了概念的灵光，而这正是西方崇尚理性主义的哲学所缺乏的东西。在方法论上，直观的、隐喻的研究方法带来媒介概念重建的启示；在本体论上，"媒介道说"的隐喻，展现了道文化给媒介哲学阐释带来的丰富想象力，或许能够为世界媒介理论的发展提供隐喻的智慧。

## 一、以水喻道：上善若水的本体隐喻

对水与文明的哲思折射着人类文明的共性。在轴心文明时代，泰勒斯与老子这两位同时期的、东西方的哲学家都借助了对水的经验观察来解释世界的本原问题。泰勒斯"由于看到万物都由潮湿的东西来滋养，……并以它来维持其生存（事物所由之生成的东西，就是万物的本原）"[①]，于是直接将水视为万物本原，提出"万物源于水"的哲学命题；同样发现"水善利万物"（《道德经》第八章）的老子并没有将水直接归结为万物的本原，而是在对水进行了一套人格化的比喻后，抛出了"上善若水"的道喻。中西对水的经验认知呈现出高度的相似性，但西方哲学从一开始就显现出理性主义的倾向，认为"自然是非人格的本原。……秩序和原因可以通过经验观察和理性思辨被发现"[②]。相比于泰勒斯的思辨性，老子则赋予了水以诸多人格化的特征，以水喻道，充分彰显了中国哲学"名言隽语、比喻论证"[③]的隐喻特色。在《道德经》以水喻道的隐喻背后，暗藏着中国传统思维的玄机，这也是挖掘《道德经》思想宝库的理论进路。

上善若水作为《道德经》的核心隐喻，用显在的水来表征隐性的道，水成为理解和把握道的一个镜像。镜像原本是一个物理学概念，即平面镜成像。其特点

① ［古希腊］亚里士多德：《形而上学》，苗力田译，北京：中国人民大学出版社，2003年，第8页。

② 赵敦华：《西方哲学简史》，北京：北京大学出版社，2021年，第4页。

③ 冯友兰：《中国哲学简史》，北京：北京大学出版社，1996年，第11页。

在于利用光的反射定律在平面镜中呈现物体的"虚像"，引申到信息科学中，镜像成为一种文件形式，即数据的副本。《道德经》以水喻道，形而下的水是呈现形而上的道的一面镜子，借由水之像，无形无相的道得以呈现出其"虚像"，即发挥了一种镜像式的媒介功能。在此过程中，彰显了镜像的两个基本特征：一是从反射原理而言，通过反射镜面成像，展现物体的形象；二是从成像机制而言，镜中像是虚像，不存在物质实体。

这种把具体事物投射到抽象物的隐喻被莱考夫定义为本体隐喻。从《道德经》文本出发，借由认知语言学分析路径，从本体论意义上去剖析水在喻道过程中所建构的关于"道"的本体隐喻，既是理解其镜像式媒介功能的前提，同时也能从其由无形走向有形、由无界走向有界的隐喻特性中得到启示。

在《道德经》原文中，"水"字只出现了3次：

上善若水。水善利万物而不争，处众人之所恶，故几于道。居善地，心善渊，与善仁，言善信，正善治，事善能，动善时。夫唯不争，故无尤。

——第八章

天下莫柔弱于水，而攻坚强者莫之能胜，其无以易之。弱之胜强，柔之胜刚，天下莫不知，莫能行。是以圣人云，受国之垢，是谓社稷主；受国不祥，是为天下王。正言若反。

——第七十八章

对水的直接描述虽只有两章，但这短短两章就已概括了水喻的核心内涵。人类借由对物质世界的基本经验，用以解释抽象对象，并将之具体化、有形化、实体化的过程，就是本体隐喻的建构过程。"上善若水"一词提纲挈领地展现了《道德经》以水喻道的隐喻核心内涵——水作为道的具象表征，具有"善利万物而不争""处众人之所恶""几于道""柔弱""攻坚强者莫之能胜"等物理品质，映射出"道""不争""弱之胜强""柔之胜刚"的具体形象，"水"也成为拥有一切美好的圣人之德的象征物。将无形的事物有形化，并赋予抽象的事物以具体实在的特征，这正是本体隐喻的核心所在。

隐喻不单单是一种传统修辞手段，更蕴含着一整套隐喻的认知观。作为认知"道"的源域，《道德经》对"水"的认知显现出了系统性。除了对"水"的直接描述外，在《道德经》文本中，水的本体更为多样。通过对《道德经》全文的细致梳理发现，水道隐喻的源域更多以"渊""江海""雨""溪"的形象出现。对

《道德经》原文中"水"意象的文本分析如表 7-1 所示：<sup>①</sup>

表 7-1　《道德经》"水"意象的文本分析

| 意象 | | 原文 | 章节 | 水的特质 |
|---|---|---|---|---|
| 水 | | 上善若水。 | 第 8 章 | 喻道 |
| | | 水善利万物而不争，处众人之所恶，故几于道。 | 第 8 章 | 处下、不争 |
| | | 天下莫柔弱于水，而攻坚强者莫之能胜，其无以易之。 | 第 78 章 | 柔弱 |
| 渊 | | 道冲而用之或不盈，渊兮似万物之宗。 | 第 4 章 | 虚而不满 |
| | | 柔弱胜刚强。鱼不可脱于渊，国之利器不可以示人。 | 第 36 章 | 柔弱 |
| 江海 | | 澹兮其若海，飂兮若无止。 | 第 20 章 | 虚静 |
| | | 譬道之在天下，犹川谷之于江海。 | 第 32 章 | 无为之为 |
| | | 江海所以能为百谷王者，以其善下之，故能为百谷王。 | 第 66 章 | 处下 |
| 溪 | | 知其雄，守其雌，为天下溪。 | 第 28 章 | 处下、平和 |
| | | 为天下溪，常德不离，复归于婴儿。 | 第 28 章 | 处下、无为 |
| 雨 | | 故飘风不终朝，骤雨不终日。 | 第 23 章 | 阴阳平和 |
| | | 天地相合以降甘露，民莫之令而自均。 | 第 32 章 | |
| 水的特质 | 湛 | 湛兮似或存，吾不知谁之子，象帝之先。 | 第 4 章 | 透明恍惚 |
| | 涤 | 涤除玄览，能无疵乎？ | 第 10 章 | 动作类比 |
| | 深 | 古之善为士者，微妙玄通，深不可识。 | 第 15 章 | 虚静 |
| | 豫 | 豫焉若冬涉川，犹兮若畏四邻。 | 第 15 章 | 谨慎 |
| | 涣 | 俨兮其若容，涣兮若冰之将释。 | 第 15 章 | 自然 |
| | 浊 | 混兮其若浊。孰能浊以静之徐清？ | 第 15 章 | 不露锋芒 |
| | 氾 | 大道氾兮，其可左右。 | 第 34 章 | 滋润万物 |
| | 下 | 大国者下流。 | 第 61 章 | 处下 |
| | 忌满 | 持而盈之，不如其已。 | 第 9 章 | 虚而不满 |
| | | 保此道者不欲盈，夫唯不盈，故能蔽不新成。 | 第 15 章 | |
| | 盈 | 曲则全，枉则直，洼则盈，敝则新。 | 第 22 章 | 冲而不穷 |
| | | 大盈若冲，其用不穷。 | 第 45 章 | |

　　《道德经》的水的本体形象丰富而立体，不仅包括"渊""江海""溪"等陆地洋流，还包括"雨""甘露"等天空雨水，以及冰、川谷等多重意象。对水的状态描述也非常多样，如静态的"湛兮""渊兮"；动态的"涣兮""混兮""氾兮""下流"等，甚至出现了"涤除玄览"的动作隐喻——以清洗的动作隐喻对内心的净

<hr>

①　本文对《道德经》的引用以楼宇烈的《道德经》版本为准。参见 [ 魏 ] 王弼注：《老子道德经注校释》，楼宇烈校释，北京：中华书局，2016 年。

化。水的状态也呈现出上下、清浊、强弱、虚盈等多组状态，充满了浓厚的辩证色彩。除本体隐喻外，老子还以方位的高低映射人类社会尊卑的认知，由水往低处流的基本经验，建构起水"处众人之所恶"的方位隐喻，进而在"处下"方位隐喻的基础上，进一步构建"不争""无为""利万物"的道的本体形象。水丰富的形态正是构成道镜像的本体存在，为观察和建构抽象的道提供了一个系统性的结构框架。

水的拟人化是水道本体隐喻最为显著的特征。借由对水的自然现象的观察，《道德经》将水的品质类比为"居善地""心善渊""与善仁""言善信""政善治""事善能""动善时"七项理想的人格特征。这种人格化的隐喻在认知语言学中，是最典型的本体隐喻。水所代表的人格化特征反映了《道德经》文本背后的认知框架，具体的水形象被投射在抽象的"道"上，以道观水，并在此基础上进一步提出"弱之胜强，柔之胜刚"的外交理念和"受国之垢，是谓社稷主"的政治主张，由此构成典型的"道"的本体隐喻。可见，在水喻概念化过程中，预设了一整套思维方式和认知基模。老子以水处下、流动、柔弱等物理特质来隐喻道的无为、谦下、不争、虚静，其哲思观念为今天的媒介思考提供了诸多对话可能及隐喻宝库。无论是海德格尔借用机械机心来追问技术，还是彼得斯借用"无"之用构建媒介的容器比喻，都彰显了华夏文明在建构当代媒介技术理论中的理论潜力。

## 二、以道观水：水与道的镜像映射路径

在以水喻道的过程中，无形无相的道借由水的映射得以呈现出其"虚像"，但同时需要注意的是，《道德经》中水的形象，亦不是纯粹的水。在道的视域下，水被赋予了诸多拟人化的品格，暗藏着以道观水的框架。可见，《道德经》的水道隐喻，不仅仅是以水喻道，对水的感知和描述更是以道观水。水与道互为镜像，成为理解彼此的媒介，这种媒介作用即为镜像媒介作用。借由对具象的水现象的观察感知，《道德经》以自然之水喻社会人事的修辞模式，映射出无形、无相、无名的"道"的特质，建构起一套完整的从源域指向目标域的本体隐喻系统。《道德经》水喻本体隐喻的映射路径如图 7-1 所示：

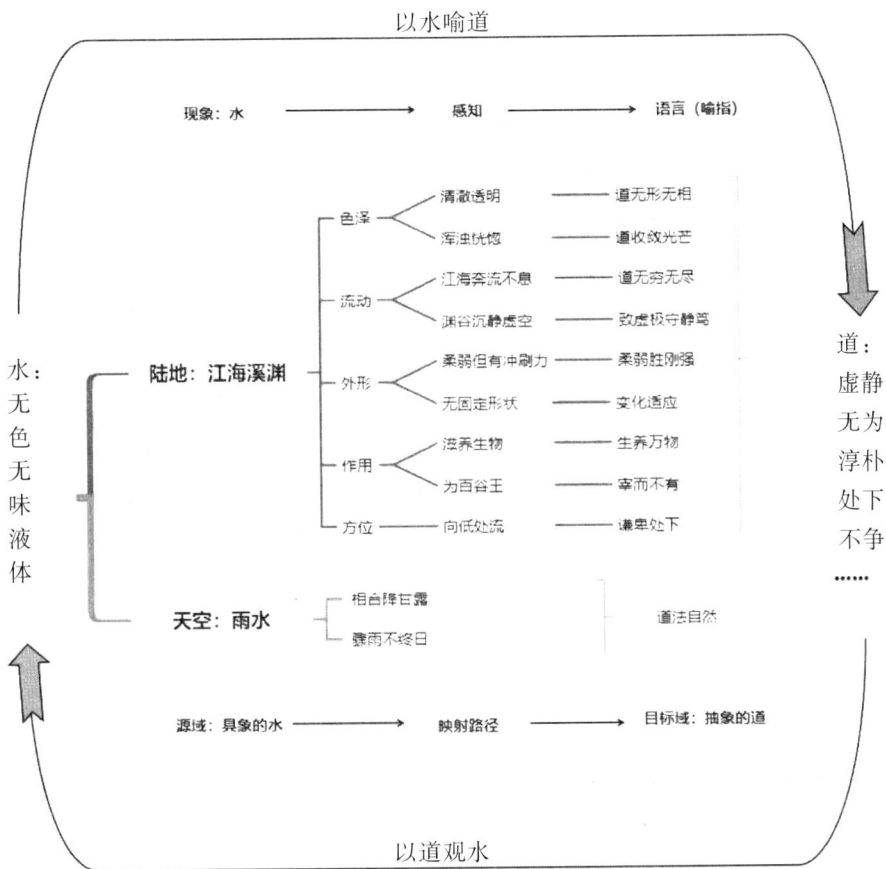

以水喻道

现象：水 → 感知 → 语言（喻指）

色泽 ── 清澈透明 ── 道无形无相
　　 ── 浑浊恍惚 ── 道收敛光芒

流动 ── 江海奔流不息 ── 道无穷无尽
　　 ── 渊谷沉静虚空 ── 致虚极守静笃

外形 ── 柔弱但有冲刷力 ── 柔弱胜刚强
　　 ── 无固定形状 ── 变化适应

作用 ── 滋养生物 ── 生养万物
　　 ── 为百谷王 ── 宰而不有

方位 ── 向低处流 ── 谦卑处下

水：无色无味液体

陆地：江海溪渊

天空：雨水 ── 相合降甘露
　　　　 ── 骤雨不终日

道法自然

道：虚静 无为 淳朴 处下 不争 ……

源域：具象的水 → 映射路径 → 目标域：抽象的道

以道观水

图 7-1　水道隐喻的镜像映射路径分析

　　水的本体是无色无味的液体，具体展现为陆地上的江海溪流与天空中的雨水。《道德经》对水的感知和观察可以具体被归纳为色泽、外形、作用、方位等多个层面，水的特质主要可以被归结为：无形无色、清澈透明、流动不息、柔软而克强、滋养万物、向低位流动等，这些特质被进一步抽象为谦卑处下、柔弱淳朴、虚静的人格，以及无为不争、以柔克刚的政治主张，最终表征为恍惚无名、大盈若冲、宰而不有的道的形象，完整地建构起一套从现象到感知再到语言的认知体系，由此建构起一套"道"的话语体系。

　　在以水喻道的本体隐喻中，道是水所呈现的镜像，而水也得以成为呈现道的镜像。而在道视域下的水，也得以从其物质实体中抽离出来，拥有了诸多拟人化的品格隐喻。作为源域的水充当了释道的镜像，而以道观水又与以水喻道构成一个闭环，相生相辅，水与道共同构成了彼此映射的两组镜像，发挥着相互阐释的媒介功能。其镜像映射的媒介功能集中体现在三个层面：

（一）水甘露自均：道无形无相、周转不息

水外在形态直接表现为一种无形、无味、无色的液体，以水观道，则"道之出口，淡乎其无味，视之不足见，听之不足闻，用之不足既"（《道德经》第三十五章），映射出道质朴无华的自然形象。在人格上，树立了道家对质朴品质的追求："五色令人目盲，五音令人耳聋，五味令人口爽，驰骋畋猎令人心发狂，难得之货令人行妨。是以圣人为腹不为目，故去彼取此。"（《道德经》第十二章）正是在以水喻道的基础上，母婴的系统隐喻得以建立："我独泊兮其未兆，如婴儿之未孩。……澹兮其若海，飂兮若无止。众人皆有以，而我独顽似鄙。我独异于人，而贵食母。"（《道德经》第二十章）圣人之得道就如同大海一般无思无欲，恬静自得，一方面以水观道，将得道的状态比拟为"澹兮其若海"，另一方面又将道比喻为母亲，用婴孩来比拟得道的状态，建构起人与道之间的关系隐喻。这样的隐喻还包括"知其雄，守其雌，为天下溪。为天下溪，常德不离，复归于婴儿"（《道德经》第二十八章），以此来说明道的质朴。

水无形，道亦无形；水流动不止，道亦变动不居；水源源不断，道亦生生不息；水源远流长，道亦周转不息。通过对水的流动性的观察，建构起一套挫锐、解纷、和光、同尘的个体修养观，进而树立了道无形无相、源远流长的话语体系。

（二）水下流：道处下不争、柔弱胜刚强

水往低处流是一种自然的物理现象，老子以水流的高下方位映射人类社会的位分高低，故而产生了水"处众人之所恶"（《道德经》第八章）的方位隐喻，用水之"处下"类比人类社会的低下地位，由此进一步构建起"损有余而补不足"（《道德经》第七十七章）的天道，并将之与"损不足以奉有余"（《道德经》第七十七章）的人类社会相对比，以抛出其"孰能有余以奉天下？唯有道者。是以圣人为而不恃，功成而不处，其不欲见贤"（《道德经》第七十七章）的理想政治蓝图。老子将水之"上善"拆解为七种理想人格："居善地，心善渊，与善仁，言善信，正善治，事善能，动善时"（《道德经》第八章），其核心是不争，落在对人格的想象中体现为谦下的处世智慧，落在对理想政治秩序的想象中则体现为"受国之垢，是谓社稷主；受国不祥，是为天下王"（《道德经》第七十八章）的政治观念。处下不争的水是柔软的，但其流动性却能穿透坚硬的石头，汇聚成海，奔流不息，"天下莫柔弱于水，而攻坚强者莫之能胜"（《道德经》第七十八章），由此衍生为"弱之胜强，柔之胜刚"（《道德经》第七十八章）的概念特征，并将这一观念延展为以柔克刚的话语建构，如"天下之至柔，驰骋天下之至坚"（《道德经》第四十三章）、"守柔曰强"（《道德经》第五十二章）、"强大处下，柔弱处上"（《道德经》第七十六章）等都是对这种隐喻逻辑的重复。在柔弱处下的逻辑下，又催生了"大国者下流"（《道德经》第六十一章）的政治隐喻。由此，可以窥见老子的国家治理和外交观点，以及对理想统治者的道德要求。而水柔弱处下的特性也被视为不争的体现。从这一隐喻的论证逻辑中不难看出，老子对水的阐释和解读服务于道的形象建构，而天道的建立最终又服务于对理想政治秩序的理论建构之中，对水的解读内含着道的认知框架。

（三）水利万物而不争：道生而不有、无为之为

道作为道家哲学的最高范畴，在《道德经》水喻所构建的叙事体系中充分体现了朴素的辩证思想。水虽柔弱却能胜强，虽处下却能"为百谷王"（《道德经》第六十六章）。"天地相合以降甘露，民莫之令而自均"（《道德经》第三十二章），通过对自然的观察，老子将滋养生命的雨水视为天地和谐的产物，天地交而泰，而无须人为的祈愿。"道常无名，朴虽小，天下莫能臣也。侯王若能守之，万物将自宾。……譬道之在天下，犹川谷之于江海"（《道德经》第三十二章），水被视为道的镜像，被赋予了孕育万物却为而不宰的政治内涵。而无为处下恰恰是任运自然、天下归附、无为而无所不为的道彰显，最终达到"以其不争，故天下莫能与之争"（《道德经》第二十二章）的理想效果。"大道泛兮，其可左右。万物恃之而生而不辞，功成不名有，衣养万物而不为主。常无欲，可名于小；万物归焉而不为主，可名为大。以其终不自为大，故能成其大"（《道德经》第三十四章）就是这一隐喻逻辑的集中展现：以滋养生命的水类比生养万物的道，衣养万物却处下不争，"以其善下之，故能为百谷王"（《道德经》第六十六章）。无为并非真的无所作为，而是不妄为，不乱颁发政令号令天下，像水顺应自然规律一样去治理百姓："生之、畜之，生而不有，为而不恃，长而不宰，是谓玄德。"（《道德经》第十章）如此，才能算得上圣君，使得"天下乐推而不厌"（《道德经》第六十六章）。

可见，无形的道正是借由水的本体隐喻，通过具象化的映射路径，展现出一幅"惟恍惟惚"（《道德经》第二十一章）的道"象"。反而言之，"道象"就是由水的形象镜面映射而来。而水就是"道"的镜像展现，通过对水的中介作用，抽象的道被具化展示在人类的视野中。然而，自然的水本身并没有道德的特性，这种特性是老子在对水的现象观察的基础上，结合自身的认知经验和知识储备而作出的阐释。以水观道的隐喻促生了道家贵柔主阴的哲学观念，而对水的认知也反

向受到以道观水的认知框架影响，使水得以从物质实体中抽离出来。这也是为何要用镜像来说明其媒介功能：镜像原理恰如其分地表现了以实体映射抽象事物的本体隐喻的基本特征：一是呈现"虚像"，像并不存在，但虚像是理解抽象事物的形象把握；二是镜像由实体映射而生，借由物质世界的实际经验来投射出抽象概念的形象。《道德经》的水喻不仅是以水喻道，更是以道观水，水与道作为呈现彼此的媒介，互为镜像，整体构成了一套上善若水的"道"形象体系。借由水的启发，《道德经》构建了"道"这一抽象的形而上学概念，并拓展了道的内涵边界，将抽象的"道"内化为为人处事、人际交往与国家治理的原则。同时，这套体系潜移默化地影响了中国人对水的情感和人与自然关系的认知，并植入中国人的文化基因，不仅影响了华夏水文化的发展，更在不知不觉中构建了华夏的自然哲学、传播形态和价值观念。

### 三、媒介道说：老子水道隐喻对媒介哲学的本体论启示

水道隐喻是《道德经》最为重要且典型的道喻，水发挥着建构"道"形象的镜像媒介功能。从源域水向目标域道的隐喻映射路径图，展现了《道德经》文本背后的政治思想和哲学观念是如何借由对水的意义阐释，架构起道的概念隐喻系统来的。以道观水与以水喻道共同构成了彼此映射的两组镜像，发挥着相互阐释的媒介功能。而老子的政治观念及思想也恰恰借由水道隐喻，实现了人文与自然的拼接，水喻也成为华夏重要的思想源流，被誉为中国古代的"根隐喻"[①]。从《道德经》的水道隐喻可以看出中国哲学的隐喻传统，通过赋予自然以人格特征的方式，将个人的理想人格内嵌于一定的政治框架之中，具有政治实践导向。《道德经》水道等隐喻被诸多媒介学者用于媒介批判，这并不是一个巧合，而是在媒介技术发展的背景下，媒介的内涵日益解放，学者们在重新审视媒介与自然的关系时，惊奇地发现道家道法自然的哲学构建过程恰恰与此相暗合。

### （一）媒介哲学与中国古代哲理的相关性

泰勒斯的理性精神超越了希腊神话的世界观，转而走向自然哲学，以"水是万物的本原"揭开了西方哲学本体论演进的帷幕，被誉为西方的"哲学之父"。以《道德经》为代表的哲学思想和希腊自然哲学思想同时试图通过对自然的经验观察，来把握世界的秩序和原因，同时也得到诸多相似的结论：希腊哲学的基本范畴体现为二元对立的矛盾，如"一和多、静和动、本质和现象、必然和偶然、永恒和

---

① 刁生虎：《水：中国古代的根隐喻》，《中州学刊》2006 年第 5 期。

变化、存在和生成、原因和结果、纯粹和杂多"①等，解决的方式是通过"对两种相反的意见所做的分析和综合，最后达到……二元对立和一元中心的统一"②。这与道家的阴阳互生实有神似共通之处，这或许也是道家思想能够在西方广为传播的原因之一。相较之下，虽然老子构建的水道隐喻更为丰富具体且系统完整，但老子却并没有因此而将"水"视为万物的本原，反而借助隐喻构建了一套"道"的哲学系统。在《道德经》文本中，除了最为核心的水道隐喻以外，还广泛存在着围绕"道"而展开的门道、母婴、器用、方位、草木等一系列隐喻。这些隐喻共同构成阐释宇宙规律和法则的媒介。

　　媒介哲学建立在自然哲学的基础之上，无论是海德格尔，还是麦克卢汉，抑或是彼得斯，在他们的著作中都能窥见浓厚的道家色彩。海德格尔从老子的"道"中得到启发和共鸣，展开了对现代技术本质的批判："黑／白、阴／阳、真／非真、揭蔽／遮蔽互补的思路主导了后期海德格尔，在他对'大地''艺术作品的本源''技艺''缘构发生''产出''允诺''间隙''之间''诗''语言''道路'等思路中以各种微妙的方式呈现"③。海德格尔与道家阴阳观的联手"让我们看到这种批判与中国古代哲理的相关性"④，衍生出对技术与媒介的思考。

　　媒介的容器隐喻就是这种思潮的典型产物。《道德经》以水喻道的隐喻彰显了从无形到有形、从无界到有界的本体隐喻形式，特别是"容器"隐喻，直接启发了彼得斯关于"媒介是容器和环境"⑤的比喻。容器型技术是彼得斯对媒介理解的一个重要隐喻，"容器型技术所展现的是媒介最为'环境'特性的一面"⑥。事实上，容器隐喻并不是彼得斯的原创，海德格尔很早就提出了著名的罐子比喻：罐子最重要的组成部分是使它虚空的空间。这在《道德经》的水喻中就能找到最初始而典型的本体，"道冲而用之或不盈，渊兮似万物之宗"（《道德经》第四章）。虚空为处下之水创造了成渊的空间条件，而静为渊的持续形成创造了时间条件，于"空"谷之中蓄水，在无为虚静中体察万物，方能窥见道的恍惚。

　　盈与渊的特质原本只是《道德经》水道隐喻的特点之一，其隐喻逻辑是借用

　　① 冯友兰：《中国哲学简史》，北京：北京大学出版社，1996年，第6-7页。
　　② 冯友兰：《中国哲学简史》，北京：北京大学出版社，1996年，第7页。
　　③ 张祥龙：《技术、道术与家——海德格尔批判现代技术本质的意义及局限》，《现代哲学》2016年第5期。
　　④ 张祥龙：《技术、道术与家——海德格尔批判现代技术本质的意义及局限》，《现代哲学》2016年第5期。
　　⑤ ［美］约翰·杜海姆·彼得斯：《奇云：媒介即存有》，邓建国译，上海：复旦大学出版社，2020年，第2页。
　　⑥ ［美］约翰·杜海姆·彼得斯：《奇云：媒介即存有》，邓建国译，上海：复旦大学出版社，2020年，第157页。

渊来表征一种虚静的状态，进而映射出心善渊、虚怀若谷等人格品质，最终形成"致虚极，守静笃"（《道德经》第十六章）的道德隐喻。虚静被视为圣人的最高境界，其状态特点表征为不盈，"混兮其若浊。孰能浊以静之徐清？孰能安以久动之徐生？保此道者不欲盈，夫唯不盈，故能蔽不新成"（《道德经》第十五章），虚与静共同构成了空的先决条件。只不过，"大盈若冲，其用不穷"（《道德经》第四十五章）恰与容器型技术的妙用相呼应，于是彼得斯、海德格尔等人根据其需要，只取了水道隐喻中虚而不满这一表象，并作去人格化的处理，通过容器以空作为前提的类比，也就是"在空置时最能发挥作用"①，建构了媒介的容器隐喻。可见，相较于道家哲学思想本身，西方媒介学者对"道法自然"（《道德经》第二十五章）的哲学建构过程更为感兴趣。道法自然的隐喻思维为媒介哲学的建构带来了概念的灵光，而这正是西方崇尚理性主义的哲学所缺乏的东西。

（二）媒介道说：媒介的本体论何以可能？

"媒介道说"的概念充满了玄机，一方面，如黄旦教授所言，意在"破解传播学中将媒介仅仅视为器具、工具的固有思维"②；另一方面，存在本源即为道说——"媒介道说"恰是媒介哲学的隐喻，展现了道文化给媒介阐释带来的丰富想象力。

回溯老子对水的观察以及对世界本原的思索，暗藏着东西方文明的共性。老子和泰勒斯对水的观察及由此产生的哲学思考都与自然密不可分。亚里士多德将自然定义为运动和变化的本原，认为"一切自然事物都明显地在自身内有一个运动和静止的根源"③，而本原（arche）的本义即为"太初"④。"《约翰福音》的'太初有道'，亦可称'太初有言'。故'道'即'道说'（logos），又译为'逻各斯'……'logos'——道说，与老子的'道'类似，是话语，也是道理之理或道本身，由此与中国文化和思维方式有了几分亲近。"⑤

这种亲近性体现在老子的水道隐喻中，以水喻道的本体隐喻将"道"视为一种先验的存在，并借助水这一自然现象进行建构，"'自然'这一概念渗透着权力……将某东西'自然化'是意识形态所采取的主要策略"⑥，道法自然，通过与自

---

① ［美］约翰·杜海姆·彼得斯：《奇云：媒介即存有》，邓建国译，上海：复旦大学出版社，2020年，第158页。

② 黄旦：《听音闻道识媒介——写在"媒介道说"译丛出版之际》，《新闻记者》2019年第9期。

③ ［古希腊］亚里士多德：《物理学》，张竹明译，北京：商务印书馆，2006年，第43页。

④ 赵敦华：《西方哲学简史》，北京：北京大学出版社，2021年，第4页。

⑤ 黄旦：《听音闻道识媒介——写在"媒介道说"译丛出版之际》，《新闻记者》2019年第9期。

⑥ ［美］约翰·杜海姆·彼得斯：《奇云：媒介即存有》，邓建国译，上海：复旦大学出版社，2020年，第48页。

然的类比来解释人文，进而构筑起一套天人相和的理论体系，定义人与社会的权威话语与主流的价值观与政治理念。道本身作为人类社会存在的先决环境，扮演着元素型和基础设施型的媒介角色，以不被人察觉的方式潜移默化地影响着人类思考的形式与内容。这正是媒介哲学思想与道家哲学的相通之处。

　　媒介哲学何以可能？数字技术带来的媒介环境，启发彼得斯反观那些"从前能改变地球自然环境的基础型媒介，如用火、农耕、放牧或营造"①。在回到自然的大转向中，媒介成为退居后台的背景，这与现象学哲学中的"意识"所扮演的角色有异曲同工之妙。在胡塞尔看来，意识是一切事物得以向我们呈现的背景，这是回到事物本身的前提。在日常生活之中，媒介平台扮演着呈现一切的背景角色，这也是媒介哲学的立论基础。在数字技术的座架下，媒介不可避免地呈现出其技术的倾向性。如同康德的知性范畴一般，媒介技术决定了使用者所能感知的内容范畴，相应地也决定了哪些内容会被隐藏和不可感知。"媒介以它特有方式解蔽现实并将之带到我们面前，这是一种中介了的现实"②，但同时每一种解蔽都相应地带来新的遮蔽。而对媒介的研究本身也不可避免地置身于媒介之中。从海德格尔，再到麦克卢汉，再到彼得斯，元素型媒介的概念为媒介研究开启了一扇重新解读历史的大门。

　　媒介道说这一带有隐喻性质的观念，其本质是对媒介哲学的本体论探讨。邓建国教授将彼得斯从《对空言说》到《奇云》的转变，视为由传播学的认识论到媒介学的本体论的进阶："如果说《对空言说》关注的是现代社会不同主体性在communication中遭遇的'沟壑'和两难，《奇云》关注的则是communication中存在于主客体之间的'桥梁'。"③这种媒介论说以"为道日损"（《道德经》第四十八章）的方法"论说媒介的本体论价值——非'为学'也，实'为道'也，也即黄旦教授所言'媒介道说'"④。媒介不再被单纯视为实体化的机构或产业，而成为"一种具有内在时空逻辑，能够安排和建构社会生活的行动力量……"⑤。尽管目前学界对媒介概念的理解千差万别，但它作为一种研究取向，媒介已经不再被单纯地视为一种类型化的社会组织，而超出它的技术表征，日益从实体范畴中被解放

　　① ［美］约翰·杜海姆·彼得斯：《奇云：媒介即存有》，邓建国译，上海：复旦大学出版社，2020年，第10页。

　　② 黄旦：《听音闻道识媒介——写在"媒介道说"译丛出版之际》，《新闻记者》2019年第9期。

　　③ 邓建国：《从认识论到本体论：彼得斯〈奇云〉中的"媒介道说"》，《新闻记者》2019年第11期。

　　④ 邓建国：《从认识论到本体论：彼得斯〈奇云〉中的"媒介道说"》，《新闻记者》2019年第11期。

　　⑤ 胡翼青：《媒介视角与传播学的想象力：以传播政治经济学为个案》，《新闻与传播评论》2020年第4期。

出来。随着平台媒介的发展，媒介已然成为一种抽象无形的基础设施环境，扮演着组织时间、空间和秩序的角色，代表着一种中介化的场景。

除了盈与渊的媒介容器隐喻，以水道隐喻为典型特征的道家思想能够为媒介哲学的丰富和本体论的思考带来更广阔的想象空间，这体现在媒介与道的相似性上。在万物互联及媒介平台化的背景下，媒介的特性与道呈现出高度的相似性。从方法论的层面而言，在科技发展日新月异的当代，古老的水道隐喻给传播学的发展带来重建的启示——即跳出归纳、演绎的窠臼，回归直观的、隐喻式的研究方法论，方能突破传播学本土化及传播理论创新的困境，真正抓住和理解抽象的媒介本身，媒介道说就是这样一种有待开发的隐喻阐释；从水道隐喻本身而言，当今的媒介已经成为一种基础设施一般的环境所存在，这与生养万物的道的特性极为相似，恍惚、柔弱、处下、不争、无形、衣养万物而不为主的品质同样可以映射出当代平台媒介的某些特性，这也为媒介哲学的建构提供了丰富的理论资源。"水"可以成为彰显形而上的"道"的特质的一种镜像，那么"媒介"又能以什么样的形象所显现呢？跳出中西思维的藩篱，才能重新在世界文明的坐标系中定位自身。媒介道说的形成，或许能打开媒介研究的广阔天地，为世界媒介理论的发展提供中国哲学传统的隐喻智慧。

# 第八章　千舟并发：中国古代航海与海洋文明价值重估

　　1840 年英国人用铁甲战船发起鸦片战争，船舰的落后赤裸裸地揭开了落后清廷的遮羞布，此后洋务船政兴盛，中国近代的努力亦从学习西方的造船技术开始。在这样的背景下，中华辉煌灿烂的造船、航海史被蒙上了阴影，在很长的一段时间内，黄仁宇的态度代表了很多学者的普遍态度："我们小时候读历史，常有中国不如别人之感，何以日本明治维新，几十年内就凡事做得头头是道，而中国似乎越做越糟。现在才看得明白，中国文化是亚洲大陆地理的产物，欧美和日本的物质文明，有他们海洋性国家的经验"①，海洋经验的缺乏被视为中国落后的根本原因。直到 20 世纪 80 年代，陆地文明与海洋文明的中西对比仍非常流行。特别是在航海方面，中国自古以来就缺乏航海技术能力的缪见一度占据主流。

　　随着考古学和中国科学技术史的挺进，航海技术羸弱的刻板偏见得以被推翻。目前，对文物和史料的组织通常集中在中国古代航海科技史层面，包括中国各历史时期的海上交通研究②、各区域船型船名汇集③、桨帆舵碇舱等技术演进④ 等，全方位展现了中国古代先进的航海技术，中国人"在文明的伊始就是熟练又爱冒险的船民"⑤，发展到"大约 1420 年的全盛期，明代水军也许超过历史上任何时期的其他亚洲国家，甚至可以超过同时代的任何欧洲国家乃至它们的总和"⑥。中国古代波澜壮阔的航海实践浮出水面。

---

　　① ［美］黄仁宇：《万历十五年》，北京：中华书局，2007 年，第 317 页。

　　② 席龙飞：《中国古代海洋船舶》，深圳：海天出版社，2019 年。

　　③ 王煜：《中国古船录》，上海：上海交通大学出版社，2020 年。

　　④ 金秋鹏：《中国古代的造船与航海》，郑州：中州古籍出版社，2020 年。

　　⑤ ［美］李露晔（Louise Levathes）：《当中国称霸海上：When China Ruled the Seas》，邱仲麟译，桂林：广西师范大学出版社，2004 年，第 5 页。

　　⑥ ［英］李约瑟原著，柯林·罗南改编：《中华科学文明史（下）》，上海交通大学科学史系译，上海：上海人民出版社，2019 年，第 671 页。

伴随着建设 21 世纪海上丝绸之路、海洋强国和海洋命运共同体的时代需要，国内学界自觉地从海洋史、造船和航海的科技史、地理学、地缘政治、经济贸易、宗教信仰等多个角度全线展开对中国古代航海史的重新阐释，文化传播的内容虽有涉及，但零星地散落于上述研究之中而不成体系。故而本章从文明传播的角度上理解去考察航海在国际交往中所发挥的功能，遵循媒介技术的分析路径，重点探究在航海传播活动中，船呈现出哪些媒介特性、这些特性如何影响了国际交往实践，以期补充以往研究中所忽略的媒介问题：中国古代航海实践体现了怎样的媒介倾向与文化选择？作为中国人探索世界的历史答卷，中国古代的航海实践又能给世界文明的交流和传播提供怎样特色的解题思路？

一、华夏航海史的媒介阐释：一种技术取向的文明传播实践

船是扩展人类交往空间的媒介。不同于既往科学史话语对海船科技的关注，本研究在还原中国古代航海实践真实面貌的基础上，遵循媒介技术的分析路径，重点探究在航海传播活动中，船呈现出哪些媒介特性、这些特性如何影响了国际交往实践。

（一）航海与人类文明传播

船是人类文明传播的中介，航海是人类文明传播的重要路径，15 世纪末到 16 世纪初的大航海壮举既是一场地理发现的探险，更是欧洲文明在世界范围内广泛传播的一次旅程，被视为人类文明进程中最重要的历史事件之一。对船的媒介作用的推崇可以追溯到以汤因比为代表的历史研究中："西方首先以帆船，然后通过轮船跨越海洋，统一了整个适合人类居住的世界。"[1] 造船与航海技术在人类文明传播中扮演了极为重要的媒介角色，特别是自大航海时代以来，造船、航海仪器、航海技术和海军装备上的技术进步，被斯塔夫里阿诺斯视为推动西欧文明对外扩张最重要的源动力之一[2]，"造船业和航海业的发展，又促进了成熟的欧亚大陆核心区的形成"[3]。这显然是典型的以西方为中心的论调，但同时也彰显了航海活动作为区域间多个主体间的交往实践，同时也发挥着文化交流的媒介功能。

---

① 转引自斯塔夫里阿诺斯：《全球通史：从史前史到 21 世纪》（第 7 版）下册，董书慧等译，北京：北京大学出版社，2005 年，第 335 页。

② 斯塔夫里阿诺斯：《全球通史：从史前史到 21 世纪》（第 7 版）下册，董书慧等译，北京：北京大学出版社，2005 年，第 289、388 页。

③ 斯塔夫里阿诺斯：《全球通史：从史前史到 21 世纪》（第 7 版）下册，董书慧等译，北京：北京大学出版社，2005 年，第 199 页。

（二）重估航海在中华文明史上的地位

作为人类文明传播的重要媒介，航海与文明的关系议题受到了西方学者的高度重视，但与此同时，在西方主导话语权的情境之下，中国的海洋文明传统与航海技术不可避免地在很长一段时期内受到了国际、国内的双重贬低和忽视。这种歪曲最早来自黑格尔的《历史哲学》，黑格尔在文化地理的视野下将人类文明划分为散步在高地的游牧文明、平原流域的大河文明和海岸区域的海洋文明三种形态[①]，与海洋文明的希腊相对应，位居亚洲的中国文明被整体归类为大河（农业）文明。黑格尔给予海洋文明以最高的赞誉，"平凡的土地、平凡的平原流域把人类束缚在土壤上，把他卷入无穷的依赖性里边，但是大海却挟着人类超越了那些思想和行动的有限的圈子"[②]，以中国为代表的农业文明则被视为文明的幼年阶段，在此基础上形成了西方中心主义的海洋文明话语体系。自 20 世纪西方社会科学传入中国之初，清末国力衰弱的现状，加之近代中国在航海及海战技术上的落后，致使中国学界对海洋文明的研究受到"西方论述和传统陆地思维的双重制约"[③]。可想而知，以黑格尔为代表的文明观点在很长一段时间内得到了中国学界的普遍认同，形成了"希腊是海洋国家，中国是大陆国家"[④]的思维定式，中国文化被视为落后的内陆农耕文明的产物。

然而，一来农耕文明相较于海洋文明具有落后性的表述是否是一种话语权力圈套本就有待商榷；二来中国也绝不仅仅完全是农耕文明的产物，恰恰相反，早在公元前 483 年，吴王夫差就"从海上攻齐"[⑤]，发动了有史记载的第一次海战。[⑥]随着考古学、历史地理学、科技史等学科以及海上交通、海外贸易、军事海战方向的深入研究，中国古代波澜壮阔的航海实践得以被揭开。就航海历史而言，中国至少从秦始皇时代就已经展开航海行动，以郑和下西洋为巅峰；在政治经济领域，日本学者滨下武志通过对近代以中国为中心的亚洲朝贡贸易体系的探讨，进一步提出海洋亚洲的概念，[⑦]"环中国海就是亚洲'地中海'"[⑧]，中国东南沿海的海洋文化不仅仅是中国地域文化的一部分，更是海洋亚洲文明圈的中心地带；在历史学领域，海洋史研究近年来备受关注，国际学界也有意识地推进对太平洋史、印

---

① [德] 黑格尔：《历史哲学》，王造时译，上海：上海书店出版社，2001 年，第 91—92 页。

② [德] 黑格尔：《历史哲学》，王造时译，上海：上海书店出版社，2001 年，第 93 页。

③ 杨国桢：《中华海洋文明论发凡》，《中国高校社会科学》2013 年第 7 期。

④ 冯友兰：《中国哲学史》，北京：北京大学出版社，1996 年，第 23 页。

⑤ （汉）司马迁：《史记（简体字本）》，北京：中华书局，1999 年，第 1240 页。

⑥ 王兆春：《中国科学技术史（军事技术卷）》，北京：科学出版社，2016 年，第 57 页。

⑦ [日] 滨下武志：《近代中国的国际契机：朝贡贸易体系与近代亚洲经济圈》，北京：中国社会科学出版社，1999 年。

⑧ 杨国桢：《中华海洋文明论发凡》，《中国高校社会科学》2013 年第 7 期。

度洋史的研究，以此作为突破口，尝试打破以往海洋史领域以地中海史、大西洋史为核心的西方中心论的境地。中国古代的航海与文明实践就部分地被囊括在印度洋史研究之中。

（三）文明传播视域下中国古代航海活动新探

综上所述，在还原中国古代航海实践真实面貌的基础上，从文明传播的角度对华夏航海史加以重新诠释显得尤为必要。可以说，重新书写航海文明是建构华夏文明传播话语体系的重要一环，然而在考古学与科技史话语主导下的中国古代航海研究，集中在造船史、航海技术、军事技术的考察之中。基于文明传播视野的分析大多将目光放在郑和下西洋和地理大发现的案例比较中，从政治、经济、科学文化多层面展开分析：一面从政治经济与国际交往的层面出发，乐观地以郑和下西洋作为和平交往榜样而奉若圭臬；另一面则基于科学探索动机的角度悲观地剖析郑和航海实践背后中国科学精神的缺乏，并将之视为中国航海失败的深层原因。[①] 郑和下西洋的航海实践固然蕴含着华夏文明传播的诸多特色，但并不能简单地把这种文明倾向与后期中国航海活动的失败画上等号，后者是诸多因素交互影响的结果。以郑和下西洋为代表的航海实践恰恰是中国古代在亚洲地域进行社会交往的成功实践。以往对中国古代航海史的研究忽略了航海活动中船作为海外交往媒介的中介特性，其天然附带着文化交流和文明传播的功效。而航海活动既受到船媒介本身的技术特性的影响，同时也受到其文化体系的规约。把中国古代的航海活动置于文明传播实践的框架下，重新阐释中国古代航海实践所体现的传播特质，能够帮助我们重新客观地审视中国传统的国际交往实践及由此彰显的文明传播观念，从而穿越纷繁嘈杂的表象，真正反思近代中国落后的根源及华夏文明传播的创新性发展。

二、文化地理学视角下中国古代海船的物质性考察

船的媒介特性在彼得斯的媒介哲学中得到了重视，但学界对船本身的媒介性考察却是缺乏的，即对"船"这一中介本身的媒介特性的分析。基特勒断言，"媒介决定了我们的境况"[②]，这意味着"人的经验与理解的基本结构和准超验标准，是

---

① 夏劲，陈茜：《中西两种科学文化背景下的郑和下西洋和地理大发现之比较》，《自然辩证法通讯》2006 年第 4 期。

② ［德］弗里德里希·基特勒：《留声机电影打字机》，邢春丽译，上海：复旦大学出版社，2017年，"前言"，第 1 页。

由媒介构成"①。正是在媒介的中介作用下，无形的思想得以被"观看、倾听和记忆，然后被物化为诗句、写下来的纸张或印好的书籍，表现为绘画或雕塑，成为各种各样的档案、文件和纪念碑"②，而经验和知识的适配有赖于媒介在特定时空之中的调节。要想摸清航海对文明发展的影响，就首先应该对船这一重要媒介本身进行深入的物质性考察。需要注意的是，与代表华夏农业文明的黄河流域和长江流域相比，本研究关注的重心是远洋航海，故而以航海与海船（而不是内陆船、战船等）为研究对象，而现有文献对中国古代舟船的整理多是以内陆船为主线，对海船的关注和描述并不多，而对航海的关注要求对海船实践史加以梳理，这与中国舟船史的研究并不相同。

要将中国古代的航海实践视为多元文化在一定空间区域内进行交流互动的媒介活动，就不应忽视当时人对地理空间的认识，故而首先需要勾勒清楚舟船在中国古代空间叙事中所扮演的角色。《说文解字》言："宙，舟舆所极覆也。"舟车与中国古人唯物朴素的时空宇宙观紧密联系在一起，舟车被用来形容地理疆域的范围，形成了汉文化对"天下"空间的想象。车与陆地相关联，而舟则与五湖四海相连接。"舟车所通，尽为臣妾"③，这并不意味着追求广袤地域的真实世俗统治，而代表对宇宙范围的一种感知。而造船技术在文明的伊始就已超脱了其物理意义，被赋予了政治权力和统治合法性的光芒，"黄帝受命，始作舟车，以济不通"④，圣人作舟的政治隐喻在《周易》《山海经》《墨子》《后汉书》等诸多史书典籍中被反复叙述，舟船一方面成为人类在自然面前具有主动性的智慧表征；另一方面生成了诸如"水则载舟，水则覆舟"（《荀子·哀公》）等关于圣君贤臣政治叙事的隐喻。

就文化地理而言，与传统的农耕文明的想象不同，"从历史和社会经济发展来看，我国自古以来就是一个海洋大国"⑤。"予决九川，距四海"（《尚书·益稷》）"禹以四海为壑"（《孟子·告子下》），古人很早就认知到华夏被四海所环绕，拥有辽阔的海域。借助舟的媒介，海洋成为社会交往和生活的重要地理空间，故而在古代文化情境中以四海喻指天下。《礼记·学记》记载"三王之祭川也，皆先河而后海"，早在上古时期，海洋就已被列入祭祀对象。

"中国航海的传统，始于夷人。"⑥在正史的叙事中，"秦、楚、吴、越，夷狄

①　黄旦：《媒介考古：与小人儿捉迷藏》，《国际新闻界》2021年第8期。
②　[美]汉娜·阿伦特：《人的境况》，王寅丽译，上海：上海人民出版社，2021年，第69页。
③　（汉）班固：《汉书（简体字本）》，北京：中华书局，1999年，第961页。
④　（南朝宋）范晔：《后汉书（简体字本）》，北京：中华书局，1999年，第2305页。
⑤　陈东有：《中国是一个海洋国家》，《江西社会科学》2011年第1期。
⑥　[美]李露晔：《当中国称霸海上：When China Ruled the Seas》，邱仲麟译，桂林：广西师范大学出版社，2004年，第2页。

也，为强伯"①。"夷"最初是古代对包括山东半岛和吴越之地的各民族的统称，航海技术最早发轫于华东和华南的诸夷族。到了春秋时期，直接出现了"乘桴浮于海"（《论语·公冶长》）、"从海上攻齐"②等记载。辽阔的海域和绵长的海岸线为航海活动创造了优渥的地理条件，这也决定了在地理位置上倚江傍海的吴、越、楚、齐等诸侯国更加重视造船技术，并展开更为频繁的水战，建立了我国最早的海军部队。③地处长江中下游地区的楚、吴、越三国以及濒临渤海的齐国大力发展航海事业，而这四个国家在春秋时期无一不是赫赫有名的诸侯国。根据《越绝书》的记载，春秋名臣伍子胥就是一名优秀的水军将领。吴王舟"余皇"、越国迁都琅琊随行戈船三百艘、鲁班游楚"始为舟战之器"（《墨子·鲁问》）、齐景公"游于海上而乐之，六月不返"（《国语·齐语》）……这些无一不反映了春秋时期航海技术的长足进步。

根据考古出土的多具西汉船模，横隔舱结构在秦汉时期有力地支撑了大型船舶的抗风浪能力。特别是随着桨、帆、橹、椗的成熟，秦汉时期的楼船形制进一步向大型化发展，高度可达"十余丈"④，楼船层数多至 10 层⑤，载人量甚至可过万⑥。特别是东汉时期舵和橹的问世，⑦使得船舶推进更加有效率，航向也更易被控制，为汉代南北海上航路的开辟奠定了技术基础。东晋时期西赴天竺求法的高僧法显就是乘坐海船东归。隋唐时期的航海活动一片繁荣，"沧江口大小船数千艘"⑧，在渤海湾地区⑨、福建与广东之间、淮南及两浙地区、大陆沿海与台湾地区，海上交通已具备相当规模。这离不开水密隔舱技术的加持，船舱抗沉性能的提高使得性能优越的中国船舶同北印度洋沿岸国家制造的船舶一同活跃在南中国海、东南亚海域之上，航线也由原先的沿岸走向了跨海直航，在原有航线的基础上进一步扩展出经由马六甲海峡远达阿拉伯和非洲东海岸的"广州通海夷道"和前往东北

①　（汉）司马迁：《史记（简体字本）》，北京：中华书局，1999 年，第 1154 页。
②　（汉）司马迁：《史记（简体字本）》，北京：中华书局，1999 年，第 1240 页。
③　陈贞寿：《图说中国海军史（古代—1955）》，福州：福建教育出版社，2002 年，第 52 页。
④　《史记·平准书》记载："治楼船，高十余丈，旗帜加其上，甚壮。"参见（汉）司马迁：《史记（简体字本）》，北京：中华书局，1999 年，第 1215 页。
⑤　《后汉书》记载："十层赤楼帛兰船。"参见（南朝宋）范晔：《后汉书（简体字本）》，北京：中华书局，1999 年，第 357 页。
⑥　《太平御览》记载"豫章大舡，可载万人"。
⑦　卢嘉锡总主编：《中国科学技术史·通史卷》，北京：科学出版社，2016 年，第 296 页。
⑧　《旧唐书·五行志·卷 37》记载："天宝十载，广陵郡大风架海潮，沧江口大小船数千艘。"参见（后晋）刘昫等：《旧唐书（简体字本）》，北京：中华书局，2000 年，第 942 页。
⑨　据唐朝《水部式》记载："沧、瀛、贝、莫、登、莱、海、泗、魏、德等十州，共差水手五千四百人：三千四百人海运，二千人平河。宜二年与替。"

亚的"登州海行入高丽渤海道"①。唐代鉴真六次东渡即采用"登州海行入高丽、渤海道"的这条航线。据阿拉伯商人苏来曼的记载，往来于东南亚和印度洋的外国客商更倾向于选用中国船舶装载货物。水密隔舱结构在宋元时期受到了阿拉伯和欧洲航海家的关注，直到"18 世纪末，欧美才开始引用这种先进的船舶制造工艺"②。

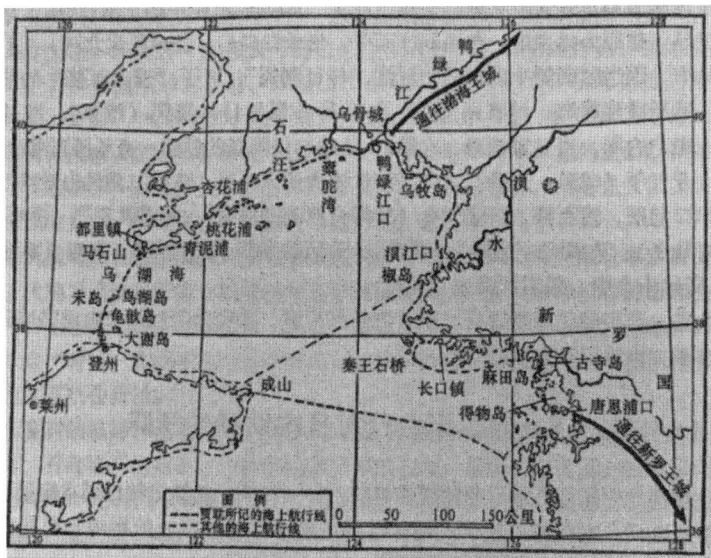

**图 8-1　登州海行入高丽渤海道**③

北宋时期指南针的发明对航海实践而言具有划时代的意义，而"有宋一代，中国与外部世界的交往主要依赖海上航路"④，而正是在指南针广泛运用的北宋末年之后，中国船舶逐步取代外国船，驰骋于西太平洋和北印度洋之上，成为中外客商的首选客船。李约瑟从科技史的角度将指南针的应用定义为原始航海时代的终结，这"预示计量航海时代之来临"⑤，这一重大科技发明与宋代依靠航海进行国际交往的文明传播事实之间的暗合并不是一个巧合。在指南针发明之前，航海主要依靠海图，即寻找沿岸标志性的地标以及对天文的观察进行定位。指南针在远洋

① （宋）欧阳修，宋祁：《新唐书（简体字本）》，北京：中华书局，2000 年，第 751 页。
② 卢嘉锡总主编：《中国科学技术史·通史卷》，北京：科学出版社，2016 年，第 427 页。
③ 卢嘉锡总主编：《中国科学技术史·交通卷》，北京：科学出版社，2016 年，第 326 页。
④ 卢嘉锡总主编：《中国科学技术史·通史卷》，北京：科学出版社，2016 年，第 516 页。
⑤ 李约瑟：《中国之科学与文明》第 11 册，陈立夫主译，台北：台湾商务印书馆，1972 年，第 438 页。

航海领域的运用，避免了天文导航时因阴雨天气而导致迷航。在重要的文化交流事件上，迷航是导致交流失败的首要因素，法显因在大海中迷航而遭遇海难导致经文散佚；鉴真东渡则五次因迷航而失败。到了南宋，指南针由原先的辅助工具变成航海最主要的导航仪器，在船上设置针房以放置指南针。在元代时已经出现了依靠指南针测量的航海路线手册"针经"。

因马可·波罗的《东方见闻录》，元代的远洋海船扬名海外，泉州湾出土的海船证明了马可·波罗对中国元代船舶的描述："诸舱之壁嵌甚坚，水不能透"①。在开放包容的文化交流政策下，元代较唐宋时期加强了与南海沿岸诸国的关系，并出现了汪大渊两下大西洋的尝试，并撰写《岛夷志略》记录其见闻。宋元繁盛的海上交通为明代郑和下西洋的壮举奠定了充实的基础。但明代中叶则采取严厉的海禁政策以防范倭寇，导致了海上贸易与交通的大幅衰退。清朝一度采取了更为严厉的海禁政策，甚至颁布"迁海令"，命令沿海居民内迁 30 里以抵抗反清复明的势力。在反复不定的海禁政策之下，中国海洋船舶的规模、数量、性能及造船技术、航海术受到限制，裹足不前。

中国古代航海实践的科技史充分揭示了船在人类交往特别是区域间文明交流中的媒介属性，造船和航海技术直接决定了文化交往空间的地理范围。不难发现，随着造船和航海技术的改进，航海路线也随之不断延展，体现了地缘政治传播的特点。而中国古代的航海实践本质上是在亚洲地域进行社会交往的一种空间活动，船的技术特性首要体现为一种空间偏向，无论中西，航海实践都直接促进了文明在世界范围内的空间扩张。而航海本身就是扩展人类交往空间的一种努力，舟船所牵系的不是单一国家的文化与历史，而是区域间的合作、竞争与互动，牵动着权力、信仰、资源与疾病的全球传播。

### 三、海船技术传播的媒介偏向与文明特性的调节作用

航海技术的改进决定了交往空间的变化，作为人类交往的媒介，人类借助海船实现了文明在空间中的传播和迁徙。从科技史的角度去组织航海实践的史料，使得航海实践理所当然地被理解为一门有关造船技术与航海经验的自然科学研究。然而就本质而言，航海实践并不是一个简单的技术问题，而是一项具有严密组织的、伴随着地理与文化叙事的、以国家为主要主体的历史文化活动。"对于技术的

① ［意］马可·波罗：《马可·波罗行纪》，冯承钧译，北京：商务印书馆，1936 年，第 619—620 页。

正确的工具性规定还没有向我们显明技术的本质"①，海德格尔对技术的追问不是讨论技术的工具性和正确使用它的目的性，而是要追究技术的本质到底是什么。这意味着在观察造船和航海技术的媒介特性时要避免陷入"机械的技术决定论"，而是要在实际的地域场景中考察作为文化交流实践的、伴随着组织参与的、与社会历史思潮紧密相关的、与海船媒介相勾连的一切实践活动。

媒介技术哲学为观察中国古代的航海活动提供了另一种解释框架，航海技术的发展消解了地理的隔阂，决定了交往空间的可选范围，但文明自身的特性才是影响交往空间和交往方式的根本因素，技术背后的文化、经济和政治因素同样规约着技术的发展。在不同的文化情境中，航海叙事也呈现出不同的建构。以斯塔夫里阿诺斯为代表的西方学者高度赞扬了船对于文明传播的重要贡献，认为船的技术为西欧文明的对外扩张直接奠定了基础。无论是在时间还是空间上，船所展现的媒介特性并不是中国或者西方所独有的，但航海实践给中西文明带来完全不同的结局：如果说船的技术倾向决定了文明在地理空间上的扩张偏向，那为什么郑和下西洋并没有表现出这种倾向？在国际交往的方式上隐隐透露着华夏文明的玄机。选择了空间扩张的西欧文明迅猛崛起，而同时期的中国却几乎废弃了海船技术，转而选择偏向时间的媒介——去纂修中国古代最大的文化工程《四库全书》，这显然并不仅仅只是一种历史的巧合，而是一种文化选择。故而本研究在海船史的基础上对其媒介偏向进行深入考察，以探究媒介技术对文明传播偏向的影响，并反思文明本身的特性如何调节了媒介技术的传播取向（如图 8–2 所示）。

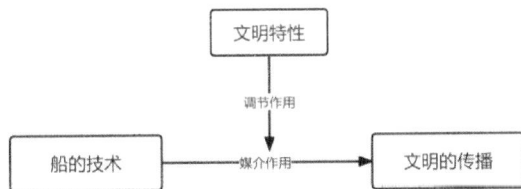

图 8–2　文明特性调节媒介技术的传播偏向

造船和航海的技术特性决定了文明交往的媒介偏向。如前所述，文明传播的空间偏向是海船最重要的媒介属性。洋流、天文导航、指南浮针等技术都与地理空间的扩展有着密切的联系，中国古代海上丝绸之路的演进史就是一部在海船媒介作用下的文明交往史。此外，海船对文明交往的媒介作用还体现在对交往时间、

① ［德］马丁·海德格尔：《演讲与论文集》，孙周兴译，北京：生活·读书·新知三联书店，2005 年，第 5 页。

交往方式和交往效果的影响上。航海活动受到季风、洋流和潮汐的巨大影响。与内陆的航行不同，海航主要依靠风力驱动，太平洋和印度洋的季风对海上航行的时间和方向至关重要，因而对风的观测技术也是航海技术的重要组成部分。《禹贡》记载"朝夕迎之，则遂行而上"，早在春秋时期，古人就已经积累了关于海洋和潮汐的经验，并用于航海活动。"渔人之入海，海深万仞，就彼逆流，乘危百里，宿夜不出者，利在水也"（《管子·禁藏》），春秋时就已经有了齐人利用洋流进行远洋航行的记载。在《左传》《国语》《淮南子》《吕氏春秋》等典籍中，"八风"更是随处可见，可见古人对季风的变幻规律已有掌握。季风航海术及海洋潮汐知识的增加为秦汉时期大规模的远洋航海奠定了技术基础。到了唐代，风向进一步被细分为 24 个方向，在南海航行的"船舶去以十一月、十二月就北风；来以五月、六月就南风。船方正若一木斛，非风不能动"[①]。东北季风和西南季风影响了对外交往的时间选择，船舶"直向东西洋驶去，跟海岛各国互相贸易，它出航有一定的季节，回归也有一定的季节"（《天下郡国利病书·福建》）。在古代，季风被称为信风，东南沿海地区在夏季由海洋吹至沿岸的东南季风因其有利于船舶驶向大陆而被称为舶风，可见季风与航海之间的密切关联。变幻莫测的风向和洋流推动了风帆的技术发展，同时也催生了对风神的文化信仰。

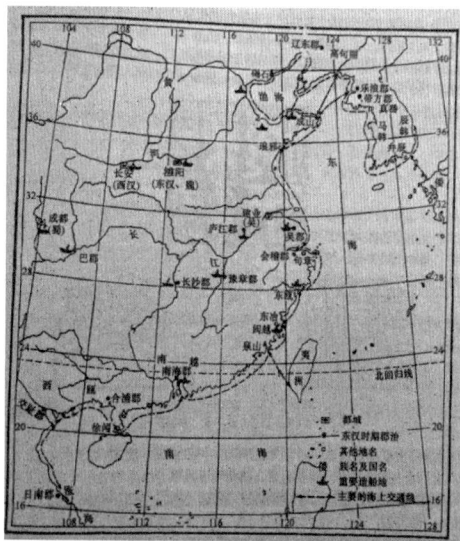

图 8-3　两汉及三国时期的航线图 [②]

---

① （宋）朱彧：《萍洲可谈》，北京：中华书局，2007 年，第 133 页。
② 卢嘉锡总主编：《中国科学技术史·交通卷》，北京：科学出版社，2016 年，第 47 页。

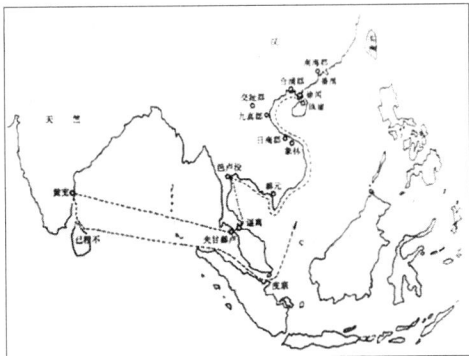

图 8-4 西汉海上丝绸之路路线图 [1]

　　中国航海事业的发展潜藏着华夏文明的发展脉络和进路。自春秋、秦汉、唐、宋、元、直至明代早期，中国航海事业在开放的对外交往政策下一路高歌猛进，相继涌现了秦代徐福两度入海、汉代开辟海上丝绸之路、唐代鉴真六次东渡日本、明代郑和七下西洋等东南亚航海史上重大文化事件。秦汉唐宋元时期制船业相继出现高峰，航海也非常先进。福船在宋代时已经崭露头角，到了明代成为航海的主力船。循着技术哲学的传播研究路径，航海实践带来技术及文化理念在地理空间上的扩散、迁徙和发展。船尾舵、车轮舟、水密舱壁、指南浮针作为中国航海的四大发明，随着航海实践而传播到世界各地，恩格斯在《自然辩证法》中指出磁针从阿拉伯人传到欧洲人手中，对欧洲造船与航海事业的发展提供了技术支持。明清之后，随着海禁政策的实施，中国海运交通陷入停滞。悲哀的是，中国先进的航海技术激发了西方航海家的想象和热情，促进了大航海时代的到来，而同时期的中国却在海禁政策断断续续的推行下自废武功。航海意味着文化对外的交流机会，只有在交流中才能定位自身，实现文化的迁移、共生与创新。当抛弃了海船与海洋，世界发展的潮流也将中国抛弃了。从传播的角度而言，文明的可持续发展离不开他者的镜鉴，需要开放的胸襟保持与其他文明的交流。交流的缺乏带来故步自封，导向自大与灭亡。

　　明中叶之后的航海实践显现了政治权力关系对技术发展的规约。在唐宋元时期，出现了知名科学家发明家做官的特殊文化现象 [2]，有力地推进了科技的发展进步，但与此同时，也显现了政府力量对于科技发展的重要影响。中国航海实践史同时也是政治权力关系的角逐史，政策性导向直接关系着海上交通的繁荣与萧条。

① 卢嘉锡总主编：《中国科学技术史·交通卷》，北京：科学出版社，2016年，第50页。
② 卢嘉锡总主编：《中国科学技术史·人物卷》，北京：科学出版社，2016年，"前言"，第5页。

最为明显的例子即宋朝，随着经济重心由北向南的迁移，南方的航运事业在政府的支持下迅猛发展，制船厂也迁移到长江流域，中国第一个水师衙门在南宋创立，牢牢控制了东海。① 指南针正是在这样的文化环境下被发明，这也难怪宋朝主要依靠海上交通与外界交往。元代沿袭并发展了南宋海上交通的传统，收编了诸如蒲寿庚、张瑄等众多原南宋航海事业相关的人才，并继续在重要海港分设市舶司，兴办海运。造船的技术远洋的技术并没有因为异族入侵或者朝代更替而中断失传②，这与华夏文明传播的时间偏向的特质息息相关。与此形成鲜明对比的则是明清之际的"海漕之争"，牵系着多方利益群体的权力博弈。明代早期尚且河海兼运，而后漕运兴盛，"海陆运俱废"③。到了明代中后期，漕运积弊严重，重开海运的议题被屡次提起，但海运根本上与受惠于漕运经济的既得利益者相冲突，再加之统治者追求稳定性，"中华帝国对外并不寻求领土扩张。同时出于安全的角度考虑，明王朝当局非常想把国土与世界隔离开来……海运的终止，不过是这种孤立主义政策发展的表现"④，海运始终未能得到统治者的重视。生长于台州临海并对海洋有着充足知识积累的王宗沐便是提倡海运的代表官员之一，尽管在首辅的支持下得以重开海运，但很快就在复杂的政治局势中浅尝辄止。可以说，海运的坎坷命运是政治决策的结果，而不是简单的技术问题。媒介决定了我们的境况，也注定明清知识分子群体总体的文化选择必然倾向于土地，采纳儒家传统的以农为本的经济政策。而对比之下，西方大航海的发展则离不开贵族政治对资本积累的需求的推动。

## 四、重构中国航海叙事：中华文明传播复兴的时代答卷

航海实践是文化对外传播的起点，而航海的叙事建构才是文明传播的焦点。航海史的书写本质上不仅仅是一个技术问题，更是一个话语权力问题：航海实践作为一项需要巨大人力、物力投入的活动，本身就是一场组织协调的传播活动；而航海史的建构更是借由媒介而实现对航海记忆的加工和阐释。西方关于海船的研究汗牛充栋，航海与西欧文明的崛起、全球化的形成相绑定，地理大发现被视

---

① ［英］李约瑟原著，柯林·罗南改编：《中华科学文明史（下）》，上海交通大学科学史系译，上海：上海人民出版社，2019 年，第 666—667 页。

② 卢嘉锡总主编：《中国科学技术史·人物卷》，北京：科学出版社，2016 年，"前言"，第 10 页。

③ （清）张廷玉等：《明史（简体字本）》，北京：中华书局，2000 年，第 1388 页。

④ ［美］黄仁宇：《明代的漕运》，北京：九州出版社，2019 年，第 190 页。

为西方文明的荣耀，通过海洋的宽阔跳板，近代的西方人征服了整个世界。[①] 西方人将其文明自诩为海洋文明，以科学的进步和全球化的进展弱化甚至抹除了其海上侵略和血腥的罪恶。在这样的话语主导之下，中国古代航海叙事的视线焦点自著名的李约瑟之问开始就被转移到为什么古代科技先进的中国没能率先发展出近代科学的议题上来。大航海时代更为先进的中国船队与清末中国海战的接连惨败形成了鲜明对比，以郑和下西洋为代表的中国航海越是成功，就越是沦为华夏文明落后、自闭的罪证。因而，回到文明传播的视野，可以看到以往航海科技史叙事中被忽略的重要问题：即航海作为一项文明传播活动，文明自身的特性如何影响其交往实践，进而实现对媒介技术的反哺。

伴随着海洋强国的现实需要，在厘清航海作为国际交往实践的历史发展进程的基础之上，如何脱离西方中心论的视角和话语陷阱，重新建构起一套中国航海的历史叙事成为当务之急。对此，传播学的框架或许能够为我们从文化交流和国际交往的角度解构航海活动提供新的思路。这就要求首先对西方的航海叙事加以拆解。西方近代的航海探险出自经济和宗教的驱动，地理大发现带来的直接后果是海外贸易与殖民主义时代的降临，野蛮与文明如同光影一般相伴而生，随着西欧资本主义发展和社会政治经济文化繁荣一同到来的，是亚非拉美地区惨遭掠夺、奴役和屠杀的深重苦难，是黑奴悲惨命运的开启，是印加文明、阿兹特克文明等诸多文明的陨灭。大航海的黑暗面被遮盖在地理大发现的光辉叙事之下。

中国人的航海探险显然并不是主要出自传教或经济的目的，而遵循着一种文化交流的路径。文化交流与文明共生的理念与西方人的杀戮、抢劫形成了鲜明对比。但这依旧招致了批评和质疑。一种声音认为以郑和下西洋为代表的航海实践不过是出自宣扬国威的目的，甚至是为了追寻潜逃海外的建文帝，具有官方性质；另一种批评则在于批判占据航海先机的中国因文明缺乏科学精神而导致错失征服世界的良机。然而，无论是从传播的效果还是从传播的逻辑来看，这两种批判本质上并不成立。就文化交流的效果而言，中国航海实践推进了技术和文化在地理空间上的传递与迁移，并加强了与周边国家互利共惠、睦邻友好的国际关系。在紫禁城的定都大典上，"来自亚洲、阿拉伯世界、非洲以及印度洋诸国的使节与番王"[②] 乘坐由郑和船队所提供的精密导航的巨舶赶赴北京参与庆典，中国古代恢宏的航海活动留给西方探险家一个美好的东方想象。正因其非侵略非掠夺的友好性

---

① ［英］阿诺德·汤因比：《人类与大地母亲》，徐波译，上海：上海人民出版社，2001年，第43页。

② ［英］加文·孟席斯：《1421：中国发现世界》，鲍家庆译，台北：台湾远流出版事业股份有限公司，2011年，第29页。

质，航海活动给中国带来的是财政的巨大耗费。在此之中清晰可见的主线是，中国古代航海实践活动是一种政策性导向的行为，海船的制作、流通和使用，以及航海技术的发展都受到对外交往政策的巨大影响。

在航海实践中，对外交往方式的选择体现了华夏共生交往的文明特质。中西借由海船而实现的文明在空间中的传播方式显然是有差异的，而这种交往方式的差异的根源在于文化逻辑。中国古代航海实践以强大的军事力量作为自卫的后盾，本质上是一种非侵略的和平主义。17 世纪来到中国的传教士利玛窦就敏锐地察觉到了这种区别，一些欧洲学者认为中国曾经或必然会征服邻国，但利玛窦却在中国数千年历史中从未找到征服的记载，即便是在成吉思汗时代，中华文明的主体部位也是处在被征服的位置。在《利玛窦中国札记》中他这样描述："虽然中国人有装备精良的陆军和海军，很容易征服邻近的国家，但是他们的皇上和人民都从来没有发动过侵略战争，他们很满足于自己已经有的东西，没有征服的野心，在这方面他们与欧洲人很不相同。"[1] 海船技术影响了文明传播的倾向，而政治的取向则调节了文明传播的方式和目的，反哺了海船科技的发展。

如果一味地去关注技术因素所带来的文明传播偏向，企图仅仅依靠技术去解释航海实践，就会陷入技术决定论。当把葡萄牙船队和郑和船队放在一起比较的时候，船的媒介技术并没有决定其交往方式，而是文化背景决定了文明传播的方式。而清末以来中国的主要威胁来自海上，这种航海的失败被归结为以儒家文化为代表的华夏文化传统的失败，这显然是一种抹黑。恰恰相反，航海活动作为与国际交往的媒介行为，折射出中国古代天下主义政治文明观念的理想光辉。换言之，中国航海活动作为"天下"哲学理念的国际交往实践，是对孟子笔下"行仁政而王"（《孟子·公孙丑上》）的政治理想的践行。而近代中国的失败根源于明清以来政治传播场域下的信息交流机制的失败，如朱棣时期紫禁城多次因雷击发生火灾，称为"天火"，皇帝为此祭祀、颁发"罪己诏"，官员借天灾舆论在朝堂内部展开频繁的权力斗争，郑和航海被攻击为劳民伤财而触怒上天的元凶，航海活动因此被停办。这背后隐藏着中国政治传播场域中天人交流模式存在的弊病，以及重农轻商的文化逻辑，以至于保守派官员将郑和等编制的航海资料以"恢诡怪谲，遐绝耳目"的罪名焚毁。但由此就将阻止航海技术发展的矛头指向儒家思想显然是不公平的，这种安土重迁的保守心态与明朝"严斥蒙元所支配的内亚影响

---

[1]　[意]利玛窦：《利玛窦中国札记》，何高泽等译，何光武校，北京：中华书局，1983 年，第 59 页。

力"①的政治地理格局密切相关。而秦汉唐宋以及明代早期的航海实践体现出文明特性对于海船技术在文明传播过程中所发挥的调节作用：以军事实力作为后盾，但并不以此为主要的交往手段，追求文明交流的仪式感，并不在意真正的世俗统治，最终达到文明共生的传播效果。只有在开放的态度中走向海洋，才能在交流互鉴之中确定自身的形象和定位，这也是历史上中国人探索世界实践给出的文明传播的中国答卷。

五、浮游于多舟之上

本章试图超脱既往科学史话语，在传播学的新视角下将中国古代航海活动作为一种文化交流活动进行考察。一方面，在中国古代航海科技史的基础上，探究海船媒介在中国古代对外交往的航海实践中形成了怎样的媒介偏向；另一方面，拆解隐藏在现有西方中心视角的航海史背后的中国古代航海叙事建构的话语陷阱。宋应星《天工开物》言："凡船性随水，若草从风。"如果说风草论②针对的是在国内推行文明教化的政治传播理论，那么漂泊于海洋之上的水舟论③则兼具了国内与国际传播的双重内涵。在中国航海实践中，船作为一种运输工具，所带来的不仅仅是资源的物理转移，更是文化的地理迁移，实现了在时间和空间上的同步延展，是孟子笔下仁政哲学的政治实践，并在很长一段时期内确实达到了良好的传播效果。随着历史条件的变化，中国古代的航海活动在历代不尽相同，但总体而言，其叙事体现为一种地理的考察和文化的交流，而不是财富的掠夺、武力的征服与文化的灌输，鲜明体现了华夏文明传播的和平性质。

"封侯非我意，但愿海波平"④，戚继光在明代就强调了海洋安全对国家稳定的重要性。中国在近代的屈辱直接展现为海上军事技术的失败，这种失败源自海洋政策上的技术禁锢，可这并不等同于传统文化的失败，而是中国古代政治传播场域下交流失败所带来的权力争斗与对文化的曲解。对远洋航运的自我封锁关闭了华夏对外交往的大门，这警示着文化只有在交流中才能看到自身，只有在共生中才能存续。在世界各国争相发展海权的今天，中国古代航海的历史实践为世界文明的交往提供了和平交往的珍贵理念和文明传播的理想范式。而随着科学技术的

---

① ［英］约翰·达尔文：《帖木儿之后——1405—2000年全球帝国史》，黄中宪译，台北：台湾野人文化股份有限公司，2010年，第70页。

② 谢清果、陈昱成：《"风草论"：建构中国本土化传播理论的尝试》，《现代传播（中国传媒大学学报）》2015年第9期。

③ 谢清果，王婕：《水舟论：中国古代政治权力博弈下的民心传播隐喻》，《福建师范大学学报（哲学社会科学版）》2022年第2期。

④ 出自戚继光的《韬钤深处》。

迅猛发展，海洋重塑了我们赖以生存的媒介环境，彼得斯以"人是浮游于多舟之上的生物"来重新回答苏格拉底的经典之问："什么是人"（What's human being），突出了人对工具和技术的依赖，"我们居住在我们自己制作的舟楫上和自己限定的境况中，然而我们却难以直视这些舟楫和境况"①。在现代，海洋与船舶已经由人类交往的渠道中介，转变为人类生存的基础设施型媒介。如何去理解文明、科技与海洋的关系，关系着人类文明的存续。

---

① ［美］约翰·杜海姆·彼得斯：《奇云：媒介即存有》，邓建国译，上海：复旦大学出版社，2020年，第60页。

# 后　记

　　"江河湖海皆为水，舟楫泛渡聊为生。悠然一曲渔家傲，烟波浩荡四海横。"[①]用这句结尾再合适不过，水舟隐喻正是君民博弈的认知写照。四海一家，泛舟天下，既要修悠然之洒脱，也要求浩荡之豪气，方得人生圆满。

　　"认识你自己"的古老呼唤从希腊神庙再度传来。本书给我的收获一是接纳我极为有限的能力边界与世界的多面性；二是在写作过程中明白自己心之所系，我是谁？我究竟要做什么？走完这一生，答案自会显现。

　　高中语文课本里有这样一句话："人天生是软弱的，唯其软弱而犹能承担起苦难，才显出人的尊严。"未来注定坎坷，但无论际遇如何，火苗永远都不会熄灭，共勉。

　　回首十年前，我们在学习黄星民老师提出的"风草论"的时候萌生了研究"水舟论"的想法。种子种下了，总有生根发芽、开花结果的可能。因缘际会，五年前王婕同学加盟华夏传播研究团队，我们师徒联手决心从政治传播角度探讨水舟隐喻，以其为构建华夏政治传播理论夯实观念基础。现在摆在读者面前的小作便是我们辛勤求索的结晶。书的部分章节已在《新闻大学》《江西师范大学学报》《福建师范大学学报》上刊发，收录本书中做了必要的修订。特此致谢！

谢清果　王婕

2024 年 11 月 3 日

---

　　① 　沧海澜峰：《中国渔民》，中国法制出版社，2013 年。

# 附录：水舟二十四史梳理表

本研究着重考察水舟作为一种政治术语，就二十四史的典籍性质而言，是最好的官方语料。从二十四史中共摘录出 787 条句子，将之放置于文本最原始的情境之中，并结合时代背景，加以详细的分析。在此基础上，剔除水舟的物质指向，直接筛选出水舟政治隐喻的所有话语进行分析，进而以代表性的句子，勾勒出水舟观念的整体演进史。

然而，此方法仍存在以下问题：

（1）有关舟的表述数量过于庞大，不适用于——列出。但很多关于舟的隐喻本身就是水舟隐喻的一部分，这使得我们不可避免地忽略很多相关重要的论述；同时，水的形态多样而复杂，比如"此渠皆可行舟"中"渠"即水道，不可避免地忽略许多相关水的句子。为弥补此缺憾，另外单搜所有包含舟的段落，结合上下文判断其意义（是否包含水的其他形态并且有特别的隐喻意义），如有特别重要的隐喻内涵，则摘录补充。如与其他水舟内涵重复，或同一内涵的近似语句反复出现，则忽略。也就是说，将史书中关于舟的隐喻的重要句子参与分析之中。

（2）舟船在不同时代的文本中出现混用状况。因此，只选"舟"相关句子，而未选"船"相关句子，也是一种潜在的忽略。为此，在舟之外，再加以统计"船"出现的句子和次数，并经过人工阅读后，摘录重要的不可忽视的句子段落。

（3）二十四史从《史记》开始，均为汉代以后的书写。根据顾颉刚先生的层累历史观，其可靠性依旧存疑，且缺乏先秦的典籍。为此，特别挑选先秦基本重要典籍，在写作过程中加以参考。

（一）书籍的版本信息：

[1]（汉）司马迁：《史记（简体字本）》，北京：中华书局，1999 年。

[2]（汉）班固：《汉书（简体字本）》，北京：中华书局，1999 年。

[3]（南朝宋）范晔：《后汉书（简体字本）》，北京：中华书局，1999 年。

[4]（晋）陈寿：《三国志（简体字本）》，北京：中华书局，1999 年。

[5]（唐）房玄龄等：《晋书（简体字本）》，北京：中华书局，2000 年。

[6]（梁）沈约：《宋书（简体字本）》，北京：中华书局，2000 年。

[7]（梁）萧子显：《南齐书（简体字本）》，北京：中华书局，2000 年。

[8]（唐）姚思廉：《梁书（简体字本）》，北京：中华书局，2000 年。

[9]（唐）姚思廉：《陈书（简体字本）》，北京：中华书局，2000 年。

[10]（北齐）魏收：《魏书（简体字本）》，北京：中华书局，2000 年。

[11]（唐）李百药：《北齐书（简体字本）》，北京：中华书局，2000 年。

[12]（唐）令狐德棻等：《周书（简体字本）》，北京：中华书局，2000 年。

[13]（唐）李延寿：《南史（简体字本）》，北京：中华书局，2000 年。

[14]（唐）李延寿：《北史（简体字本）》，北京：中华书局，2000 年。

[15]（唐）魏徵：《隋书（简体字本）》，北京：中华书局，2000 年。

[16]（后晋）刘昫等：《旧唐书（简体字本）》，北京：中华书局，2000 年。

[17]（宋）欧阳修，宋祁：《新唐书（简体字本）》，北京：中华书局，2000 年。

[18]（宋）薛居正：《旧五代史（简体字本）》，北京：中华书局，2000 年。

[19]（宋）欧阳修撰，徐无党注：《新五代史（简体字本）》，北京：中华书局，2000 年。

[20]（元）脱脱等：《宋史（简体字本）》，北京：中华书局，2000 年。

[21]（元）脱脱等：《辽史（简体字本）》，北京：中华书局，2000 年。

[22]（元）脱脱等：《金史（简体字本）》，北京：中华书局，2000 年。

[23]（明）宋濂等：《元史（简体字本）》，北京：中华书局，2000 年。

[24]（清）张廷玉等：《明史（简体字本）》，北京：中华书局，2000 年。

（二）原文及对应页码：①

| | | | |
|---|---|---|---|
| 史记 | 水舟 | 1 | 禹曰："鸿水滔天，浩浩怀山襄陵，下民皆服于水。予陆行乘车，水行乘舟，泥行乘橇，山行乘樏，行山栞木。与益予众庶稻鲜食。以决九川致四海，浚畎浍致之川。与稷予众庶难得之食。食少，调有余补不足，徙居。众民乃定，万国为治。"（59） |
| | | 2 | 帝曰："毋若丹朱傲，维慢游是好，毋水行舟，朋淫于家，用绝其世。予不能顺是。"（60） |
| | | 3 | 故北夷之气如群畜穹闾，南夷之气类舟船幡旗。大水处，败军场，破国之虚，下有积钱，金宝之上，皆有气，不可不察。（1150） |
| | | 4 | 夏书曰：禹抑洪水十三年，过家不入门。陆行载车，水行载舟，泥行蹈毳，山行即桥。（1195） |
| | | 5 | 于蜀，蜀守冰凿离碓，辟沫水之害，穿二江成都之中。此渠皆可行舟，有余则用溉浸，百姓飨其利。（1196） |
| | | 6 | 吾国东有河、薄洛之水，与齐、中山同之，无舟楫之用。……今无骑射之备。故寡人无舟楫之用，夹水居之民，将何以守河、薄洛之水；（1469） |
| | | 7 | 我下轵，道南阳，封冀，包两周。乘夏水，浮轻舟，彊弩在前，锬戈在后，决荥口，魏无大梁；（1793） |
| | | 8 | 旱则资舟，水则资车，物之理也。（2463） |
| | 舟的补充 | 9 | 师尚父号曰："总尔众庶，与尔舟楫，后至者斩！"武王渡河，中流，白鱼跃入王舟中，武王俯取以祭。（87-88） |
| | | 10 | 日月所照，舟舆所载。皆终其命，莫不得意。应时动事，是维皇帝。（174） |
| | | 11 | 上会稽，祭大禹，望于南海，而立石刻颂秦德，其文曰：……黔首修絜，人乐同则，嘉保太平。后敬奉法，常治无极，舆舟不倾。（185-186） |
| | | 12 | 武侯浮西河而下。中流，顾而谓吴起曰："美哉乎山河之固，此魏国之宝也！"起对曰："在德不在险。昔三苗氏左洞庭，右彭蠡，德义不修，禹灭之。……由此观之，在德不在险。若君不修德，舟中之人尽为敌国也。"（1722—1723） |
| | | 13 | 臣闻之，积羽沉舟，群轻折轴，众口铄金，积毁销骨，故愿大王审定计议，且赐骸骨辟魏。（1802） |
| | | 14 | 彼寻常之污渎兮，岂能容吞舟之鱼！横江湖之鳣鲟兮，固将制于蚁蝼。（1492） |
| | | 15 | 汉兴，破觚而为圜，斲雕而为朴，网漏于吞舟之鱼，而吏治烝烝，不至于奸，黎民艾安。（2379） |
| | | 16 | 项羽乃悉引兵渡河，皆沉船，破釜甑，烧庐舍，持三日粮，以示士卒必死，无一还心。（217） |

①　特别感谢吴钧昊为二十四史文本数据析出所提供的帮助。

续表

| | | | |
|---|---|---|---|
| | 船的补充 | 17 | 多处楼船记载如：<br>是时越欲与汉用船战逐，乃大修昆明池，列观环之。治楼船，高十余丈，旗帜加其上，甚壮。(1215)<br>今吕嘉、建德等反，自立晏如，令罪人及江淮以南楼船十万师往讨之。集解应劭曰："时欲击越，非水不至，故作大船。船上施楼，故号曰'楼船'也。"(2270)<br>主爵都尉杨仆为楼船将军(2270) |
| 汉书 | 水舟 | 18 | 故北夷之气如群畜穹闾，南夷之气类舟船幡旗。大水处，败军场，破国之虚，下有积泉，金宝上，皆有气，不可不察。(1068) |
| | | 19 | 《夏书》：禹堙洪水十三年，过家不入门。陆行载车，水行乘舟，泥行乘毳，山行则桐，以别九州；(1333) |
| | | 20 | 此渠皆可行舟，有余则用溉，百姓飨其利。(1334) |
| | | 21 | 大王不忧，臣恐救兵之不专，胡马遂进窥于邯郸，越水长沙，还舟青阳。(1789) |
| | | 22 | 臣闻越非有城郭邑里也，处溪谷之间，篁竹之中，习于水斗，便于用舟，地深昧而多水险，中国之人不知其势阻而入其地，虽百不当其一。(2099) |
| | | 23 | 今发兵行数千里，资衣粮，入越地，舆轿而隃领，拕舟而入水，行数百千里，夹以深林丛竹，水道上下击石……(2100) |
| | | 24 | 其入中国必下领水，领水之山峭峻，漂石破舟，不可以大船载食粮下也。(2101) |
| | | 25 | 故旱则资舟，水则资车，物之理也。(2727) |
| | | 26 | 或言能度水不用舟楫，连马接骑，济百万师；(3049) |
| | 舟的补充 | 27 | 王莽因汉承平之业，匈奴称藩，百蛮宾服，舟车所通，尽为臣妾，府库百官之富，天下晏然。(961) |
| | | 28 | 又至云阳，行溪谷中，厄狭且百里，汾阴则渡大川，有风波舟楫之危，皆非圣主所宜数乘。(1038) |
| | | 29 | 昔在黄帝，作舟车以济不通，旁行天下，方制万里，画壄分州，得百里之国万区。(1231) |
| | | 30 | 通渠有三利，不通有三害。民常罢于救水，半失作业；水行地上，凑润上彻，民则病湿气，木皆立枯，卤不生谷；决溢有败，为鱼鳖食；此三害也。若有渠溉，则盐卤下湿，填淤加肥；故种禾麦，更为粳稻，高田五倍，下田十倍；转漕舟船之便：此三利也。(1347) |
| | | 31 | 昔者大禹勤求贤士，施及方外，四极之内，舟车所至，人迹所及，靡不闻命，以辅其不逮；(1756) |
| | | 32 | 而夷狄殊俗之国，辽绝异党之域，舟车不通，人迹罕至，政教未加，流风犹微，内之则犯义侵礼于边境，外之则邪行横作，放杀其上，君臣易位，尊卑失序，父兄不辜，幼孤为奴虏，系案号泣。(1965) |

| | | | |
|---|---|---|---|
| 汉书 | 船的补充 | 33 | 归义越侯严为戈船将军，出零陵，下离水；注：张晏曰："严故越人，降为归义侯。越人于水中负人船，又有蛟龙之害，故置戈于船下，因以为名也。"臣瓒曰："伍子胥书有戈船，以载干戈，因谓之戈船也。离水出零陵。"师古曰："以楼船之例言之，则非为载干戈也。此盖船下安戈载以御蛟鼍水虫之害。张说近之……"（133） |
| | | 34 | 武帝太初元年更名执金吾。属官有中垒、寺互、武库、都船四令丞。注：如淳曰："汉仪注有寺互。都船狱令，治水官也。"（617） |
| | | 35 | 景帝三年十二月，吴二城门自倾，大船自覆。刘向以为近金沴木，木动也。先是，吴王濞以太子死于汉，称疾不朝，阴与楚王戊谋为逆乱。城犹国也，其一门名曰楚门，一门曰鱼门。吴地以船为家，以鱼为食。天戒若曰，与楚所谋，倾国覆家。（1124） |
| | | 36 | 若夫经制不定，是犹度江河亡维楫，中流而遇风波，船必覆矣。（1725） |
| | | 37 | 建游章台宫，令四女子乘小船，建以足蹈覆其船，四人皆溺，二人死。后游雷波，天大风，建使郎二人乘小船入波中。船覆，两郎溺，攀船，乍见乍没。建临观大笑，令皆死。（1843） |
| | | 38 | 其秋，上酎祭宗庙，出便门，欲御楼船，广德当乘舆车，免冠顿首曰："宜从桥。"诏曰："大夫冠。"广德曰："陛下不听臣，臣自刭，以血污车轮，陛下不得入庙矣！"上不说。先驱光禄大夫张猛进曰："臣闻主圣臣直。乘船危，就桥安，圣主不乘危。御史大夫言可听。"上曰："晓人不当如是邪！"乃从桥。（2285） |
| 后汉书 | 水舟 | 39 | 方今上无天子，下无方伯，若涉渊水而无舟楫。夫万乘至重而壮者虑轻，实赖有德左右小子。注解：公羊传曰："上无天子，下无方伯。"此制引以为谦也。帝谦言年尚少壮，思虑轻浅，故须贤人辅弼。（66） |
| | | 40 | 及庞萌反，攻杀楚郡太守，引军袭败延，延走，北渡泗水，破舟楫，坏津梁，仅而得免。（456） |
| | | 41 | 乱弱水之潺湲兮，逗华阴之湍渚。号冯夷俾清津兮，棹龙舟以济予。（1300） |
| | | 42 | 夫君者舟也，人者水也。群臣乘舟者也，将军兄弟操楫者也。若能平志毕力，以度元元，所谓福也。如其怠弛，将沦波涛。可不慎乎！（1440） |
| | | 43 | 遣武威将军刘尚发南郡、长沙、武陵兵万余人，乘船沂沅水入武谿击之。尚轻敌入险，山深水疾，舟船不得上。（1913） |
| | 舟的补充 | 44 | 十二月，大司马吴汉率舟师伐公孙述。（40） |
| | | 45 | 臣闻刳舟剡楫，将欲济江海也；聘贤选佐，将以安天下也。（717） |
| | | 46 | 于是后宫乘辇路，登龙舟，张凤盖，建华旗，祛黼帷，镜清流，靡微风，澹淡浮。（907） |
| | | 47 | 分州土，立市朝，作舟车，造器械，斯轩辕氏之所以开帝功也。（916） |
| | | 48 | 辟雍诗：乃流辟雍，辟雍汤汤，圣皇莅止，造舟为梁。（924） |

| | | | |
|---|---|---|---|
| 后汉书 | 船船的补充 | 49 | 夫将相大臣，均体元首，共舆而驰，同舟而济，舆倾舟覆，患实共之。（991） |
| | | 50 | 如以舟无推陆之分，瑟非常调之音，不限局以疑远，不拘玄以妨素，则化枢各管其极，理略可得而言与？（1120） |
| | | 51 | 天不可阶仙夫希，栢舟悄悄齐不飞。注解：诗邶风曰："栢舟言仁而不遇也。"其诗曰："泛彼栢舟，亦泛其流、忧心悄悄，愠于群小。静言思之，不能奋飞。"郑玄注云："舟，载度物者也。今不用，而与众物泛泛然俱流水中，谕仁人不用，而与群小并列"。臣不遇于君，犹不忍奋翼而飞去。齐也，惜也。衡亦不遇其时，而为宦者所谮，故引以自谕也。（1311） |
| | | 52 | 林宗唯与李膺同舟而济，众宾望之，以为神仙焉。（1503） |
| | | 53 | 争赴舡者，不可禁制，董承以戈击拔之，断手指于舟中者可掬。（1581） |
| | | 54 | 故引兵造河，方舟北济。（1620） |
| | | 55 | 书同文，车同轨，人同伦。舟舆所通，人迹所至，靡不贡职。（2150） |
| | | 56 | 六月丁卯，有星孛于天船北。（72）注解：天船，星名。续汉志曰："天船为水，彗出之为大水。是岁，伊、洛水溢到津城门。"（73） |
| | | 57 | 绍乃度河，壁延津南。沮授临船叹曰："上盈其志，下务其功，悠悠黄河，吾其济乎！"（1642） |
| | | 58 | 三年六月丁卯，彗星出天船北，辰二尺所，稍北行至亢南，三十五日去。天船为水，彗出之为大水。是岁伊、雒水溢，到津城门，坏伊桥；郡七县三十二皆大水。（2195） |
| | 其他 | 59 | 惟天地之无穷兮，何遭遇之无常！不抑操而苟容兮，譬临河而无航。（1294） |
| 三国志 | 水舟 | 60 | 十四年春三月，军至谯，作轻舟，治水军。（22） |
| | | 61 | 八月，为水军，亲御龙舟，循蔡、颍，浮淮，幸寿春。（62） |
| | | 62 | 是岁大寒，水道冰，舟不得入江，乃引还。（63） |
| | | 63 | 盖以江汉为池，舟楫为用，利则陆钞，不利则入水，攻之道远，中国之长技无所用之也。（92） |
| | | 64 | 尚夜多持油船，将步骑万余人，于下流潜渡，攻瑾诸军，夹江烧其舟船，水陆并攻，破之。（220） |
| | | 65 | 此道，秋夏每常有水，浅不通车马，深不载舟船，为难久矣。（257） |
| | | 66 | 勖面谏曰："王师屡征而未有所克者，盖以吴、蜀唇齿相依，凭阻山水，有难拔之势故也。往年龙舟飘荡，隔在南岸，圣躬蹈危，臣下破胆。此时宗庙几至倾覆，为百世之戒。……"（290） |
| | | 67 | 羽军既退，舟船犹据沔水，襄阳隔绝不通，而孙权袭取羽辎重，羽闻之，即走南还。（498） |

| | | | |
|---|---|---|---|
| 三国志 | 水舟 | 68 | 明帝盛修宫室，百姓劳瘁。基上疏曰："臣闻古人以水喻民，曰'水所以载舟，亦所以覆舟'。故在民上者，不可以不戒惧。夫民逸则虑易，苦则思难，是以先王居之以约俭，俾不至于生患。昔颜渊云东野子之御，马力尽矣而求进不已，是以知其将败。今事役劳苦，男女离旷，愿陛下深察东野之弊，留意舟水之喻，息奔驷于未尽，节力役于未困。昔汉有天下，至孝文时唯有同姓诸侯，而贾谊忧之曰：'置火积薪之下而寝其上，因谓之安也。'今寇贼未殄，猛将拥兵，检之则无以应敌，久之则难以遗后，当盛明之世，不务以除患，若子孙不竞，社稷之忧也。使贾谊复起，必深切于曩时矣。"（557） |
| | | 69 | 与曹公战于赤壁，大破之，焚其舟船。先主与吴军水陆并进，追到南郡，时又疾疫，北军多死，曹公引归。（654） |
| | | 70 | 蜀土险狭，山水峻隔，绝巘激湍，非步卒所涉。若悉取舟楫，保据江州，征兵南中，乞师东国，如此则姜、廖五将自然云从，吴之三师承命电赴，何投寄之无所而虑于必亡邪？（763） |
| | | 71 | 水戏则舫龙舟，建羽旗，鼓钓乎不测之渊；（770） |
| | | 72 | 琬以为昔诸葛亮数窥秦川，道险运艰，竟不能克，不若乘水东下。乃多作舟船，欲由汉、沔袭魏兴、上庸。（784） |
| | | 73 | 会汉水暴起，羽以舟兵尽虏禁等步骑三万送江陵，惟城未拔。（829） |
| | | 74 | 其出入，步则陈车骑，水则连轻舟，侍从被文绣，所如光道路，住止常以缯锦维舟，去或割弃，以示奢也。（955） |
| | | 75 | 夫国之有民，犹水之有舟，停则以安，扰则以危，愚而不可欺，弱而不可胜，是以圣王重焉，祸福由之，故与民消息，观时制政。（987） |
| | | 76 | 其舟船器械，水步军资，一时略尽，尸骸漂流，塞江而下。（995） |
| | 舟的补充 | 77 | 有不蒙施之物，必有惨毒之怀，故柏舟有"天只"之怨，谷风有"弃予"之叹。故伊尹耻其君不为尧舜，孟子曰："不以舜之所以事尧事其君者，不敬其君者也。"臣之愚蔽，固非虞、伊，至于欲使陛下崇光被时雍之美，宜缉熙章明之德者，是臣慺慺之诚，窃所独守，实怀鹤立企伫之心。（426—427） |
| | | 78 | 若矫权苟暴，蠲其虐政，民免酷烈，偷安新惠，外内齐虑，有同舟之惧，虽不能终自保完，犹足以延期挺命于深江之外矣。而议者或欲泛舟径济，横行江表；或欲四道并进，攻其城垒；或欲大佃疆场，观衅而动：诚皆取贼之常计也。（466） |
| | | 79 | "今方扫除强贼。混一区夏。功以才成，业由才广，若舍此不任，防其后患，是犹备有风波而逆废舟楫，非长计也。"权大笑乐。诸葛亮闻之。以为知言。（732） |
| | | 80 | 范曰："不然。今舍本土而托将军者，非为妻子也，欲济世务。犹同舟涉海，一事不牢，即俱受其败。此亦范计，非但将军也。"策笑，无以答。（967） |

| | | 81 | 宁之归也，海中遇暴风，船皆没，唯宁乘船自若。时夜风晦冥，船人尽惑，莫知所泊。望见有火光，辄趣之，得岛。岛无居人，又无火烬，行人咸异焉，以为神光之佑也。皇甫谧曰："积善之应也。"（269） |
|---|---|---|---|
| | 船的补充 | 82 | 留陇右兵二万人，蜀兵二万人，煮盐兴冶，为军农要用，并作舟船，豫顺流之事，然后发使告以利害，吴必归化，可不征而定也。（580） |
| | | 83 | "今日诸君与孤从事，虽君臣义存，犹谓骨肉不复是过。荣福喜戚，相与共之。忠不匿情，智无遗计，事统是非，诸君岂得从容而已哉！同船济水，将谁与易？齐桓诸侯之霸耳。有善管子未尝不叹，有过未尝不谏，谏而不得，终谏不止。今孤自省无桓公之德，而诸君谏诤未出于口，仍执嫌难。以此言之，孤于齐桓良优，未知诸君于管子何如耳？久不相见，因事当笑。共定大业，整齐天下，当复有谁？凡百事要所当损益，乐闻异计，匡所不逮。"（845） |
| 晋书 | 水舟 | 84 | 乃泛舟潜济以出其北，与贼营相逼，沈舟焚梁，傍辽水作长围，弃贼而向襄平。（7） |
| | | 85 | 乃使司徒傅祇出诣河阴，修理舟楫，为水行之备。（78） |
| | | 86 | 安帝隆安二年三月，龙舟二乘灾，是水沴火也。其后桓玄篡位，帝乃播越。天戒若曰，王者流迁，不复御龙舟，故灾之耳。（524） |
| | | 87 | 元兴二年十二月，桓玄篡位。其明年二月庚寅夜，涛水入石头。商旅方舟万计，漂败流断，骸胔相望。（531） |
| | | 88 | 若乃惑其名而不练其实，恶其生而趣其死，此畏水投舟，避坎蹈井，愚夫之不若，何取于政哉！（612） |
| | | 89 | 大将军苟晞表请迁都，使祇出诣河阴，修理舟楫，为水行之备。（879） |
| | | 90 | 闻碧鸡之长晨兮，吾将往乎西游。奥浮鹢于弱水兮，泊舳舻兮中流。苟精粹之攸存兮，诚沈羽以泛舟。（941） |
| | | 91 | 贪鄙窃位，不知谁升之者？兽兕出槛，不知谁可咎者？漏网吞舟，何以过此！人之于利，如蹈水火焉。前人虽败，后人复起，如彼此无已，谁止之者？（955） |
| | | 92 | 大夫曰："……歌曰：'乘鹢舟兮为水嬉，临芳洲兮拔灵芝。'乐以忘戚，游以卒时，穷夜为日，毕岁为期。此盖宴居之浩丽，子岂能从我而处之乎？"公子曰："余病未能也。"（1007） |
| | | 93 | 自顷国家整修器械，兴造舟楫，简习水战，楼船万艘，千里相望，刳木已来，舟车之用未有如今之殷盛者也。（1021） |
| | | 94 | 武陵太守苗光为水军，藏舟舰于沔水。（1035） |
| | | 95 | 既渡，断桥讫，而贼果至，隔水不得进，于是遂归湘州。访复以舟师造湘城，军达富口，而发遣杜弘出海昏。（1046） |
| | | 96 | 若凶运有极，天亡此虏，则可泛舟北济，方轨齐进，水陆骋迈，亦不逾旬朔矣。（1280） |

续表

| | | | |
|---|---|---|---|
| 晋书 | 水舟 | 97 | 兴曰："小水不容大舟，若纵才力足以济事，亦不假君为鳞翼。宜自求多福。"（1299） |
| | | 98 | 夫以白起、韩信、项籍之勇，犹发梁焚舟，背水而阵。今欲停船水渚，引兵造城，前对坚敌，顾临归路，此兵法之所诫也。若进攻未拔，胡骑卒至。惧桓子不知所为，而舟中之指可掬。（1355） |
| | | 99 | 其后陈敏作乱，陶侃时镇江夏，以伺能水战，晓作舟舰，乃遣作大舰，署为左甄，据江口，摧破敏前锋。（1412） |
| | | 100 | 因还豫章，江波甚急，猛不假舟楫，以白羽扇画水而渡，观者异之。（1657） |
| | | 101 | 今若决破栅塘，因湖水灌京邑，肆舟舰之势，极水军之用，此所谓不战而屈人之兵，上策也。（1713） |
| | | 102 | 辅国将军戴施屯河上，勒舟师以逼许洛，以谯梁水道既通，请徐豫兵乘淮泗入河。（1717） |
| | | 103 | 时亢旱，水道不通，乃凿钜野三百余里以通舟运，自清水入河。（1720） |
| | | 104 | 而甘陶卒至，水陆十万，旌旗曜于山泽，舟舰有盈于三江，威则威矣，然吾众窃未以为惧。（1751） |
| | | 105 | 攸部将匡超进据嶕峣，萧馆屯于新栅，又遣督护徐冏率水军三千泛舟上下，为东西声势。（1900） |
| | | 106 | 流人十万余口，非汉中一郡所能振赡，东下荆州，水湍迅险，又无舟船。（2030） |
| | | 107 | 谓卿食椹怀音，保之偕老。岂意畜水覆舟，养兽反害，悔之噬脐，将何所及！（2072） |
| | 舟的补充 | 108 | 二年春三月，龙舟二灾。（160） |
| | | 109 | 北九星曰天船，一曰舟星，所以济不通也。（190） |
| | | 110 | 是以哲王垂宪，尤重造舟之礼；诗人立言，先奖葛覃之训。（617） |
| | | 111 | 密令修舟楫，为顺流之计。（664） |
| | | 112 | 譬由行舟，虽不横截迅流，然俄向所趣，渐靡而往，终得其济。积微稍著，以至于今，可以言政。（855） |
| | | 113 | 夫为国之有藩屏，犹济川之有舟楫，安危成败，义实相资。舟楫且完，波涛不足称其险；藩屏式固，祸乱何以成其阶！向使八王之中，一藩繄赖，如梁王之御大敌，若朱虚之除大憝，则外寇焉敢凭陵，内难奚由窃发！纵令天子暗劣，鼎臣奢放，虽或颠沛，未至土崩。（1054） |
| | | 114 | 赞曰：和季承恩，建南旃服。威静荆塞，化扬江澳。戮力天朝，匪忘忠肃。长沙勤王，拥斾戎场。任隆三事，功宣一匡。繄赖之重，匪伊舟航。（1182） |
| | | 115 | 崔生高朗，折而不挠，所以策名魏武、执笏霸朝者，盖以汉主当阳、魏后北面者哉！若乃一旦进玺，君臣易位，则崔生所以不与、魏氏所以不容。夫江湖所以济舟，亦所以覆舟；仁义所以全身，亦所以亡身。然而先贤玉摧于前，来哲攘袂于后，岂天怀发中，而名教束物者乎！（1597） |
| | | 116 | 是故周文造舟，姒氏以兴，关雎之化缗，则百世之祚永。（1788） |

续表

| | | | |
|---|---|---|---|
| 晋书 | 船的补充 | 117 | 王彬般船而厚其所薄，王舒沈江而薄其所厚，较之优劣，断乎可知。（1342） |
| | | 118 | 船成。当下，吏以二百人引一艘，不能动，方请益人。灵曰："此以过足，但部分未至耳。灵请自牵之。"乃手执箸，惟用百人，而船去如流。（1658） |
| | | 119 | 而子恭有秘术，尝就人借瓜刀，其主求之，子恭曰："当即相还耳。"既而刀主行至嘉兴，有鱼跃入船中，破鱼得瓜刀。其为神效往往如此。（1758） |
| | | 120 | 李特字玄休，巴西宕渠人，其先廪君之苗裔也。昔武落钟离山崩，有石穴二所，其一赤如丹，一黑如漆。有人出于赤穴者，名曰务相，姓巴氏。有出于黑穴者，凡四姓：曰暲氏、樊氏、柏氏、郑氏。五姓俱出，皆争为神……又以土为船，雕画之而浮水中。曰："若其船浮存者，以为廪君。"务相船又独浮。于是遂称廪君，乘其土船，将其徒卒，当夷水而下，至于盐阳。（2029） |
| 宋书 | 水舟 | 121 | 大军至左里，将战，公所执麾竿折，折幡沈水，众并怪惧。公欢笑曰："往年覆舟之战，幡竿亦折，今者复然，贼必破矣。"即攻栅而进。（15） |
| | | 122 | 此则其来甚久，非起郭虞之遗风、今世之度水也。《月令》，暮春，天子始乘舟。蔡邕章句曰："阳气和暖，鲔鱼时至，将取以荐寝庙，故因是乘舟禊于名川也。论语，暮春浴乎沂。自上及下，古有此礼。今三月上巳，祓于水滨，盖出此也。"（59） |
| | | 123 | 晋安帝隆安二年三月，龙舟二乘灾。是水沴火也。（624） |
| | | 124 | 帝元兴二年十二月，桓玄篡位。其明年二月庚寅夜，涛水入石头。是时贡使商旅，方舟万计，漂败流断，骸胔相望。（637—638） |
| | | 125 | 汉世水衡都尉主上林苑，魏世主天下水军舟船器械。（823） |
| | | 126 | 益州刺史朱龄石，舟师三万，电曜外水。（989） |
| | | 127 | 然广固之攻，陆无完雉，左里之战，水靡全舟。或显戮京畿，或传首万里。故知逆顺有势，难以力抗，斯又目前殷鉴，深切著明者也。（989） |
| | | 128 | 大败质军，军人一时投水。护之等因风纵火，焚其舟乘，风势猛盛，烟焰覆江。（1194） |
| | | 129 | 爽因进攻之，本期舟师入河，断其水门。王玄谟攻碻磝不拔，败退，水军不至，爽亦收众南还。（1271） |
| | | 130 | 虏所恃唯马，夏水浩汗，河水流通，泛舟北指，则碻磝必走，滑台小戍，易可覆拔。（1321） |
| | | 131 | 水陆长驱，数道并进，发舟逾险，背水争先。（1416） |
| | | 132 | 遐迩注情，既宜赴奖，且水雨丰澍，舟楫流通，经略之会，实在兹日。（1563） |
| | | 133 | 南习水斗，江湖固舟楫之乡（1571） |
| | 舟的补充 | 134 | 相国宋王，天纵圣德，灵武秀世，一匡颓运，再造区夏，固以兴灭继绝，舟航沦溺矣。（31） |
| | | 135 | 平乘船皆下两头作露平形，不得拟象龙舟，悉不得朱油。帐钩不得作五花及竖笋形。（1089） |

续表

| | | | |
|---|---|---|---|
| 宋书 | 舟的补充 | 134 | 相国宋王，天纵圣德，灵武秀世，一匡颓运，再造区夏，固以兴灭继绝，舟航沦溺矣。(31) |
| | | 135 | 平乘船皆下两头作露平形，不得拟象龙舟，悉不得朱油。帐钩不得作五花及竖笋形。(1089) |
| | | 136 | 既下在道，有黄龙出负上所乘舟，左右皆失色，上谓昙首曰："此乃夏禹所以受天命，何德以堪之。"(1109) |
| | | 137 | 恭承帝命，建旍旧楚。访怀沙之渊，得捐佩之浦。弭节罗潭，舣舟汨渚，敬祭楚三闾大夫屈君之灵 (1250) |
| | | 138 | 宜依衔书改文，登舟变号，起元义熙，为王业之始，载序宣力，为功臣之断。(1537) |
| | 船的补充 | 139 | 汤在亳，能修其德。伊挚将应汤命，梦乘船过日月之傍，汤乃东至于洛，观帝尧之坛，沈壁退立，黄鱼双踊，黑鸟随鱼止于坛，化为黑玉。又有黑龟，并赤文成字，言夏桀无道，汤当代之。(512) |
| | | 140 | 导吏还云："河水流撕，无船可渡。"左右皆恐惧。(516) |
| | | 141 | 天竺迦毗黎国，元嘉五年，国王月爱遣使奉表曰："……。圣王出游，四海随从，圣明仁爱，不害众生。万邦归仰，国富如海。……帝修净戒。轨道不及，无上法船，济诸沈溺，群僚百官，受乐无怨，诸天拥护，万神侍卫，天魔降伏。莫不归化。"(1588) |
| 南齐书 | 水舟 | 142 | 北中郎将荀羡北讨鲜卑，云："淮阴旧镇，地形都要，水陆交通，易以观衅。沃野有开殖之利，方舟运漕，无他屯阻"。(174) |
| | | 143 | 崇祖常浮舟舸于水侧，有急得以入海。(307) |
| | | 144 | 元徽二年，随太祖拒桂阳贼于新亭，敬则与羽林监陈显达、宁朔将军高道庆乘舸艒于江中迎战，大破贼水军，焚其舟舰。(322) |
| | | 145 | 舟舰鱼丽，万里盖水，车骑云屯，平原雾塞。(453) |
| | | 146 | 世祖问融住在何处？融答曰："臣陆处无屋，舟居非水。"后日上以问融从兄绪，绪曰："融近东出，未有居止，权牵小船，于岸上住。"上大笑。(493) |
| | | 147 | 明年冬，虏使李道固报聘，世祖于玄武湖水步军讲武，登龙舟引见之。自此岁使往来，疆场无事。(673) |
| | | 148 | 雍州水步，行次魏兴，并山东侨旧，会于南郑。或泛舟垫江，或飞旌剑道，腹背飚腾，表里震击。(701) |
| | 舟的补充 | 149 | 吴起有云："义礼不修，舟中之人皆雠也。"(313) |
| | | 150 | 心无终故不滞，志不败而无成。既覆舟而载舟，固以死而以生。弘乌狗于人兽，导至本以充形。(492) |
| | | 151 | 文忠作相，器范先标。有容有业，可以立朝。丰城历仕，音仪孔昭。为舟等溺，在运同消。(530) |

续表

| | | | |
|---|---|---|---|
| 南齐书 | 舟的补充 | 152 | 我国家舟舸百万，覆江横海，所以案甲于今不至，欲以边城疲魏士卒。我且千里运粮，行留俱弊，一时霖雨，川谷涌溢，然后乘帆渡海，百万齐进，子复奚以御之？乃令魏主以万乘之重，攻此小城，是何谓欤？攻而不拔，谁之耻邪？假令能拔，子守之，我将连舟千里，舳舻相属，西过寿阳，东接沧海，仗不再请，粮不更取，士卒僵卧，起而接战，乃鱼鳖不通，飞鸟断绝，偏师淮左，其不能守，皎可知矣。（600） |
| | 船的补充 | 153 | 异明三年，世祖遣人诣宫亭湖庙还福，船泊渚，有白鱼双跃入船。（236） |
| 梁书 | 水舟 | 154 | 公沿汉浮江，电激风扫，舟徒水覆，地险云倾，借兹义勇，前无强阵，拯危京邑，清我帝畿，扑既燎于原火，免将诛于比屋。（16） |
| | | 155 | 今八表义清，四郊无垒，宜从青盖之典，言归白水之乡。江、湘委输，方船连舳，巴峡舟舰，精甲百万，先次建邺，行实京师；然后六军遍征，九族扬旃，拜谒茔陵，修复宗社。（88） |
| | | 156 | 乃堰肥水，亲自表率，顷之，堰成水通，舟舰继至。（150） |
| | | 157 | 岸曜舟而不进，水腾沙以惊急。（345） |
| | | 158 | 会高祖欲见诸王长子，世祖遣方等入侍，方等欣然升舟，冀免忧辱。行至潊水，值侯景乱，世祖召之，方等启曰："昔申生不爱其死，方等岂顾其生。"（431） |
| | | 159 | 丧还，匠迎于豫章，望舟投水，傍人赴救，仅而得全。（451） |
| | | 160 | 乃遣郭元建率步军趣小岘，侯子鉴率舟师向濡须，曜兵肥水，以示武威。（593） |
| | 舟的补充 | 161 | 有司议谥，吏部尚书兼右仆射臣约议曰："表号垂名，义昭不朽。先皇后应祥月德，比载坤灵，柔范阴化，仪形自远。倪天作合，义先造舟，而神献凤掩，所隔升运，宜式遵景行，用昭大典。谨按谥法，忠和纯备曰德，贵而好礼曰德。宜崇曰德皇后。"（104—105） |
| | | 162 | 盘盘国，宋文帝元嘉，孝武孝建、大明中，并遣使贡献。大通元年，其王使使奉表曰："扬州阎浮提震旦天子：万善庄严，一切恭敬，犹如天净无云，明耀满目，天子身心清净，亦复如是。道俗济济，并蒙圣王光化，济度一切，永作舟航，臣闻之庆善。我等至诚敬礼常胜天子足下，稽首问讯。今奉薄献，愿垂哀受。"（550） |
| | 舟的补充 | 163 | 时盛复水泛长，津梁断绝，外司请依旧僦度，收其价直。秀教曰："刺史不德，水潦为患，可利之乎！给船而已。"（233） |
| | | 164 | 时尚书令王晏弟诩为广州，多纳赇货，昂依事劾奏，不惮权豪，当时号为正直。出为豫章内史，丁所生母忧去职，以丧还，江路风浪暴骇，昂乃缚衣著枢，誓同沈溺。及风止，余船皆没，唯昂所乘船获全，咸谓精诚所致。葬讫。起为建武将军、吴兴太守。（312） |

| | | | |
|---|---|---|---|
| 梁书 | 船的补充 | 165 | 天监初，其王屈多遣长史竺罗达奉表曰："伏闻彼国据江傍海，山川周固，众妙悉备，庄严国土，犹如化城。宫殿庄饰，街巷平坦，人民充满，欢娱安乐。大王出游，四兵随从，圣明仁爱，不害众生。国中臣民，循行正法，大王仁圣，化之以道，慈悲群生，无所遗弃。常修净戒，式导不及，无上法船，沉溺以济。"（553—554） |
| 陈书 | 水舟 | 166 | 癸未，高祖遣侯安都领水军夜袭胡墅，烧齐船千余艘，周铁虎率舟师断齐运输，擒其北徐州刺史张领州，获运舫米数千石。（6） |
| | | 167 | 其军士得窜至江者，缚获筏以济，中江而溺，流尸至京口，翳水弥岸。丁巳，众军出南州，烧贼舟舰。（8） |
| | | 168 | 公志唯同奖，师克在和，鹄塞非虞，鸿门是会，若晋侯之誓白水，如萧王之推赤心，屈礼交盟，人祇感咽，故能使舟师并路，远迩朋心。（11） |
| | | 169 | 丁巳，大风至自西北激涛水入石头城，淮渚暴溢，漂没舟乘。（78） |
| | | 170 | 天嘉元年二月，东关春水稍长，舟舰得通，琳引合肥澓湖之众，舳舻相次而下，其势甚盛。（104） |
| | | 171 | 明彻仍迮清水以灌其城，环列舟舰于城下，攻之甚急。（110） |
| | | 172 | 明彻仍自决其堰，乘水势以退军，冀其获济。及至清口，水势渐微，舟舰并不得渡，众军皆溃，明彻穷蹙，乃就执。（110） |
| | | 173 | 峃与周军多造舟舰，置于青泥水中。时水长漂疾，昭达乃遣文季共钱道戢轻舟袭之，尽焚其舟舰。（116） |
| | | 174 | 纥闻昭达奄至，框不知所为，乃出顿洰口，多聚沙石，盛以竹笼，置于水栅之外，用遏舟舰。昭达居其上流，装舻造拍，以临贼栅。（123） |
| | | 175 | 广州刺史欧阳纥，克符家声，聿遵广略，舟师步卒，二万分趋，水扼长鲸，陆掣封豨，董率衡、广之师，会我六军。（339） |
| | 舟的补充 | 176 | 柳达摩等渡淮置阵，高祖督兵疾战，纵火烧栅，烟尘涨天，贼溃，争舟相排挤，溺死者以千数。时百姓夹淮观战，呼声震天地。军七乘胜，无不一当百，尽收其船舰，贼军慑气。（6） |
| | | 177 | 公舟师步甲，亘野横江，歼厥群狐，遂殚封豨，莫不缀木而止，戎车靡遗，遇洴而旋，归骖尽殪。（12） |
| 魏书 | 水舟 | 178 | 又诏："钟离若食尽，三月已前，固有可克，如至四月，淮水泛长，舟行无碍，宜善量之。前事捷也，此实将军经略，勋有常焉。如或以水盛难图，亦可为万全之计，不宜昧利无成，以贻后悔也。"（319） |
| | | 179 | 臣镇内之兵，率皆习水。一运二十万斛，方舟顺流，五日而至，自沃野牵上，十日还到，合六十日得一返。（589） |
| | | 180 | 寿春之去建邺，七百而已，山川水陆，彼所谙利。脱江湘无波，君臣效职，藉水凭舟，倏忽而至，寿春容不自保，江南将若之何？（627） |
| | | 181 | 然自离都淫雨，士马困弊，前路尚遥，水潦方甚。且伊洛境内，小水犹尚致难，况长江浩汗，越在南境。若营舟楫，必须停滞，师老粮乏，进退为难，矜丧反旆，于义为允。（797） |

续表

| | | | |
|---|---|---|---|
| 魏书 | 水舟 | 182 | 时春水初长，贼众大至，舟舰塞川。播以诸军渡淮未讫，严陈南岸，身自居后。诸军渡尽，贼众遂集，于是围播。乃为圆陈以御之，身自搏击，斩杀甚多。相拒再宿，军人食尽，贼围更急。高祖在北而望之，既无舟船，不得救援。水势稍减，播领精骑三百，历其舟船，大呼曰："今我欲渡，能战者来。"贼莫敢动，遂拥众而济。高祖甚壮之，赐爵华阴子，寻除右卫将军。(863) |
| | | 183 | 若江南一平，有事淮外，须乘夏水泛长，列舟长淮。(925) |
| | | 184 | 时宫极初基，庙库未构，车驾将水路幸邺，已诏都水回营构之材，以造舟楫。(944) |
| | | 185 | 工治已讫，回付都水，用造舟舻。(944) |
| | | 186 | 回材都水，暂营嬉游，终为弃物；修缮非务，舟楫无鄣，士女杂乱，此则卿之失辞矣。(944) |
| | | 187 | 衍淮堰未破，水势日增。崇乃于硖石戍间编舟为桥，北更立船楼十，各高三丈，十步置一篱，至两岸，蕃板装治，四箱解合，贼至举用，不战解下。(990) |
| | | 188 | 及车驾还，幸彭城，泛舟泗水，诏在侍筵，观者荣之。(1031) |
| | | 189 | 时扬州霖雨，水入州城，刺史李崇居于城上，系船凭焉。绚率城南民数千家泛舟南走，避水高原。(1062) |
| | | 190 | 从容风雅，好为诗咏，常与朝廷名贤泛舟洛水，以诗酒自娱。(1068) |
| | | 191 | 四军五校之轨，领、护分事之式，征兵储粟之要，舟车水陆之资，山河要害之权，缓急去来之用，持平赴救之方，节用应时之法，特宜修置，以固堂堂之基。(1165) |
| | | 192 | 高祖修船乘，以其多有思力，除都水使者，迁前将军、兼将作大匠，仍领水池湖泛戏舟楫之具。(1336) |
| | | 193 | 高祖时，青州刺史侯文和亦以巧闻，为要舟，水中立射。滑稽多智，辞说无端，尤善浅俗委巷之语，至可玩笑。(1336) |
| | | 194 | 舟车之利，水陆无遗；山泽之饶，所在固护；剥削六镇，交通互市。(1374) |
| | | 195 | 苏峻并兵攻大业，大业水竭，皆饮粪汁。诸将谋救之，虑不能当，且欲水陆攻峻。陶侃以舟师攻石头，温峤、庾亮陈于白石。(1420) |
| | | 196 | 桓温率众北讨慕容暐，至金乡，凿钜野三百余里以通舟军，自清水入河。(1421) |
| | | 197 | 尚书崔休以为刳木为舟，用兴上代；凿渠通运，利尽中古。是以漕挽河渭，留侯以为伟谈；方舟蜀汉，郦生称为口实。岂直张纯之奏，见美东都；陈勰之功，事高晋世。其为利益，所从来久矣。案钦所列，实允事宜；郎中之计，备尽公理。但舟楫所通，远近必至，苟利公私，不宜止在前件。昔人乃远通褒斜以利关中之漕，南达交广以增京洛之饶。况乃漳恒夷路，河济平流，而不均彼省烦，同兹巨益。且鸿沟之引宋卫，史牒具存；讨虏之通幽冀，古迹备在。舟车省益，理实相悬；水陆难易，力用不等。(1910) |

| | | |
|---|---|---|
| 魏书 | 水舟 | 198 | "东路诸州皆先通水运，今年租调，悉用舟楫。若船数有阙，且赁假充事，此之僦车，交成息耗。其先未通流，宜遣检行，闲月修治，使理有可通，必无壅滞。如此，则发召匪多，为益实广，一尔暂劳，久安永逸。"录尚书、高阳王雍，尚书仆射李崇等奏曰："运漕之利，今古攸同，舟车息耗，实相殊绝。钦之所列，关西而已，若域内同行，足为公私巨益。谨辄参量，备如前计，庶征召有减，劳止小康。若此请蒙遂，必须沟洫通流，即求开兴修筑。或先以开治，或古迹仍在，旧事可因，用功差易。此冬闲月，令疏通咸讫，比春水之时，使运漕无滞。"诏从之，而未能尽行也。(1910) |
| | 舟的补充 | 199 | 世宗运筹帷幄，开境扬旌，衣裳所及，舟车万里。(414) |
| | | 200 | 后高祖将自小平泛舟幸石济，亮谏曰："臣闻垂堂之诲，振古成规，于安思危，著于周易。是以凭险弗防，没而不吊。匹夫之贱，犹不自轻，况万乘之尊，含生所仰，而可忽乎！是故处则深宫广厦，行则万骑千乘。昔汉帝欲乘舟渡渭，广德将以首血污车轮，帝乃感而就桥。夫一渡小水，犹尚若斯，况洪河浩汗，有不测之虑。且车乘由人，犹有奔逸致败之害，况水之缓急，非人所制，脱难出虑表，其如宗庙何！"高祖曰："司空言是也。"(451) |
| | | 201 | 今义隆新国，是人事未周也；灾变屡见，是天时不协也；舟行水涸，是地利不尽也。(554) |
| | | 202 | 德宗复僭立于江陵，改年义熙。尚书陶夔迎德宗，达于板桥，大风暴起，龙舟沉没，死者十余人。(1427) |
| | 船的补充 | 203 | 天船横汉以普济，积水候灭于其中。天船九星在大陵北，积水一星在天船中。(1321—1322) |
| | | 204 | 船夫十七万人，为水所没，为虎所害，三分而一。(1388) |
| 北齐书 | 水舟 | 205 | 雕墙峻宇，甘酒嗜音，鄽肆遍于宫园，禽色荒于外内，俾昼作夜，罔水行舟，所欲必成，所求必得。既不轨不物，又暗于听受，忠信不闻，姜斐必入，视人如草芥，从恶如顺流。(77) |
| | | 206 | 孝瑜遂于第作水堂、龙舟，植幡稍于舟上，数集诸弟宴射为乐。(97) |
| | | 207 | 臣闻雕兽画龙，徒有风云之势；金舟玉马，终无水陆之功。三驾礼贤，将收实用，一毛不拔，复何足取。(421) |
| | 船的补充 | 208 | 是人谓道荣云："我本恒岳仙人，有少罪过，为天官所谪。今限满将归，卿宜送吾至汾水。"及河，值水暴长，桥坏，船渡艰难。是人乃临水禹步，以一符投水中。流便绝。俄顷水积将至天，是人徐自沙石上渡。唯道荣见其如是，傍人咸云水如此长，此人遂能浮过，共惊异之。(465) |
| 周书 | 水舟 | 209 | 九月辛酉夜，班师。水军焚舟而退。(64) |
| | | 210 | 燕公于谨征江陵，景宣别破梁司徒陆法和司马羊亮于渍水。又遣别帅攻拔鲁山。多造舟舰，益张旗帜，临江欲度，以惧梁人。(324) |
| | 舟的补充 | 211 | 今元恶未除，九州不一，将以公为舟楫，弘济于艰难，岂容忘二公之雅操，而有斯请。朕用恧焉。(171) |

续表

| | | | |
|---|---|---|---|
| 隋书 | 水舟 | 212 | 扶余众军，风驰电逝，追奔逐北，径逾浿水，沧海舟楫，冲贼腹心，焚其城郭，污其宫室。（60） |
| | | 213 | 余同梁。其都水，陈、梁改为太舟卿，服在诸卿中见。（152） |
| | | 214 | 亢北六星曰亢池。亢，舟航也；池，水也。主送往迎来。（361） |
| | | 215 | 虽三门之下，或有危虑，但发自小平，陆运至陕，还从河水，入于渭川，兼及上流，控引汾、晋，舟车来去，为益殊广。而渭川水力，大小无常，流浅沙深，即成阻阁。计其途路，数百而已，动移气序，不能往复，泛舟之役，人亦劳止。朕君临区字，兴利除害，公私之弊，情实愍之。故东发潼关，西引渭水，因藉人力，开通漕渠，量事计功，易可成就。已令工匠，巡历渠道，观理之宜，审终久之义，一得开凿，万代无毁。可使官及私家，方舟巨舫，晨昏漕运，沿溯不停，旬日之功，堪省亿万。（463） |
| | | 216 | 以光禄勋为光禄卿，大鸿胪为鸿胪卿，都水使者为太舟卿，三卿是为冬卿。（490） |
| | | 217 | 水部、（掌舟船，津梁，公私水事。）（510） |
| | | 218 | 都水监改为使者，增为正五品，丞为从七品。统舟楫、河渠二署。（542） |
| | | 219 | 有程侯山、系舟山。有岚水。（581） |
| | | 220 | 卢龙（……有覆舟山。有碣石。有玄水、卢水、温水、闾水、龙鲜水、巨梁水。有海。）（584） |
| | | 221 | 平陈之役，以舟师自蕲水趣九江，与陈将纪瑱战于蕲口，大破之。（781） |
| | | 222 | 素率水军东下，舟舻被江，旌甲曜日。素坐平乘大船，容貌雄伟，陈人望之惧曰："清河公即江神也。"（856） |
| | | 223 | 益、信、襄、荆、基、郢等州速造舟楫，多张形势，为水战之具。蜀、汉二江，是其上流，水路冲要，必争之所。贼虽于流头、荆门、延州、公安、巴陵、隐矶、夏首、蕲口、盆城置船，然终聚汉口、峡口，以水战大决。若贼必以上流有军，令精兵赴援者，下流诸将即须择便横渡。如拥众自卫，上江水军鼓行以前。虽恃九江五湖之险，非德无以为固，徒有三吴、百越之兵，无恩不能自立。（972） |
| | | 224 | 述领行军总管元契、张默言等讨之，水陆兼进。落丛公燕荣以舟师自海至，亦受述节度。（981） |
| | | 225 | 东京赋曰："乃营三宫，布政颁常。复庙重屋，八达九房。造舟清池，惟水决决。"（1070） |
| | | 226 | 胜地盛宾僚，丽景相携招。舟泛昆明水，骑指渭津桥。被除临灞岸，供帐出东郊。（1167） |
| | | 227 | 浮海十余日，至林邑东南，并山而行。其海水阔千余步，色黄气腥，舟行一日不绝，云是大鱼粪也。（1232） |
| | | 228 | 嘉良有水，阔六七十丈，附国有水，阔百余丈，并南流，用皮为舟而济。（1246） |

| | | | |
|---|---|---|---|
| 隋书 | 水舟 | 229 | 渡水则束薪为筏，或以皮为舟者。（1262） |
| | | 230 | 十余日，夺江都人舟楫，从水路西归。（1267） |
| | 舟的补充 | 231 | 益部楼船，尽令东骛，便有神龙数十，腾跃江流，引伐罪之师，向金陵之路，船住则龙止，船行则龙去，四日之内，三军皆睹，岂非苍旻爱人，幽明展事，降神先路，协赞军威！以上天之灵，助戡定之力，便可出师授律，应机诛殄，在斯举也，永清吴、越。其将士粮仗，水陆资须，期会进止，一准别敕。（22） |
| | | 232 | 凡厥在位，譬诸股肱，若济巨川，义同舟楫。（46） |
| | | 233 | 爰始登极，蒙授龟图，迁都定鼎，醴泉出地，平陈之岁，龙引舟师。（81） |
| | 船的补充 | 234 | 屈原以五月望日赴汨罗，土人追到洞庭不见，湖大船小，莫得济者，乃歌曰："何由得渡湖！"因尔鼓棹争归，竞会亭上，习以相传，为竞渡之戏。其迅楫齐驰，棹歌乱响，喧振水陆，观者如云，诸郡率然，而南郡、襄阳尤甚。（609） |
| 南史 | 水舟 | 235 | 丙申，大军次左里，将战，帝麾之，麾竿折，幡沉于水，众咸惧，帝笑曰："昔覆舟之役亦如此，今胜必矣。"（8） |
| | | 236 | 帝乃遣侯安都领水军夜袭胡墅，烧齐船，周铁武率舟师断齐运输，帝领铁骑自西明门袭之。（172） |
| | | 237 | 丁巳，大风自西北激涛水入石头城，淮渚暴溢，漂没舟乘。（200） |
| | | 238 | 大败质军，军人一时投水。护之等因风纵火，焚其舟乘，风势猛盛，烟焰覆江。（247） |
| | | 239 | 孝武入伐，劭自攻新亭垒，使湛之率水师俱进，湛之因携二息彦回、澄，登轻舟南奔。（495） |
| | | 240 | 武帝问融住在何处，答曰："臣陆处无屋，舟居无水。"后上问其从兄绪，绪曰："融近东出，未有居止，权牵小船于岸上住。"上大笑。（555） |
| | | 241 | 虏所恃唯马，夏水浩大，泛舟济河，碛碛必走，滑台小戍，易可覆拔。（636） |
| | | 242 | 有一老姥以盘擎鲙鱼，自送舟侧奉上之，童儿数十人入水扳舟，或歌或泣。（841） |
| | | 243 | 纪之将发也，江水可揭，前部不得行。及登舟，无雨而水长六尺。刘孝胜喜曰："殆天赞也。"将至峡，有黑龙负舟，其将帅威谓天助。（888） |
| | | 244 | 元帝遣方等，方等欣然升舟，冀免忧辱。行至赧水，遇侯景乱；元帝召之，方等启曰："昔申生不爱其死，方等岂顾其生。"（898） |
| | | 245 | 奉丧还乡，秋水犹壮。巴东有淫预，石高出二十许丈，及秋至，则才如见焉，次有瞿塘大滩，行旅忌之，部伍至此，石犹不见。子舆抚心长叫，其夜五更水忽退减，安流南下。及度，水复旧，行人为之语曰："淫预如樸本不通，瞿塘水退到庚公。"初发蜀，有双鸠巢舟中，及至又栖庐侧，每闻哭泣之声，必飞翔檐宇，悲鸣激切。（927） |

续表

| | | 246 | 先是右军司马胡景略至合肥，久未能下，叡案行山川，曰："吾闻'汾水可以灌平阳'，即此是也。"乃堰肥水。顷之堰成水通，舟舰继至。(952) |
|---|---|---|---|
| 南史 | 水舟 | 247 | 吾常譬酒之犹水，亦可以济舟，亦可以覆舟。(1003) |
| | | 248 | 纥闻昭达奄至，乃出顿洄口，聚沙石，盛以竹笼，置于水栅之外，用遏舟舰。昭达居其上流，装舰造拍，以临贼栅(1082)。 |
| | | 249 | 周徐州总管梁士彦率众拒战，明彻频破之。仍连清水以灌其城，攻之甚急，环列舟舰于城下。(1084) |
| | | 250 | 乃遣萧摩诃帅马军数千前还，明彻仍自决其堰，乘水力以退军。及至清口，水力微，舟舰并不得度，众军皆溃。(1084) |
| | | 251 | 梁人与周军多造舟舰，置于青泥水中，昭达遣文季共钱道戢尽焚其舟舰。(1091) |
| | | 252 | 丧还，匠迎于豫章，望舟投水，旁人赴救，仅而得全。(1229) |
| | 船的补充 | 253 | 义宣率众十万，发自江津，舳舻数百里。是日大风，船垂覆没，仅得入中夏口。(246) |
| | | 254 | 子豫玄，年十四，与俱载入东，乘小船度岸，见藤花，弘正挽之，船覆俱溺，弘正仅免，豫玄遂得心惊疾。(598) |
| | | 255 | 初至暨阳县陆主山下，宗侣十余船同发，敬则船独不进，乃令弟入水推之，见乌漆棺。敬则咒云："若是吉，使船速进，吾富贵当改葬尔。"船须臾去，入县收此棺葬之。(751) |
| 北史 | 水舟 | 256 | 前王之御时也，沐雨栉风，拯其溺而救其焚，信必赏，过必罚，安而利之。既与共其存亡，故得同其生死。后主则不然。以人从欲，损物益己，雕墙峻宇，甘酒嗜音，鄽肆遍于宫园，禽色荒于外内，俾昼作夜，罔水行舟，所欲必成，所求必得。既不轨不物，又暗于听受，忠信不闻，姜斐必入，视人如草芥，从恶如顺流。(198) |
| | | 257 | 九月辛酉夜，班师，水军焚舟而退。(237) |
| | | 258 | 扶余众军，风驰电逝；追奔逐北，径逾浿水。沧海舟楫，冲贼腹心；焚其城郭，汙其宫室。(303) |
| | | 259 | 今宋新国，是人事未周也；灾变屡见，是大时不协也；舟行水涸，是地利不尽也。三事无一成，自守犹或不安，何得先发而攻人哉？(514) |
| | | 260 | 及还，幸彭城，泛舟泗水，诏在侍筵，观者荣之。(571) |
| | | 261 | 益、信、襄、荆、基、郢等州，速造舟楫，多张形势，为水战之具。蜀、汉二江，是其上流，水路冲要，必争之所。(775) |
| | | 262 | 时宫阙初基，庙库未构，车驾将水路幸邺。已诏都水回营构之材，以造舟楫。(971) |
| | | 263 | 素率水军东下，舟舰被江，旌甲曜日。素坐平乘大船。容貌雄伟，陈人望之，惧曰："清河公即江神也。"(999) |
| | | 264 | 梁淮堰未破，水势日增。崇乃于硖石戍间编舟为桥。北更立船楼十，各高三丈；(1058) |

| | | | |
|---|---|---|---|
| 北史 | 水舟 | 265 | 从容风雅，好为谈咏，常与朝廷名贤，泛舟洛水，以诗酒自娱。（1094） |
| | | 266 | 四军、五校之轨，领、护分事之式，徵兵储粟之要，舟车水陆之资，山河要害之权，缓急去来之用，持平赴救之方，节用应时之法，特宜修置，以固堂堂之基。持盈之体，何得而忽？（1117） |
| | | 267 | 初，文襄于邺东起山池游观，时俗眩之，孝瑜遂于第作水堂龙舟，植幡榭于舟上，数集诸弟，宴射为乐。（1241） |
| | | 268 | 复庙重屋，八达九房。造舟清池，惟水泱泱。（1420） |
| | | 269 | 燕公于谨征江陵，景宣别破梁司空陆法和司马羊亮于㶏水。又遣别帅攻拔鲁山。多造舟舰，益张旗帜，临江欲度，以惧梁人。（1450） |
| | | 270 | 未几，授蕲州总管，平陈之役，以舟师自蕲水趣九江。以功进位柱国、荆州总管。（1569） |
| | | 271 | 少有志尚，与从父弟双贵同居。隋开皇中，方贵常于淮水津所寄渡，舟人怒之，挝方贵臂折。（1897） |
| | | 272 | 孝文修船乘，以其多有思力，除都水使者。迁兼将作大匠，仍领水池湖泛戏舟楫之具。（1978） |
| | | 273 | 孝文时，青州刺史侯文和亦以巧闻，为要舟，水中立射。滑稽多智，辞说无端，尤善浅俗委巷之语，至可玩笑。（1978） |
| | | 274 | 亦有历日不能见者。公私属请，唯在财货，舟车之利，水陆无遗，山泽之饶，所在固护，剥削六镇，交通底市，岁入利息以巨万计。（2015） |
| | | 275 | 乘牛车，以蓬薮为屋，如突厥毡车之状。度水则束薪为栿，或有以皮为舟者。马则织草为鞯，结绳为辔。（2077） |
| | | 276 | 浮海十余日，至林邑东南，并山而行。其海水色黄气腥，舟行一日不绝，云是大鱼粪也。（2097） |
| | | 277 | 嘉良有水阔六七十丈，附国有水阔百余丈，并南流。用皮为舟而济。（2118） |
| | 舟的补充 | 278 | 谨负佐时之略，逢兴运之期，为大厦之栋梁，拟巨川之舟楫。卒以耆年硕德，誉高望重，礼备上庠，功歌司乐。而常以满盈为诫，覆折是忧，不有君子，何以能国。（566） |
| | | 279 | 若弃德恃险，同舟之人，谁非敌国！（1484） |
| | 船的补充 | 280 | 后为光禄少卿，母在乡遇患，请假归。遇秋水暴长。河梁破绝，如得一小船而度，船漏满不没，时人异之。母丧，哀毁过礼，为时所称。卒，赠幽州刺史，谥曰威。（1051） |
| 旧唐书 | 水舟 | 281 | 隋骁卫大将军屈突通镇河东，津梁断绝，关中向义者颇以为阻。河东水滨居人，竞进舟楫，不谋而至，前后数百人。（2） |
| | | 282 | 刘德威自太行东围河内，王君廓自洛口断贼粮道。又遣黄君汉夜从孝水河中下舟师袭回洛城，克之。（18） |

| | | | |
|---|---|---|---|
| 旧唐书 | 水舟 | 283 | 上回至渭北，便桥已断，水暴涨，无舟楫；上号令水滨百姓，归者三千余人。渭水可涉，又遇潼关散卒，误以为贼，与之战，士众多伤。乃收其余众北上，军既济，其后皆溺，上喜，以为天之佑。（162） |
| | | 284 | 尝侍宴鱼藻宫。张水嬉，彩舰雕靡，宫人引舟为棹歌，丝竹间发，德宗欢甚，太子引诗人"好乐无荒"为对。（278） |
| | | 285 | 丙申，盐铁使王播奏："扬州城内，旧漕河水浅，舟船涩滞，输不及期程。今从阊门外古七里港开河今从阊门外古七里港开河，向东屈曲，取禅智寺桥，东通旧官河，计长一十九里。其功役所费，当使自方圆支遣。"从之。（352） |
| | | 286 | 辟雍，按大戴礼及前代说，辟雍多无水广、内径之数。蔡邕云："水广二十四丈，四周于外。"《三辅黄图》云"水广四周"，与蔡邕不异，仍云"水外周堤"。又张衡《东京赋》称"造舟为梁"。礼记明堂位、阴阳录云："水左旋以象天。"商量水广二十四丈，恐伤于阔，今请减为二十四步，垣外量取周足。仍依故事造舟为梁，其外周以圆堤，并取阴阳"水行左旋"之制。（577） |
| | | 287 | 龙池初出此龙山，常经此地谒龙颜。日日芙蓉生夏水，年年杨柳变春湾。尧坛宝匣余烟雾，舜海渔舟尚往还。愿以飘飘五云影，从来从去九天间。（769） |
| | | 288 | 至七年敕，宜准元和四年正月敕，复置宿州于埇桥，在徐之南界汴水上，当舟车之要。其旧割四县，仍旧来就。（1000—1001） |
| | | 289 | 凡金银宝货绫罗之属，皆折庸调以造。凡天下舟车水陆载运，皆具为脚直，轻重贵贱、平易险涩而为之制。（1247） |
| | | 290 | 都水监：使者二人，正五品上。汉官有都水长，属主爵，掌诸池沼，后改为使者，后汉改为河堤谒者。晋复置都水台，立使者一人，掌舟楫之事。梁改为太舟卿，北齐亦曰都水台。隋改为都水监，大业复为使者，寻又为监，复改监为令，品第三。武德复为监，贞观改为使者，从六品。龙朔改为司津监，光宅为水衡都尉，神龙复为使者，正五品上，仍隶将作监。丞二人，从七品上。主簿二人，从八品下。录事一人，府五人，史十人，掌固三人。使者掌川泽津梁之政令，总舟楫、河渠二署之官属，凡虞衡之采捕，渠堰陂池之坏决，水田斗门灌溉，皆行其政令。<br>舟楫署：令一人，正八品下。丞二人。正九品下。舟楫署令掌公私舟船运漕之事。<br>河渠署：令一人，正八品下。丞一人，正九品上。府三人，史六人。河堤谒者六人，掌修补堤堰渔钓之事。典事三人，掌固四人，长上渔师十人，短番渔师一百二十人，明资渔师一百二十人。河渠令掌供川泽鱼醢之事。祭祀则供鱼醢。诸司供给鱼及冬藏者，每岁支钱二十万，送都水，命河渠以时价市供之。<br>诸津：令一人，正九品上。丞一人。从九品下。津令各掌其津济渡舟梁之事。（1292） |

| 旧唐书 | 水舟 | 291 | 天宝三载，韦坚代萧炅，以浐水作广运潭于望春楼之东，而藏舟焉。是年，杨钊以殿中侍御史为水陆运使，以代韦坚。（1427） |
|---|---|---|---|
| | | 292 | 孝恭纵兵入郭，布长围以守之。数日，克其水城，获其舟船数千艘。（1529） |
| | | 293 | 改信州为夔州，使拜孝恭为总管，令大造舟楫，教习水战，以图萧铣。（1584—1585） |
| | | 294 | 十一年，从至洛阳宫，会穀、洛泛溢，文本上封事曰：<br>臣闻创拨乱之业，其功既难；守已成之基，其道不易。……今之百姓，颇类于此。常加含养，则日就滋息，暂有征役，则随而凋耗。凋耗既甚，则人不聊生；人不聊生，则怨气充塞；怨气充塞，则离叛之心生矣。故帝舜曰："可爱非君，可畏非人。"孔安国曰："人以君为命，故可爱；君失道，人叛之，故可畏。"仲尼曰："君犹舟也，人犹水也；水所以载舟，亦所以覆舟。"是以古之哲王，虽休勿休，日慎一日者，良为此也。（1711）<br>伏惟陛下览古今之事，察安危之机，上以社稷为重，下以亿兆为念。明选举，慎赏罚，进贤才，退不肖。闻过即改，从谏如流。（1711）……虽使桑谷为妖，龙蛇作孽，雉雊于鼎耳，石言于晋地，犹当转祸为福，变咎为祥。况水雨之患，阴阳常理，岂可谓之天谴而系圣心哉？（1712）<br>是时魏王泰宠冠诸王，盛修第宅，文本以为侈不可长，上疏盛陈节俭之义，言泰宜抑损。太宗并嘉之，赐帛三百段。十七年，加银青光禄大夫。（1712） |
| | | 295 | 贞观初，聘于突厥，与颉利争礼，不受略遗，朝廷称之。出为巴州刺史，覆舟溺水而卒。（1776） |
| | | 296 | 且先帝纳之于帷幄，寄之以心膂，德逾水石，义冠舟车，公家之利，言无不可。（1853） |
| | | 297 | 名振又从太宗讨黑闼，时黑闼于冀、贝、沧、瀛等州水陆运粮，以拒官军，名振率千余人邀击之，尽毁其舟车。（1884） |
| | | 298 | 仁轨遇倭兵于白江之口，四战捷，焚其舟四百艘，烟焰涨天，海水皆赤，贼众大溃。（1891） |
| | | 299 | 于长安东九里长乐坡下、浐水之上架苑墙，东面有望春楼，楼下穿广运潭以通舟楫，二年而成。（2184） |
| | | 300 | 怀恩退至渭水，无舟楫，抱马以渡，存者仅半，乃奔归子仪于河东，整其余众。（2363） |
| | | 301 | 顷因寇难，总不掏拓，泽灭水，岸石崩，役夫需于沙，津吏旋于泞，千里洄上，冈水舟行，其病二也。东垣、底柱、渑池、二陵，北河运处处五六百里，戍卒久绝，县吏空拳。夺攘奸宄，窟穴囊橐，夹河为薮，豺狼猖獗，舟行所经，寇亦能往，其病三也。（2388） |
| | | 302 | 亚乃令以漆涂船底，贵其速进；又为绮罗之服，涂之以油，令舟子衣之，入水而不濡。亚本书生，奢纵如此，朝廷亟闻之。（2692） |

| | | | |
|---|---|---|---|
| 旧唐书 | 水舟 | 303 | 而以此时采捕奇禽异鸟，供园池之玩，远自江、岭，达于京师，水备舟船，陆倦担负，饭之以鱼肉，间之以稻粱。道路观者，岂不以陛下贱人贵鸟也！（3272） |
| | | 304 | 州西太原仓控两京水陆二运，常自仓车载米至河际，然后登舟。师度遂凿地道，自上注之，便至水次，所省万计。（3275） |
| | | 305 | 必也行恕诸己，义负前修。长鲸击水，天吴覆舟。因忠获戾，以孝见尤。（3314） |
| | | 306 | 得宋之问蓝田别墅，在辋口，辋水周于舍下，别涨竹洲花坞，与道友裴迪浮舟往来，弹琴赋诗，啸咏终日。（3438） |
| | | 307 | 甫尝游岳庙，为暴水所阻，旬日不得食。耒阳聂令知之，自棹舟迎甫而还。（3440） |
| | 舟的补充 | 308 | 壬戌，次益昌县，渡吉柏江，有双鱼夹舟而跃。议者以为龙。（156） |
| | | 309 | 隋伐陈时，龙见于江中引舟，乃改为龙游县也，州临大江为名。（1152） |
| | | 310 | 朕闻物之顺也，虽异质而成功；事之违也，亦同形而罕用。是以舟浮相举，可济千里之川；辕引轮停，不越一毫之地。故知动静相循易为务，曲直相反难为功，况乎上下之宜、君臣之际者矣。（1622） |
| | | 311 | 怨不在大，可畏惟人。载舟覆舟，所宜深慎，奔车朽索，其可忽乎？（1722） |
| | | 312 | 元方举明经，又应八科举，累转监察御史。则天革命，使元方安辑岭外，将涉海，时风涛甚壮，舟人莫敢举帆。元方曰："我受命无私，神岂害我？"遽命之济，既而风涛果息。（1946） |
| | | 313 | 将以布天下五行之和，同君臣一德之运，遽轸藏舟之叹，未展济川之才。（2334） |
| | | 314 | 唐有天下，恢奄禹迹，舟车所至，莫不率俾。（2413） |
| | | 315 | 呜呼！大厦方构，旋失栋梁；巨川未济，遂亡舟楫。（2500） |
| | | 316 | 漕吏狡囊，败溺百端。官舟沉溺者岁七十余只。……初休典使三岁，漕米至渭、河仓者一百二十万斛，更无沉舟之弊。（3126） |
| 新唐书 | 水舟 | 317 | 河间王孝恭征辅公祏，宴群帅于舟中，孝恭以金碗酌江水，将饮之，则化为血。孝恭曰："碗中之血，公祏授首之祥。"（591） |
| | | 318 | 开元三年，河南、河北水。四年七月丁酉，洛水溢，沉舟数百艘。五年六月甲申，瀍水溢，溺死者千余人；巩县大水，坏城邑，损民居数百家；（613） |
| | | 319 | 八年州废，省临水，以於潜来属。南三十里有紫溪水溉田，贞元十八年令杜泳开，又凿渠三十里，以通舟楫。（696） |
| | | 320 | 阻险无水草镇戍者，视路要隙置官马。水驿有舟。（788） |
| | | 321 | 水曹参军事二人，掌舟船、渔捕、刍草。皆正七品下。（856） |

| | | | |
|---|---|---|---|
| 新唐书 | 水舟 | 322 | 而河阳、柏崖、太原、永丰、渭南诸仓，节级转运，水通则舟行，水浅则寓于仓以待，则舟无停留，而物不耗。(898) |
| | | 323 | 漕舟输其东仓，而陆运以输西仓，复以舟漕，以避三门之水险。(898) |
| | | 324 | 然弃石入河，激水益湍怒，舟不能入新门，候其水涨，以人輓舟而上。(898) |
| | | 325 | 淮南节度使杜亚乃浚渠蜀冈、疏句城湖、爱敬陂，起堤贯城，以通大舟。河益庳，水下走淮，夏则舟不得前。节度使李吉甫筑平津堰，以泄有余，防不足，漕流遂通。(901) |
| | | 326 | 进王赵郡，以信州为婺州。乃大治舟舰，肄水战。(2881) |
| | | 327 | 太原仓水陆运所凑，转属诸河，师度使依高为廥。而注米于舟，以故人不劳。(3167) |
| | | 328 | 道南海，舟师持酒脯请福，义方酹水誓曰："有如忠获戾，孝见尤，四维廓氛，千里安流。神之听之，无作神羞。"是时盛夏，涛雾蒸涌，既祭，天云开露。人壮其诚。(3311) |
| | | 329 | 玄宗遣中人捕鹦鹆、溪鸬南方，若水上言："农方田，妇方蚕，以此时捕奇禽怪羽为园篥之玩，自江、岭而南，达京师，水舟陆赍，所饲鱼虫、稻粱，道路之言，不以贱人贵鸟望陛下耶？"(3521) |
| | | 330 | 河、汴自寇难以来，不复穿治，崩岸灭木，所在廞淤，涉泗千里，如冈水行舟，为二病；(3752) |
| | | 331 | 蒲津岁河水坏梁，吏撤笮用舟，邀丐行人。(4138) |
| | | 332 | 仁厚闻贼储械、子女皆在屯，乃以锐兵濒江，伐木颣水碍舟道，负岸而阵。(4216) |
| | | 333 | 信明欣然多出众篇，世翼览未终，曰："所见不逮所闻！"投诸水，引舟去。(4391) |
| | | 334 | 游岳祠，大水遽至，涉旬不得食，县令具舟迎之，乃得还。(4395) |
| | | 335 | 父勋，渔于江，遇风涛，舟覆，尸不出。娥年十四，哭水上，不食三日死。俄大震电，水虫多死，父尸浮出，乡人异之，归赠具礼，葬父及娥鄱水之阴。(4450) |
| | | 336 | 萧年十六，与娌皆韶淑，毁貌，载二丧还乡里，贫不能给舟庸，次宣州战鸟山，舟子委柩去。萧结庐水滨，与婢穿圹纳棺成坟，莳松柏，朝夕临，有驯鸟、缟兔、菌芝之祥。(4453) |
| | | 337 | 河之上流，繇洪济梁西南行二千里，水益狭，春可涉，秋夏乃胜舟。(4643) |
| | | 338 | 率乘牛车，蓬蕞为室，度水则束薪为桴，或以皮为舟。马皆草鞯、绳羁靮。(4693) |
| | | 339 | 怀恩至渭水，无舟，抱马鬣以逸，收散卒还河东。(4823) |
| | | 340 | 河东成将李竭诚、成德李令崇皆背贼掎角战。至漳水，无舟，诸将劝降，朝义不悦。(4867) |

续表

| | | | |
|---|---|---|---|
| 新唐书 | 舟的补充 | 341 | 初，隋嘉则殿书三十七万卷，至武德初，有书八万卷，重复相糅。王世充平，得隋旧书八千余卷，太府卿宋遵贵监运东都，浮舟诉河，西致京师，经砥柱舟覆，尽亡其书。(937) |
| | | 342 | 孝恭不听，留靖守屯，自往与战，大败还。贼委舟散掠，靖视其乱，纵兵击破之，取四百余艘，溺死者万人。(3074) |
| | | 343 | 高宗尝为飞白书赐侍臣，赐至德曰"泛洪源，俟舟楫"(3147) |
| | | 344 | 初，承庆典选，校百官考，有坐漕舟溺者，承庆以"失所载，考中下"。(3236) |
| | | 345 | 迁润州，州北距瓜步沙尾，纡汇六十里，舟多败溺。瀚徙漕路由京口埭，治伊娄渠以达扬子，岁无覆舟，减运钱数十万。(3523—3524) |
| | | 346 | 重荣选兵三万攻温，温惧，悉凿舟沉于河，遂举同州降。(4190) |
| | 船的补充 | 347 | 为李义府所恶。出为青州刺史。显庆五年，伐辽，义府欲斥以罪，使督漕，而船果覆没。坐免官，白衣随军。(3259) |
| | | 348 | 武后幸玉泉祠，以山道险，欲御腰舆。方庆奏："昔张猛谏汉元帝'乘船危，就桥安'。帝乃从桥。今山阿危峭，隧道曲狭，比于楼船，又复甚危，陛下奈何轻践畏涂哉？"后为罢行。(3353—3354) |
| | | 349 | 中宗与韦后以正月望夜幸其第，赉赐不赀。帝尝幸安乐公主池，主请御船，安石曰："御轻舟，乘不测，非帝王事。"乃止。(3440) |
| 旧五代史 | 水舟 | 350 | 罕之进逼河阳，营于鞏县，陈舟于汜水，将渡，诸葛仲方遣将张言率师拒于河上。(140) |
| | | 351 | 每遇转滩水汇，即中流交斗，流矢雨集，或舟筏覆没，比及杨刘，凡百余战。(198) |
| | | 352 | 王彦章以舟师沿流而下，各行一岸，每遇转滩水汇，即中流交斗，流矢雨集，或全舟覆没，一彼一此，终日百战，比及杨刘，殆亡其半。(280) |
| | | 353 | 洛水泛涨，坏天津桥，以舟济渡，日有覆溺者。(313) |
| | | 354 | 长兴初，奉使浙中，泛海船坏，水工以小舟救，文宝与副使吏部郎中张绚信风至淮南界(631) |
| | | 355 | 水深无舟楫可渡，延孝谓招抚使李严曰："吾悬军深入，利在急兵。乘王衍破胆之时，人心离沮，但得百骑过鹿头关，彼即迎降不暇。如俟修缮津梁，便留数日，若王衍坚闭近关，折吾兵势，觉延旬浃，则胜负莫可知也，宜促骑渡江。"因与李严乘马浮江，于是得济者仅千人，步军溺死者亦千余人。(673) |
| | | 356 | 今以夷门重地，梁苑雄藩，水陆交通，舟车毕集，爰资经度，须议按巡，宁免暂劳，所期克济，取今月二十六日巡幸汴州。(696) |
| | | 357 | 取贼戈矛，尽杀援者二百余人，南走而归，至河无舟，浮水而过，溺死之余，所存者六十七人。(755) |

| | | | |
|---|---|---|---|
| 旧五代史 | 水舟 | 358 | 既而淮南援军大至，乃与将佐谋曰："贼军舟棹将及正阳，我师无水战之备，万一桥梁不守，则大军隔绝矣，不如全师退守正阳浮桥，以俟銮辂。"（1073） |
| | | 359 | 先是，江南李景以王师犹在寿州，遣其将林仁肇、郭廷谓率水陆军至下蔡，欲夺浮梁，以舟实薪刍，乘风纵火，永德御之。（1080） |
| | | 360 | 兼得江、淮舟船，遂令所获南军教北人习水战出没之势，未几，舟师大备。至是水陆皆捷，故江南大震。（1089） |
| | | 361 | 自此以西，水路渐隘，舟师难进，乃舍舟登陆。（1100） |
| | | 362 | 汉乾祐中，尝使于吴越，航海而往，至渤澥之中，睹水色如墨。舟人曰："其下龙宫也。"诩因炷香兴念曰："龙宫珍宝无用，俟回棹之日，当以金篆佛书一帙，用伸赟献。"泊复经其所，遂以经一函投于海中。俄闻梵呗丝竹之音，喧于船下，舟人云："此龙王来迎其经矣。"同舟百余人皆闻之，无不叹讶焉。（1178） |
| | | 363 | 梁贞明四年夏，镠大举伐吴，以元瓘为水战诸军都指挥使。战棹抵东洲，吴人以舟师拒战，元瓘为火筏顺风扬灰以坌之。白昼如雾，吴师迷方，遂败之。（1232） |
| | | 364 | 一旦，陪吴越王游碧浪亭，时潮水初满，舟楫辐辏，望之不见其首尾。（1234） |
| | | 365 | 七月，洛水泛涨，坏天津桥，漂近河庐舍，舣舟为渡，覆没者日有之。（1301） |
| | | 366 | 六年九月，河决于滑州，一概东流。居民登丘冢，为水所隔。诏所在发舟楫以救之。（1302） |
| | 舟的补充 | 367 | 丙寅，帝济江，至中流，舟坏，将没者数四，比及岸，舟沉。（26） |
| | | 368 | 帝泛九曲池，御舟倾，帝堕溺于池中，宫女侍官扶持登岸，惊悸久之。（73） |
| | | 369 | 时河中阻绝，自离石渡河，春冰方泮，凌澌奔蹙，兼舟不得渡，因祷河神。是夜梦神人谓曰："子但渡，流冰无患。"既寤，津吏报曰："河冰合矣。"凌晨，蹑冰而济，旋踵冰解。（661） |
| | | 370 | 延广少时，尝泛洞庭湖，中流阻风，帆裂拖折，众大恐。顷之，舟人指波中曰："贤圣来护，此必有贵人矣。"寻获济焉。竟位至将相，非偶然也。（799） |
| | | 371 | 天福中，稍迁右谏议大夫，寻命使于吴越。及乘舟泛海，风涛暴起，棹师仆从皆相顾失色，希尧谓左右曰："吾平生履行，不欺暗室，昭昭天鉴，岂无祐乎！汝等但以吾为托，必当无患。"言讫而风止。乃获利涉。使回，授莱州刺史、检校尚书右仆射，未赴任，改怀州。（1177） |
| | 船的补充 | 372 | 辛酉。至楚州西北，大破贼众，水陆俱奔，有贼船数艘，顺流而逸。帝率骁骑与今上追之数十里，今上擒贼大将伪保义军节度使、江北都应援使陈承昭以献。收获舟船，除焚荡外得三百余艘，将士除杀溺外得七千余人。（1088） |

| | | 373 | 且吾兵少而临贼营门，所恃者，一水隔耳。使梁得舟筏渡河，吾无类矣！（172） |
|---|---|---|---|
| 新五代史 | 水舟 | 374 | 自正月至于四月不能下，而岁大暑，霖雨弥旬，周兵营寨水深数尺，淮、泗暴涨，炮舟竹龙皆飘南岸，为景兵所焚，周兵多死。（231） |
| | | 375 | 罕之追至巩县，陈舟于汜水，将渡河，经遣张言拒之河上，言反背经，与罕之合攻河阳，为经所败，退保怀州。（300） |
| | | 376 | 是时，周师已征淮，即以环佐侯章为攻取贼城水寨副部署。初，周师南征，李景陈兵于淮，舟楫甚盛，周师无水战之具，世宗患之，乃置造船务于京城之西，为战舰数百艘，得景降卒，教之水战。（373） |
| | | 377 | 初，周师南征，无水战之具，已而屡败景兵，获水战卒，乃造战舰数百艘，使降卒教之水战，命王环将以下淮。景之水军多败，长淮之舟，皆为周师所得。（508） |
| | | 378 | 景初自恃水战，以周兵非敌，且未能至江。及觉奉使，见舟师列于江次甚盛，以为自天而下，乃请曰："臣愿还国取景表，尽献江北诸州，如约。"（508） |
| | | 379 | 其还也，自阆州浮江而上，龙舟画舸，昭耀江水，所在供亿，人不堪命。（519） |
| | | 380 | 汉宏遣其将朱褒、韩公玟、施坚实等以舟兵屯望海。镠出平水，成及夜率奇兵破褒等于曹娥埭，进屯丰山，施坚实等降，遂攻破越州。（550） |
| | 舟的补充 | 381 | 治舟数百，将以为浮梁。（172） |
| 宋史 | 水舟 | 382 | 壬辰，曹彬等将舟师、步骑发江陵，水陆并进。（28） |
| | | 383 | 戊辰，幸金明池，御龙舟观习水战。（47） |
| | | 384 | 宋州汴水决。乙巳，置祁州。河决澶州，遣使具舟济民，给以粮饷。（83） |
| | | 385 | 别置水军七十七将，造舟江、淮诸路。（298） |
| | | 386 | 丁丑，虞允文遣水军统制盛新以舟师击金人于杨林河口，又败之。金主亮焚其舟而去。（407） |
| | | 387 | 亢池六星，在亢宿北。亢，舟也；池，水也。主渡水，往来送迎。微细，凶；散，则天下不通；通，移徙不居其度中，则宗庙有怪。五星犯之，川溢。客星犯，水，虫多死。武密云："主断军狱，掌弃市杀戮。"与旧史异说。（675） |
| | | 388 | 积水一星，在天船中，候水灾也。明动上行，舟船用。荧惑犯，有水。（699） |
| | | 389 | 六月，浙西郡县山涌暴水，漂民舍，坏田覆舟。（899） |
| | | 390 | 二年七月，平江镇江建康宁国府、湖常秀池太平庐和光州、江阴广德寿春无为军、淮东郡皆大水，浸城郭，坏庐舍、圩田、军垒。操舟行市者累日，人溺死甚众。越月，积阴苦雨，水患益甚，淮东有流民。（900） |

| | | | |
|---|---|---|---|
| 宋史 | 水舟 | 391 | 九月乙丑，福漳州大风雨，水暴至，长溪、宁德县濒海聚落、庐舍、人舟皆漂入海，漳城半没。浸八百九十余家。（901） |
| | | 392 | 七月壬辰，明州大风雨，山水暴出，浸民市，圮民庐，覆舟杀人。（901） |
| | | 393 | 十年冬，浙江涛溢，圮庐舍，覆舟，溺死甚众（904） |
| | | 394 | 七年十一月丁亥，洞庭湖巨鼋走沙拥舟，身广长皆丈余，升舟，以首足压重舰没水。（915） |
| | | 395 | 二十五年六月，湖口县赤龙横水中如山，寒风怒涛，覆舟数十艘，士卒溺者数十人。（921） |
| | | 396 | 八年十月，广州飓风起，一昼夜雨水二丈余，海为之涨，飘失舟楫。（993） |
| | | 397 | 若江，若淮，若洛、汴、衡漳，暨江、淮以南诸水，皆有舟楫溉灌之利者，历叙其事而分纪之。（1517-1518） |
| | | 398 | 其分水河，量其远迩，作为斗门，启闭随时，务乎均济。通舟运，溉农田，此富庶之资也。（1519） |
| | | 399 | 湍怒略渟，势稍汩起，行舟值之多溺，谓之"荐浪水"。水退淤淀，夏则胶土肥腴。（1523） |
| | | 400 | 其法：用铁数斤为爪形，以绳系舟尾而沈之水，篙工急棹，乘流相继而下，一再过，水已深数尺。（1536） |
| | | 401 | 今之塘水，又异昔时，浅足以褰裳而涉，深足以维舟而济，冬寒冰坚。尤为坦途。（1545） |
| | | 402 | 水既数放，或至绝流，公私重舟不可荡，有阁折者。（1562） |
| | | 403 | 两旁沟、湖、陂、泺，皆可引以为助，禁伊、洛上源私引水者。大约汴舟重载，入水不过四尺，今深五尺，可济漕运。（1565） |
| | | 404 | 五年三月，宋用臣言："金水河透水槽阻碍上下汴舟，宜废撤。"从之。（1566） |
| | | 405 | 哲宗元祐元年闰二月辛亥，右司谏苏辙言："近岁京城外创置水磨，因此汴水浅涩，阻隔官私舟船。其东门外水磨，下流汗漫无归，浸损民田一二百里，几败汉高祖坟。"（1566） |
| | | 406 | 后欲导以趋汴渠，乃乘河未涨，就嫩滩之上，峻起东西堤，辟大河于堤北，攘其地以引洛水，中间缺为斗门，名通舟楫，其实盗河以助洛之浅涸也。（1567） |
| | | 407 | "乞依元丰已修狭河身丈尺深浅，检计物力，以复清汴，立限修浚，通放洛水。及依旧置洛斗门，通放西河官私舟船。"从之。（1569） |
| | | 408 | 蔡河贯京师，为都人所仰，兼闵水、洧水、潩水以通舟。闵水自尉氏历祥符、开封合于蔡，是为惠民河。（1571） |
| | | 409 | 于是侯叔献请因丁字河故道凿堤置闸，引汴水入于蔡，以通舟运。河成，舟不可行，寻废。十月，诏都水监展惠民河，欲便修城也。（1572） |
| | | 410 | 三月，幸新水门观放水入河。先是，五丈河泥淤，不利行舟。（1572） |

续表

| | | 411 | "若因修京城，令役兵近汴穴土，使之成渠，就引河水注之广济，则漕舟可通，是一举而两利也。"从之。(1573) |
|---|---|---|---|
| 宋史 | 水舟 | 412 | 神宗元丰五年，金水河透水槽阻碍上下汴舟，遣宋用臣按视。(1574) |
| | | 413 | 神宗熙宁六年，都水监丞侯叔献请储三十六陂及京、索二水为源，仿真、楚州开平河置闸，则四时可行舟，因废汴渠。(1574-1575) |
| | | 414 | 京畿沟洫：汴都地广平，赖沟渠以行水潦。真宗景德二年五月，诏开京城濠以通舟楫，毁官水硙三所。(1575) |
| | | 415 | 去秋开旧沙河，取黄河行运，欲通江、淮舟楫，彻于河北极边。自今春开口放水，后来涨落不定，所行舟栰皆轻载，有害无利，枉费功料极多。今御河上源，止是百门泉水，其势壮猛，至卫州以下，可胜三四百斛之舟，四时行运，未尝阻滞。堤防不至高厚，亦无水患。(1583) |
| | | 416 | 已而都水监言，运河乞置双闸，例放舟船实便，与彦博所言不同。(1584) |
| | | 417 | 遂引于界河，以达方舟之漕。又引保州赵彬堰徐河水入鸡距泉，以息挽舟之役，自是朔方之民，灌溉饶益，大蒙其利矣。(1590) |
| | | 418 | 及唐末至五代乱离，迄今湮没，水甚浅涸，舟楫不行。(1591) |
| | | 419 | 因徐州吕梁、百步两洪湍浅险恶，多坏舟楫，由是水手、牛驴、捽户、盘剥人等，邀阻百端，商贾不行。(1061—1062) |
| | | 420 | 元符元年正月，知润州王悆建言："吕城闸常宜单水入澳，灌注闸身以济舟。若舟沓至而力不给，许量差牵驾兵卒，并力为之。监官任满，水无走泄者赏，水未应而辄开闸者罚，守贰、令佐，常觉察之。"诏可。(1602) |
| | | 421 | 浙西诸县各有陂湖、沟港、泾浜、湖泺，自来蓄水灌溉，及通舟楫，望令打量官按其地名、丈尺、四至，并镌之石。(1605) |
| | | 422 | 八月，臣僚言："比缘淮南运河水涩逾半岁，禁纲舟篙工附载私物，今河水增涨，其令如旧。"(1605—1606) |
| | | 423 | 吕城至镇江运河浅涩狭隘，监司坐视，无所设施，两浙专委王复，淮南专委向子諲，同发运使吕淙措置车水，通济舟运。(1606) |
| | | 424 | 今东岸有车轴河口沙地四百余里，若开通入杜湖，使舟经平水，径池口，可避二百里风涛拆船之险，请措置开修。(1607) |
| | | 425 | 若三五年失开，则公私壅滞，以尺寸水行数百斛舟，人牛力尽，跬步千里，虽监司使命，有数日不能出郭者。(1613) |
| | | 426 | 七月之问，开浚茅山、盐桥二河，各十余里，皆有水八尺。自是公私舟船通利，三十年以来，开河未有若此深快者。(1613) |
| | | 427 | 又言："欲于通江桥置板闸，遇城中河水浅涸，启板纳潮，继即下板，固护水势，不得通舟；若河水不乏，即收闸板，听舟楫往还为便。"(1614) |
| | | 428 | 今堤岸弛禁，致有侵佃冒决，故湖水不能潴蓄，舟楫不通，公私告病。(1616) |

| | | 429 | 惟无锡五泻闸损坏累年，常是开堰，彻底放舟；更江阴军河港势低，水易走泄。若从旧修筑，不独潴水可以通舟，而无锡、晋陵间所有阳湖，亦当积水，而四傍田亩，皆无旱暵之患。（1617） |
|---|---|---|---|
| | | 430 | 二年，苏又言："修鉴湖，全藉斗门、堰闸蓄水，都泗堰闸尤为要害。凡遇纲运及监司使命舟船经过，堰兵避免车拽，必欲开闸通放，以致启闭无时，失泄湖水。"（1618） |
| | | 431 | 委无锡知县主掌钥匣，遇水深六尺，方许开闸，通放客舟。（1619） |
| | | 432 | 淳熙五年。以漕臣陈岘言，干十月募工开浚无锡县以西横林、小井及犇牛、吕城一带地高水浅之处，以通漕舟。（1619） |
| | | 433 | 如白鹤溪、西蠡河、直湖、烈塘、五泻堰，日为沙土淤涨，遇潮高水泛之时，尚可通行舟楫；若值小汐久晴，则俱不能通。（1620） |
| | | 434 | 黄岩县东地名东浦，绍兴中开凿，置常丰闸。名为决水入江，其实县道欲令舟船取径通过，每船纳钱，以充官费。（1624） |
| | | 435 | 三年五月，幸金明池观水戏，扬旗鸣鼓，分左右翼，植木系彩，以为标识，方舟疾进，先至者赐之。（1816） |
| 宋史 | 水舟 | 436 | 水部郎中员外郎掌沟洫、津梁、舟楫、漕运之事。（2588） |
| | | 437 | 太府寺平准、左右藏、常平署令丞，都水监舟楫、河渠署令丞，宫苑总副监牧监副、丞、主簿，（2679） |
| | | 438 | 八年，乃择干强之臣，在京分掌水陆路发运事。凡一纲计其舟车役人之直，给付主纲吏雇募，舟车到发、财货出纳，并关报而催督之，自是调发邀滞之弊遂革。（2848） |
| | | 439 | 主纲吏辄盗用官物，及用水土杂糅官米，故毁败舟船致沉溺者，弃市，募告者厚赏之；（2848） |
| | | 440 | 东南诸路上供杂物旧陆运者，增舟水运。（2850） |
| | | 441 | 始令四辅、畿内、开封府许搜索舟车，赏视旧法增倍。水陆所由，官司失察者皆停替，而受纳不拣选、容私钱其间者，以差定罪法。（2944） |
| | | 442 | 岁罢漕运糜费，风水覆溺，舟人不陷刑辟，三利也；昔时漕盐舟可移以漕米，四利也；（2977） |
| | | 443 | 三年，诏广南、两浙市舶司所发舟还，因风水不便、船破樯坏者，即不得抽解。（3059） |
| | | 444 | 建炎初，李纲请于沿江、淮、河帅府置水兵二军，要郡别置水兵一军，次要郡别置中军，招善舟楫者充，立军号曰凌波、楼船军。（3072） |
| | | 445 | 第一，并立充虎翼水军指挥，依旧系逐司管押。其神卫水军见管军员，先自奉节补入，多不会舟楫，并一齐转上外，却将虎翼水军两指挥会水军员与神卫水军共三指挥一处衮转。（3261） |
| | | 446 | 朕以廷美故，令廷俊属鞬左右，而廷俊泄禁中事于廷美。迩者，凿西池，水心殿成，桥梁未备，朕将泛舟往焉。（7189） |

续表

| | | 447 | 州境旧有通商渠，距淮三百里，岁久湮塞，祚疏导之，遂通舟楫，郡无水患。（7277） |
|---|---|---|---|
| 宋史 | 水舟 | 448 | 时遣阎承翰修河桥，咸信请及流水未下造舟为便，承翰入奏："方冬难成，请权罢其役。"（7281） |
| | | 449 | 令骑帅韩令坤董其役，俾赞副之。属霖雨，淮水涨溢，濠人谋乘轻舟奄焚其桥，赞觇知之，设伏桥下。（7343） |
| | | 450 | 会凿池都城南，命偓率舟师数千以习水战，东驾数临观焉。（7355） |
| | | 451 | 五年，秋霖河溢，奔注沟恤，城垒将坏，元扆躬涉泥淖，督工补塞。民多构木树杪以避水，元扆命济以舟楫，设饼饵以食。（7383） |
| | | 452 | 吴人以王师不便水战，多出舟师断饷道，继隆屡与斗，粮悉善达。（7392） |
| | | 453 | 美麾兵奋击，夺其战舰，擒其将郑宾等七人，又破其城南水砦，分舟师守之。（7411） |
| | | 454 | 今援军已过来远，距寿阳二百里，舟棹将及正阳。我师无水战之备，万一断桥梁，隔绝王师，则腹背受敌矣。不如退守浮梁，以待戎辂之至。（7453） |
| | | 455 | 彼以骑士胜，故利于陆；我以舟师锐，故便于水。今夏久雨，淮流泛溢，愿假舟兵二千，断其桥，屠其城，直抵寿春。（7615） |
| | | 456 | 旧官造舟既成，以河流湍悍，备其漂失，凡一舟调三户守之，岁役户数千。平遂穿池引水，系其中，不复调民。（7690） |
| | | 457 | 雍熙二年，改江南转运副使。洪、吉上供运船水损物，主吏惧罪，故覆舟，鞫狱者按以欺盗，当流死者数百人。（7711） |
| | | 458 | 建议决鲍河，断长城口，北注雄州塘水，为戎马限，方舟通漕，以实塞下。（7740） |
| | | 459 | 安石方恶苏轼，景温劾轼向丁忧归蜀，乘舟商贩。朝廷下六路捕逮篙工、水师穷其事，讫无一实。（7992） |
| | | 460 | 州跨汴为桥，水与桥争，常坏舟。希亮始作飞桥，无柱，以便往来。（8042） |
| | | 461 | 高邮军新开湖水散漫多风涛，溥令漕舟东下者还过泗州，因载石输湖中，积为长堤，自是舟行无思。（8056） |
| | | 462 | 蛮治舟且至，抗即杨梅、石门两隘建水栅二，据其冲，贼不得入，后因置戍不废。（8097） |
| | | 463 | 淮河西流三十里曰山阳湾，水势湍悍，运舟多罹覆溺。（8175） |
| | | 464 | 时缘江多贼，命督江南水运，因捕寇党。行及临江军，择骁卒挈轻舟伺下江贼所止，夜发军城，三鼓，遇贼百余，拒敌久之，悉枭其首。（8206） |
| | | 465 | 安石行新法，方平陛辞，极论其害，曰："民犹水也，可以载舟，亦可以覆舟；兵犹火也，弗戢必自焚。若新法卒行，必有覆舟、自焚之祸。"帝忱然。（8337） |
| | | 466 | 亟命具舟楫，筑堤以捍之。一夕，水骤至，人赖以安。（8370） |

| | | | |
|---|---|---|---|
| 宋史 | 水舟 | 467 | 尝遭大水，有粟二廪，将以舟载之，见百姓走避水者，遂弃其粟而载之，得皆不死。（8440） |
| | | 468 | 纲舟历岁久，篙工利于盗货，尝假风水沉溺以灭迹。向募客舟分载，以相督察。官舟有定数，多为主者冒占，悉夺界属州，诸运皆省本曹受遣；以地有美恶，利有重轻，为立等式，用所漕物为诛赏。（8492） |
| | | 469 | 楚州沿淮至涟州，风涛险，舟多溺。议者谓开支氏渠引水入运河，岁久不决，宗望始成之，为公私利。（8523） |
| | | 470 | 累迁河阴发运判官，干当河渠司。皇祐中，汴水杀溢不常，漕舟不能属。佐度地凿渎以通河流，于是置都水监，命佐以盐铁判官同判。（8563） |
| | | 471 | 继命指使因督餫盐之海滨，集舟师寓教水战。故时交人与州县贸易，悉禁止之。（8586） |
| | | 472 | 城虽不坏，而人皆乏食，则为发廪以振于内，方舟以馈于外，水不及女墙者三板，旬有五日乃退，公私一无所失亡。（8590） |
| | | 473 | 湖水多葑，自唐及钱氏，岁辄浚治，宋兴，废之，葑积为田，水无几矣。漕河失利，取给江潮，舟行市中，潮又多淤，三年一淘，为民大患，六井亦几于废。（8647） |
| | | 474 | 方溯桐庐，江水暴迅，舟横欲覆，母在舟中几溺矣，颂哀号赴水救之，舟忽自正。母甫及岸，舟乃覆，人以为纯孝所感。（8680） |
| | | 475 | 谢曰："丞相素侮人，见者阿意苟容，所不忍也。"再调涟水丞。供奉高公备纲舟行淮，以溺告。（8793） |
| | | 476 | 亟乘小舟，相水源委，求所以利导之，乃决金堤注之河。浃旬水平，入对，帝劳之曰："宗庙社稷获安，卿之力也。"恪再拜，因上疏言："水，阴类也，至犯京阙，天其或者以阴盛之沴儆告陛下乎？愿垂意时事，益谨天戒。"（8852） |
| | | 477 | 诏运粟三十万石于并塞三州，灌言："水浅不胜舟，陆当用车八千乘，沿边方登麦，愿以运费增价就籴之。"（8923） |
| | | 478 | 其余皆芦葭之场，或碕岸水势湍悍，难施舟楫。（9002） |
| | | 479 | 么负固不服，方浮舟湖中，以轮激水，其行如飞，旁置撞竿，官舟迎之辄碎。（9033） |
| | | 480 | 官军乘筏，张牛革以蔽矢石，举巨木撞其舟，尽坏。么投水，牛皋擒斩之。（9033） |
| | | 481 | 至是，人以其言为谶。获贼舟千余，鄂渚水军为沿江之冠。（9033） |
| | | 482 | 金人遣山东路都统、总管以兵十万攻海州。时宝帅海舟水陆并进，抵城北砂巷，胜率众合宝军大破之，斩首不可计，堰水为之不流，余悉奔溃。（9083） |
| | | 483 | 金兵陷扬州，士民随乘舆渡江，众数万，密露立水滨，麾舟济之。（9115） |
| | | 484 | 谓宜募濒海富商入船予爵，招善操舟者以补水军，上嘉之。（9164） |

续表

| 宋史 | 水舟 | 485 | 邵青自太平乘舟抵平江，所至劫掠。谊请置水军于驻跸之地，且言："古舟师有三等，大为阵脚，次为战船，小为传令，皆可为战守之备。"（9241） |
|------|------|-----|------|
| | | 486 | 杨么据洞庭，寇鼎州，王瓌久不能平，更命岳飞讨之。么陆耕水战，楼船十余丈，官军徒仰视不得近。飞谋益造大舟，弼曰："若是，则未可以岁月胜矣。且彼之所长，可避而不可斗也。今大旱，湖水落洪，若重购舟首，勿与战，逐筏断江路，薪其上流，使彼之长坐废，而精骑直捣其垒，则破坏在目前矣。"（9266） |
| | | 487 | 先是，使者往返江、浙间，调挽舟夫甚扰，有诏禁止。提举人舡王珣画别敕，遇风逆水涩许调夫。瑀渡淮，见民丁挽舟如故，遂劾珣，珣反奏瑀违御笔。（9281） |
| | | 488 | 盖形势之地，攻守百倍，岂有昔人得之成功，今日有之而反弃之耶？且濡须、巢湖之水，上接店步，下接江口，可通漕舟，乞择将经理。（9360） |
| | | 489 | 戒官民毋于夷、汉禁山伐木造舟，奏移锁水于开边旧池，皆报可。（9397） |
| | | 490 | 舜陟遣健卒捕登，属登母死舟中，稿葬水次，航海诣阙上书，求纳官赎罪，帝闵之。（9543） |
| | | 491 | 十里创一庐。名曰"施水"，主以道流。于是舟车水陆，不问昼夜暑寒，意行利涉，欢欣忘勚。（9666） |
| | | 492 | 璘揭榜马前，咨所部以利害，又戒土豪团结渔业水手、茶盐舟夫、芦丁，悉备燎舟之具，人人思奋。（9684） |
| | | 493 | 士龙战死，朱华以广军战牙牧，败绩，玉军亦败，争渡水，挽全军舟，全军断其指，皆溺死，玉以残兵五百人夜战。比日皆没。（9820） |
| | | 494 | 诏增沿海舟师，希得为之广募水军，造战舰，蓄粮食，蠲米一万二千石，旧逋一百万。（9856） |
| | | 495 | 张顺，民兵部将也。襄阳受围五年，宋闻知其西北一水曰清泥河，源于均、房，即其地造轻舟百艘，以三舟联为一舫，中一舟装载，左右舟则虚其底而掩覆之。（10297—10298） |
| | | 496 | 军船见火即前迎，及势近欲合，则来舟皆北兵也。盖郢兵前二日以风水惊疑，退屯三十里，而大兵得逃卒之报，据龙尾洲以逸待劳。（10298） |
| | | 497 | 俄雾解，日已高，北兵见其兵少，逐之，登舟失足堕水，身荷重甲，溺焉。（10307） |
| | | 498 | 三年四月，平章赛典赤提兵入，坏重庆麦，道出合城下，珏碇舟断江中为水城，大兵数万攻之不克，遂引去。（10319） |
| | | 499 | 珏率兵巷战不支，归索鸩饮，左右匿鸩，乃以小舟载妻子东走涪。中道大憾，斧其舟欲自沉，舟人夺斧掷江中，珏踊跃欲赴水，家人挽持不得死。（10321） |
| | | 500 | 沙市距城才十五里，南阳蜀江，北倚江陵，地势险固，为舟车之会，恃水为防。德祐元年，湖水忽涸，北兵横遏中道，乘南风纵火，都统程文亮逆战于马头岸，制置使高达束手不援，文亮降。（10338） |

续表

| | | | |
|---|---|---|---|
| 宋史 | 水舟 | 501 | 绍定二年，盗入境，其父买舟挈家走建昌。盗掠其舟，将逼二女，俱不从，一赴水死，一见杀。（10458） |
| | | 502 | 妾聚薪焚淮淮骨置瓦缶中，自抱持，操小舟至急流，仰天恸哭，跃水而死。（10459） |
| | | 503 | 后水暴涨绝梁，牵牛没于河，募能出之者。怀丙以二大舟实土，夹牛维之，用大木为权衡状钩牛，徐去其土，舟浮牛出。（10480） |
| | | 504 | 三司使郑戬奏留都大管勾汴河使，建议以为渠有广狭，若水阔而行缓，则沙伏而不利于舟，请即其广处束以木岸。（10504） |
| | | 505 | 议者以自京至河中，由陆则山险，具舟则湍悍，承规决议水运，凡百供应，悉安流而达。（10541） |
| | | 506 | 从行王安道、冯由义、水砦丁禩及参议官并改京秩，舟人孙靖亦补承信郎。（10637） |
| | | 507 | 四年正月，将官毕迁护送，舟过藤州，挤之于水而死。（10658） |
| | | 508 | 至安吉，似道所乘舟胶埌中，刘师勇以千人入水曳之不能动，乃易他舟而去。（10662） |
| | | 509 | 大元兵退，金乃遣完颜霆为山东行省，黄掴为经历官，将花帽军三千讨之，败安儿于阛头滴水，断其南路。安儿轻舸走即墨，金人募其头千金，舟人斩以献。（10685） |
| | | 510 | 全知东南利舟师，谋习水战，米商至，悉并舟籴之，留其柁工，一以教十。（10700） |
| | | 511 | 九月，全归海州，治舟益急，驱诸崮人习水。（10700） |
| | | 512 | 及是，刘全不能进，胜又浚市河，人尤谓不急。全至，胜开水门纳贾舟千余艘，活者数千人，粮货不与焉。（10703） |
| | | 513 | 庚辰，舟师过涟水，战胜，达淮安。（10707） |
| | | 514 | 淮北贼归赴援，舟师又剿击，焚其水栅，夷五城余址，贼始惧。（10707） |
| | | 515 | 靖等自东牟趣八角海口，得思柔所乘海船及高丽水工，即登舟自芝冈岛顺风泛大海，再宿抵瓮津口登陆，行百六十里抵高丽之境曰海州，又百里至阎州，又四十里至白州，又四十里至其国。治迎使于郊，尽藩臣礼，延留靖等七十余日而还，遗以袭衣、金带、金银器数百两、布三万余端，附表称谢。（10838） |
| | | 516 | 三年九月，登州言高丽进奉使礼宾卿崔元信至秦王水口，遭风覆舟，漂失贡物，诏遣内臣抚之。（10841） |
| | | 517 | 由海道奉使高丽，弥漫汪洋，洲屿险阻，遇黑风，舟触礁辄败，出急水门至群山岛，始谓平达，非数十日不至也。舟南北行，遇顺风则历险如夷，至不数日。（10846） |

续表

| | | | |
|---|---|---|---|
| 宋史 | 水舟 | 518 | 初，罗茶罗乍既闻商船言，且曰十年来海无风涛，古老传云如此则中国有圣人，故遣三文等入贡。三文离本国，舟行七十七昼夜……又行六十一昼夜……又行七十一昼夜，历加八山、占不牢山、舟宝龙山至三佛齐国。又行十八昼夜，度蛮山水口，历天竺山，至宾头狼山，望东西王母冢，距舟所将百里。（10878-10879） |
| | 舟的补充 | 519 | 昔禹致群臣于会稽，黄龙负舟，而执玉帛者万国。（892） |
| | | 520 | 绍兴初，朱胜非出守江州，过梁山，龙入其舟，才长数寸，赤背绿腹，白尾黑爪甲，目有光，近龙孽也。（921） |
| | | 521 | 淳熙六年，敕令所进重修淳熙法。有收舟、驴、驼、马契书之税，帝命删之，曰："恐后世有算及舟车之言。"（2829） |
| | | 522 | 孝宗究心庶狱，每岁临轩虑囚，率先数日令有司进款案披阅，然后决遣。法司更定律令，必亲为订正之。丞相赵雄上淳熙条法事类，帝读至收骡马、舟舡、契书税，曰："恐后世有算及舟车之讥。"户令："户绝之家，许给其家三千贯，及二万贯者取旨。"帝曰："其家不幸而绝，及二万贯乃取之，是有心利其财也。"又捕亡律："公人不获盗者，罚金。"帝曰："罚金而不加罪，是使之受财纵盗也。"（3339） |
| | | 523 | 未几，帝航海，有鱼跃入御舟，后曰："此周人白鱼之祥也。"帝大悦，封和义郡夫人。（7174） |
| | | 524 | 颢戍西蜀，全斌往省，乘舟派江，夜大风失缆，漂七十里，至曙风未止，舟忽泊岸，人颇异之。后游京师，属太宗在藩邸，全斌候拜于中衢，自荐材干，得召试武艺，以善左射，隶帐下。即位，补东班承旨，稍迁骁猛副兵马使。（7748） |
| | | 525 | 使高丽，暴风折墙，舟人怖恐，端读书若在斋阁时。迁户部郎中、判太常寺兼礼院，选为大理少卿，俄拜右谏议大夫。（7763） |
| | | 526 | 是夕大雨，及河，师半济，黑凌暴合，舟不得进，乃具牲酒为文以祷。已而凌解，师济，进屯府谷，间遣勇士夜乱贼营。（7889） |
| | | 519 | 昔禹致群臣于会稽，黄龙负舟，而执玉帛者万国。（892） |
| | | 520 | 绍兴初，朱胜非出守江州，过梁山，龙入其舟，才长数寸，赤背绿腹，白尾黑爪甲，目有光，近龙孽也。（921） |
| | | 521 | 淳熙六年，敕令所进重修淳熙法。有收舟、驴、驼、马契书之税，帝命删之，曰："恐后世有算及舟车之言。"（2829） |
| | | 522 | 孝宗究心庶狱，每岁临轩虑囚，率先数日令有司进款案披阅，然后决遣。法司更定律令，必亲为订正之。丞相赵雄上淳熙条法事类，帝读至收骡马、舟舡、契书税，曰："恐后世有算及舟车之讥。"户令："户绝之家，许给其家三千贯，及二万贯者取旨。"帝曰："其家不幸而绝，及二万贯乃取之，是有心利其财也。"又捕亡律："公人不获盗者，罚金。"帝曰："罚金而不加罪，是使之受财纵盗也。"（3339） |

| | | | |
|---|---|---|---|
| 宋史 | 舟的补充 | 523 | 未几，帝航海，有鱼跃入御舟，后曰："此周人白鱼之祥也。"帝大悦，封和义郡夫人。（7174） |
| | | 524 | 颢戍西蜀，全斌往省，乘舟泝江，夜大风失缆，漂七十里，至曙风未止，舟忽泊岸，人颇异之。后游京师，属太宗在藩邸，全斌候拜于中衢，自荐材干，得召试武艺，以善左射，隶帐下。即位，补东班承旨，稍迁骁猛副兵马使。（7748） |
| | | 525 | 使高丽，暴风折樯，舟人怖恐，端读书若在斋阁时。迁户部郎中、判太常寺兼礼院，选为大理少卿，俄拜右谏议大夫。（7763） |
| | | 526 | 是夕大雨，及河，师半济，黑凌暴合，舟不得进，乃具牲酒为文以祷。已而凌解，师济，进屯府谷，间遣勇士夜乱贼营。（7889） |
| | | 527 | 先是，土人罕习舟楫，取峡江中竞渡者给漕运役，覆溺常十四五。谔建议置威棹军分隶管勾，自是无覆舟之患。（8093） |
| | | 528 | 丰稷字相之，明州鄞人。登第，为谷城令，以廉明称。从安焘使高丽，海中大风，樯折，舟几覆，众惶扰莫知所为，稷独神色自若。焘叹曰："丰君未易量也。"知封丘县，神宗召对，问："卿昔在海中遭风波，何以不畏？"对曰："巨浸连天，风涛固其常耳，凭仗威灵，尚何畏！"帝悦，擢监察御史。（8383） |
| | | 529 | 初，渡辰溪，舟毁而溺，得援者仅免，神宗悯之，赐帛三百。（8532） |
| | | 530 | 又出大云，仓卒遇风暴怒，二十七艘同时溺，独弼舟得济，人以是异之。（8590） |
| | | 531 | 章惇入相，瓘从众道谒。惇闻其名，独邀与同载，询当世之务。瓘曰："请以所乘舟为喻：偏重可行乎？移左置右，其偏一也。明此，则可行矣。天子待公为政，敢问将何先？"惇曰："司马光奸邪，所当先辨，势无急于此。"瓘曰："公误矣。此犹欲平舟势而移左以置右，果然，将失天下之望。"惇厉色曰："光不务缵述先烈，而大改成绪，误国如此，非奸邪而何？"瓘曰："不察其心而疑其迹，则不为无罪；若指为奸邪，又复改作，则误国益甚矣。为今之计，唯消朋党，持中道，庶可以救弊。"意虽忤惇，然亦惊异，颇有兼收之语。（8747—8748） |
| | | 532 | 涣之性淡泊，恬于仕进，每云："乘车常以颠坠处之，乘舟常以覆溺处之，仕宦常以不遇处之，则无事矣。"（8773） |
| | | 533 | 振居濒江，自父微时，见过客与掌渡者争，多溺死。振造大舟，佣工以济，人感其德，相与名其江为萧家渡云。（9270） |
| | | 534 | 登事其母至孝，舟行至封、康间，阻风，方念无以奉晨膳，忽有白鱼跃于前。（9544） |
| | | 535 | 独赵葵在淮东不受兵，而坐视不出兵应援。午疏论："边阃角立，当协心释嫌，而乃幸灾乐祸，无同舟共济之心。"（9657） |

| | | | |
|---|---|---|---|
| 宋史 | 船的补充 | 536 | 伯成言："天下之势，譬如乘舟，中兴且八十年矣，外而望之，舟若坚致，岁月既久，罅漏寖多，苟安日夕，犹惧覆败，乃欲侥幸图古人之所难。臣则未之知也。"相府灾，同列相率唁丞相，或以为偶然者，伯成正色谓："天意如此，官师相规时也，以为偶然乎？"丞相色动。遂陈三事：一曰失民心，二曰隳军政，三曰启边衅。（9757） |
| | | 537 | 曾谓一家之中自为秦、越，一舟之中自为敌国，而能制远人乎？比年军皆掊克，而士卒自仇其将佐；民皆侵渔，而百姓自畔其守令，家自为战。此又启吾中国亿万之仇敌也。（10384） |
| | | 538 | 其次或曰："战而胜，则霸业可成，战而不胜，则泛巨舟而浮沧海，终不为人下。"此大约皆说士孟浪之谈，谋臣捭阖之策，坐而论之也则易，行之如意也则难。（10758） |
| | | 539 | 当其人心疑惑，兵势动摇，岸上舟中皆为故国，忠臣义士能复几人？怀进退者步步生心，顾妻子者滔滔皆是。变故难测，须臾万端，非惟暂乖始图，实恐有误壮志，又非巨舟之可及，沧海之可游也。（10758） |
| | | 540 | 天船九星，在大陵北，河之中，天之船也，主通济利涉。石申曰："不在汉中，津河不通。"明，则天下安；不明及移徙，天下兵、丧。月犯之，百川流溢，津梁不通。五星犯之，水溢，民移居。彗星犯之，为大水。客星犯，为水，为兵。青云气入，天子忧，不可御船；赤，为兵，船用；黄白，天子喜。（700） |
| | | 541 | 今驻跸浙右，漕运地里不若中都之远，而公私苦之，何也？以所用之舟太半取于民间，往往凿井沉船以避其役。如温、明、虔、吉州等处所置造船场，乞委逐州守臣措置，募兵卒牵挽，使臣管押，庶几害不及民，可以渐复漕运旧制。（9177） |
| | | 542 | 五年，广州言大食国人无西忽卢华百三十岁，耳有重轮，貌甚伟异。自言远慕皇化，附古逻国舶船而来。诏就赐锦袍、银带加束帛。（10895） |
| 辽史 | 水舟 | 543 | 五月甲申，以岁旱，泛舟于池祷雨；不雨，舍舟立水中而祷，俄顷乃雨。（58—59） |
| | | 544 | 八月壬戌，捕鹅于沿柳湖，风雨暴至，舟覆。溺死者六十余人，命存恤其家，识以为戒。（23） |
| | | 545 | 闰月，幸南京，宴于皇太弟重元第，泛舟于临水殿宴饮。（693） |
| | 舟的补充 | 546 | 八月戊戌，上亲征黄龙府，次混同江，无舟，上使一人道前，乘赭白马径涉，曰："视吾鞭所指而行。"诸军随之，水及马腹。后使舟人测其渡处，深不得其底。熙宗天眷二年，以黄龙府为济州，军曰利涉，盖以太祖涉济故也。（19） |
| | | 547 | 臣尝闻河侧故老言，水势散漫，则浅不可以马涉，深不可以舟济，此守御之大计也。（443） |
| | | 548 | 然自通州而上，地峻而水不留，其势易浅，舟胶不行，故常徙事陆挽，人颇艰之。（444） |

续表

| | | | |
|---|---|---|---|
| 金史 | 水舟 | 549 | 诘旦，舟人望见敌舟，请为备。郑家问："去此几何？"舟人曰："以水路测之，且三百里。风迅，行即至矣。"郑家不晓海路舟楫，不之信。有顷，敌果至，见我军无备，即以火炮掷之。郑家顾见左右舟中皆火发，度不得脱，赴水死，时年四十一。（1032） |
| | | 550 | 是岁，白山混同江大溢，水与岸齐，康宗自阿邻冈乘舟至于帅水，舍舟沿帅水而进。（1049） |
| | | 551 | 及攻濠州，以彦舟为先锋，顺流薄城，擒其水军统制邵青，遂克濠州。（1183） |
| | | 552 | 中彦使构崖驾壑，起长桥十数里，以车运木，若行平地，开六盘山水洛之路，遂通汴梁。明年，作河上浮梁，复领其役。舟匠者未得其法，中彦手制小舟才数寸许，不假胶漆而首尾自相钩带，谓之"鼓子卯"，诸匠无不骇服，其智巧如此。浮梁巨舰毕功，将发旁郡民曳之就水。（1186） |
| | | 553 | 蒲离古胡什吉水、马韩岛凡十余战，破数十万众。契丹、奚人聚舟千艘，将入于海。（1192） |
| | | 554 | 宗弼攻下睢阳，与乌延蒲卢浑先以二千人往招寿春，具舟淮水上。时康民聚贾船四百与寿春相近，术列速以骑四百破康民，斩馘数千。（1193） |
| | | 555 | 十二年，与高彪监护水运。宋以舟师阻亳州河路，击败之，追杀六十余里，获其将萧通。破涟水水寨贼，尽得其大船，遂取涟水军，招徕安辑之。（1197） |
| | | 556 | 将渡江，彪军先渡，舟行去岸尚远，宋列兵江口，彪视其水可涉，则麾兵舍舟趋岸疾击之，宋兵走，大军相继而济。（1198） |
| | | 557 | 宗弼引而西，将至黄天荡，敌舟三十余来逼南岸，其一先至者载兵二百余。彪度垂及，以钩拽之，率勇士数十，跃入敌舟，所杀甚众，余皆逼死于水中。（1208） |
| | | 558 | 巳岁自刑，害气在扬州，太白未出，进兵者败，此天时不顺也。舟师水涸，舳舻不继，而江湖岛渚之间，骑士驰射，不可驱逐，此地利不便也。（1243） |
| | | 559 | 昂勒兵袭之，至清口，飞众泛舟逆水而去。时霖雨昼夜不止，昂乃附水屯营。（1251） |
| | | 560 | 兵兴，保衡为浙东道水军都统制，率舟师泛海，径趋临安。（1311） |
| | | 561 | 海陵欲观水战，使世傑领水军百人试之。宋人舟大而多，世傑舟小，乃急进，至中流取胜而还。（1342） |
| | | 562 | 魏胜取弊舟凿其底，贯以大木，列植水中，别以船载巨石贯以铁锁，沉之水底，以塞十八里口及淮渡舟路。（1357） |
| | | 563 | 其后杨安儿与汲政等乘舟入海，欲走岠嵎山。舟人曲成等击之，坠水死。（1494） |
| | | 564 | 步骑俱不可行，惟宜轻舟往来。可选锐卒数千与水军埽兵，以舟二百艘，由便道断浮梁，绝红袄之援。（1504） |

续表

| | | | |
|---|---|---|---|
| 金史 | 水舟 | 565 | 未几，宋人三千潜渡淮，至聊林，尽伐堤柳，塞汴水以断吾粮道。牙吾塔遣精甲千余破之，获其舟及渡者七百人，汴流由是复通。（1643） |
| | | 566 | 白撒弃军窜还蒲城，便言诸军已溃，北兵势大不可当，信从登舟，几死于水。若当时知诸军未尝溃，只河北战死亦可垂名于后。（1665） |
| | | 567 | 既渡江，两舟先逼南岸，水浅不得进，与宋兵相对射者良久，两舟中矢尽，遂为所获，亡一猛安、军士百余人。（1866） |
| | 舟的补充 | 568 | 其册文云："昔我太祖武元皇帝，受天明命，扫辽季荒弗，成师以出，至于大江，浩浩洪流，不舟而济，虽穆满渡江而鼋梁，光武济河而水冰，自今观之无足言矣。……"（537） |
| | | 569 | 金因辽旧俗，以重五、中元、重九日行拜天之礼。重五于鞠场，中元于内殿，重九于都城外。其制，剜木为盘，如舟状，赤为质，画云鹤文。为架高五六尺，置盘其上，荐食物其中，聚宗族拜之。（540） |
| | | 570 | 哀宗初即位，召为补阙，俄迁左司谏，言事稍不及昔时。未几，致仕，居伊阳，郡守为起伊川亭。古性嗜酒，老而未衰，每乘舟出村落间，留饮或十数日不归，及溯流而上，老稚争为挽舟，数十里不绝，其为时人爱慕如此。（1615） |
| | 船的补充 | 571 | 时乌底改叛亡，世宗已遣人讨之，又欲益以甲士，毁其船筏。（1405） |
| 23元史 | 水舟 | 572 | 诏柔率山前八军，城而戍之。柔又以涡水北临浅不可舟，军既病涉，曹、濮、魏、博粟皆不至，乃筑甬路自亳抵汴，堤百二十里，流深而不能筑，复为桥十五，或广八十尺，横以二堡戍之。（32） |
| | | 573 | 自亳而南六十余里，中为横江堡。又以路东六十里皆水，可致宋舟，乃立栅水中，惟密置侦逻于所达之路，由是鹿邑、宁陵、考、柘、楚丘、南顿无宋患，陈、蔡、颍、息皆通矣。（32） |
| | | 574 | 癸巳，以塔海征夔军旅之还戍者，及扬州、江西舟师，悉付水军万户张荣实将之，守御江口。（137） |
| | | 575 | 辛丑，以通州水路浅，舟运甚难，命枢密院发军五千，仍令食禄诸官雇役千人开浚，以五十日讫工。（144） |
| | | 576 | 命右丞阿里帖木儿及万户三十五人、蒙古军习舟师者二千人、探马赤军、习水战者五百人征日本。（169） |
| | | 577 | 初，江淮岁漕米百万石于京师，海运十万石，胶、莱六十万石，而济之所运三十万石，水浅舟大，恒不能达，更以百石之舟，舟用四人，故夫数增多。（184） |
| | | 578 | 云南行省言："叙州、乌蒙水路险恶，舟多破溺，宜自叶稍水站出陆，经中庆，又经盐井、土老、必撒诸蛮，至叙州庆符，可治为驿路，凡立五站。"（232） |

| | | | |
|---|---|---|---|
| 23<br>元<br>史 | 水<br>舟 | 579 | 都水监卿木八剌沙传旨，给驿往取杭州所造龙舟，省臣谏曰："陛下践祚，诞告天下，凡非宣索，毋得擅进。诚取此舟，有乖前诏。"诏止之。（371） |
| | | 580 | 又四五日，水浑浊，土人抱革囊，骑过之。聚落纠木干象舟，傅髦革以济，仅容两人。（1040） |
| | | 581 | 先是，数部民俗，皆以杞柳为杯皿，刳木为槽以济水，不解铸作农器，好礼闻诸朝，乃遣工匠，教为陶冶舟楫，土人便之。（1046） |
| | | 582 | 漕司言："通州运粮河全仰白、榆、浑三河之水，合流名曰潞河，舟楫之行有年矣。今岁新开闸河……及巡视，知榆河上源筑闭，其水尽趋通惠河，止有白佛、灵沟、一子母三小河水入榆河，泉脉微，不能胜舟。……"（1059） |
| | | 583 | 今岸崩泥浅，不早疏瀹，有碍舟行，必致物价翔涌。都水监职专水利，宜分官一员，以时巡视，遇有颓圮浅涩，随宜修筑，如功力不敷，有司差夫助役，怠事者究治。"（1060） |
| | | 584 | 复有濒河人民就堤取土，渐至阙破，走泄水势，不惟涩行舟，妨运粮，或致漂民居，没禾稼。其长芦以北，索家马头之南，水内暗藏桩橛，破舟船，坏粮物。（1061—1062） |
| | | 585 | 臣等集议，近岁东南荒歉，民力凋弊，造舟调夫，其事非轻，一时并行，必致重困。请先造舟十艘，量拨水手试行之，如果便，续增益。（1063） |
| | | 586 | 至元二十六年，寿张县尹韩仲晖、太史院令史边源相继建言，开河置闸，引汶水达舟于御河，以便公私漕贩。（1067） |
| | | 587 | 都水分监言："会通河沛县东金沟、沽头诸处，地形高峻，旱则水浅舟涩，省部已准置二滚水堰。近延祐二年，沽头闸上增置隘闸一，以限巨舟，每经霖雨，则三闸月河、截河十堰，尽为冲决。……"（1070） |
| | | 588 | 准拟拆移沽头隘闸，置于金沟大闸之南，仍作运环闸，其间空地北作滚水石堰，水涨即开大小三闸，水落即锁闭大闸，止于隘闸通舟。果有小料船及官用巨物，许申禀上司，权开大闸，仍添金沟闸板积水，以便行舟。（1070） |
| | | 589 | 自世祖届群策，济万民，疏河渠，引清、济、汶、泗，立闸节水，以通燕蓟、江淮，舟楫万里，振古所无。（1071） |
| | | 590 | 又漕运粮船，凡遇水浅，于河内筑土坝，积水以渐行舟，以故坏闸。（1071） |
| | | 591 | 于兖州立闸堰，约泗水西流，堽城立闸堰，分汶水入河，南会于济州，以六闸搏节水势，启闭通放舟楫，南通淮、泗，以入新开会通河，至于通州。（1072） |
| | | 592 | 斡奴兀奴觯凡三移文，言阿八失所开河，益少损多，不便转漕。水手军人二万，舟千艘，见闲不用，如得之，可岁漕百万石。（1080） |
| | | 592 | 斡奴兀奴觯凡三移文，言阿八失所开河，益少损多，不便转漕。水手军人二万，舟千艘，见闲不用，如得之，可岁漕百万石。（1080） |

续表

| | | | |
|---|---|---|---|
| 23<br>元<br>史 | 水<br>舟 | 593 | 练湖潴蓄潦水，若运河浅阻，开放湖水一寸，则可添河水一尺。近年淤浅，舟楫不通，凡有官物，差民运递，甚为不便。（1084） |
| | | 594 | 后各监工官言："已分运河作三坝，依元料深阔丈尺开浚，至三月四日工毕。数内平江昆山、嘉定二州，实役二十六日。常熟、吴江二州，长洲、吴县，实役二十八日，余皆役三十日，已于三月七日积水行舟。"（1085） |
| | | 595 | 江浙省令史裴坚言："杭州钱塘江，近年以来为沙涂壅涨，潮水远去，离北岸十五里，舟楫不能到岸。……"（1090） |
| | | 596 | 是月二十二日鸠工，七月疏凿成，八月决水故河，九月舟楫通行，十一月水土工毕，诸埽诸堤成。（1093-1094） |
| | | 597 | 每船各二人，执斧凿，立船首尾，岸上挝鼓为号，鼓鸣，一时齐凿，须臾舟穴，水入，舟沉，遏决河。水怒溢，故河水暴增，即重树水帘，令后复布小埽土牛白阑长梢，杂以草土等物，随宜填垛以继之。（1097） |
| | | 598 | 室宿旗，青质，赤火焰脚，画神人，丫发，朱服，乘舟水中。（1305） |
| | | 599 | 乘驿者日两驿，百里以上止一驿。舟行，上水日八十里，下水百二十里。职当急赴者，不拘此例。（1374） |
| | | 600 | 七月，诏以塔海征爨军之还戍者，及扬州、江西舟师，悉付水军万户张荣实将之，守御江中。（1686） |
| | | 601 | 凡站，陆则以马以牛，或以驴，或以车，而水则以舟。其给驿传玺书，谓之铺马圣旨。（1715） |
| | | 602 | 诸漕运官，辄拘括水陆舟车，阻滞商旅者，禁之。诸漕运官，辄受赃，纵水手人等以稻糠盗换官粮者，以枉法计赃论罪，除名不叙。（1745） |
| | | 603 | 二十八年，都水使者请凿渠西导白浮诸水，经都城中，东入潞河，则江淮之舟既达广济渠，可直泊于都城之汇。（1947） |
| | | 604 | 撒吉思卜华集西都水之舟，渡自河阴。至郑，郑守马伯坚降。……撒吉思卜华追蹑其后，薄北门而军。左右皆水，其舟师日至。（1991） |
| | | 605 | 刀户武秀为前锋，遇水浒，霖雨水溢，无舟不能涉。伯颜曰："吾且飞渡大江，而惮此潢潦耶！"乃召一壮士，负甲仗，骑而前导，麾诸军毕济。（2049） |
| | | 606 | 于是治战船，教水军，筑圜城，以逼襄阳。文虎复率舟师来救，来兴国又以兵百艘侵百丈山，前后邀击于湍滩，俱败走之。（2063） |
| | | 607 | 文焕等又以渔舟渡汉水窥伺军形，恒设伏败之，水路亦绝，遂进攻樊城。……十一年，丞相伯颜大会师襄阳，进至郢州。宋以舟师截汉水，伯颜由唐港入汉，舍郢而进攻沙洋、新城，留恒为后拒，败其追兵。（2089） |
| | | 608 | 凌震等复抵广州，恒击败之，皆弃舟走，赴水死，夺其船三百艘，擒将吏宋迈以下二百余人，又破其余军于菱塘越。（2090） |

续表

| | | | |
|---|---|---|---|
| **23 元史** | **水舟** | 609 | 十一年，赐虎符，真授管军万户，领成都高唖哥等六翼及京兆新军，教习水战。也速带儿进围嘉定，速哥率舟师会平康城，修筑怀远等寨，守其要害。（2108） |
| | | 610 | 重庆受围久，其守将赵安开门出降，制置使张珏遁，速哥追破之，虏百余人及其舟二十余艘。以功授成都水军万户，寻改重庆夔府等路宣抚、招讨两司军民达鲁花赤。（2108） |
| | | 611 | 舟泊中洲，宋兵阻水不得近，伯颜复遣万户张荣实等率舟来援。（2111） |
| | | 612 | 继又领军从父太尉月阔察儿征淮西，会贼围安丰，即往援之，渡淮无舟，因策马探水深浅，浮而过，贼大骇，撤围去。（2260） |
| | | 613 | 甲寅，移镇亳州。环亳皆水，非舟楫不达，柔甓城壁为桥梁属汴堤，以通商贾之利；（2312） |
| | | 614 | 乙卯，败宋舟师于汉水之鸳鸯滩，赐金虎符。（2317） |
| | | 615 | 文用曰："民籍可役者无几，且江淮风水，舟不能以时至，而先为期会，是未运而民已困矣。"（2327） |
| | | 616 | 遂造舟楫，建浮桥。诸将多言水涨波恶，恐劳费无功，天应下令曰："有沮吾事者，断其舌！"桥成，诸将悦服。（2347） |
| | | 617 | 子良率千余人入燕、蓟间，耕稼已绝，遂聚州人，阻水，治舟筏，取蒲鱼自给，从之者众，至不能容。（2396） |
| | | 618 | 造舟百数（十）艘，驾以水军，下致病民。一方安之。（2414） |
| | | 619 | 会淮水泛涨，宋以舟师卒至，主帅察罕率军逆战，进以兵十五人载一舟，转斗十余里，夺一巨舰，遂以功升百户。（2424） |
| | | 620 | 六年正月，也速带儿领兵趋泸州，遣按只以舟运其器械、粮食，由水道进。宋兵复扼马湖江，按只击败之，生获四十人，夺其船五艘，复以水军一千，运粮于眉、简二州，军中赖之。（2426） |
| | | 621 | 宋军屯万州南岸，世显即水北造船以疑之，夜从上游鼓革舟袭破之，宋师大扰。（2431） |
| | | 622 | 良臣既奉命，治桥梁，平道路，营舟车，水陆无壅，储积充牣。有旨赐黄金、弓矢，旌其能。（2434） |
| | | 623 | 十年，拜参知政事。夏，霖雨，水涨，宋淮西制置使夏贵帅舟师十万来攻，矢石雨下，文炳登城御之。（2445） |
| | | 624 | 宋军千余艘碇海中，建楼橹其上，隐然坚壁也，弘范引舟师赴之。崖山东西对峙，其北水浅，舟胶，非潮来不可进，乃由山之东转南入大洋，始得逼其舟。（2453） |
| | | 625 | 舟将接，鸣金撒障，弓弩火石交作，顷刻并破七舟，宋师大溃。宋臣抱其主昺赴水死。获其符玺印章。（2454） |
| | | 626 | 今当从彼所保以为吾攻，命一军出襄、邓，直渡汉水，造舟为梁，水陆济师。（2467） |

| | | 627 | 今日之治，非此奚宜？夫陆行宜车，水行宜舟，反之则不能行；幽燕食寒，蜀汉食热，反之则必有变。(2478) |
|---|---|---|---|
| 23<br>元<br>史 | 水<br>舟 | 628 | 其地多山水，无耕桑之利，得其人不可役，得其地不加富。况舟师渡海，海风无期，祸害莫测。是谓以有用之民力，填无穷之巨壑也，臣谓勿击便。(2498) |
| | | 629 | 贵果中夜潜上，璧策马出鹿门，行二十余里，发伏兵，夺其五舟，大呼曰："南船已败，我水军宜速进。"贵慑不敢动。明旦，阿术至，领诸将渡江西追贵骑兵，璧率水军万户解汝楫等追贵水师。遂合战于虎尾洲，贵大败走，士卒溺死甚众，夺战舰五十，擒将士三百余人。(2500) |
| | | 630 | 世祖召见，面陈水利六事：其一，中都旧漕河，东至通州，引玉泉水以通舟，岁可省雇车钱六万缗。……此水开修成河，其田即可耕种，自小王村经滹沱，合入御河，通行舟筏。其四，磁州东北滏、漳二水合流处，引水由滏阳、邯郸、洺州、永年下经鸡泽，合入洺河，可灌田三千余顷。(2568) |
| | | 631 | 二年，授都水少监。守敬言："舟自中兴沿河四昼夜至东胜，可通漕运，及见查泊、兀郎海古渠甚多，宜加修理。"(2568) |
| | | 632 | 十二年，丞相伯颜南征，议立水站，命守敬行视河北、山东可通舟者，为图奏之。(2569) |
| | | 633 | 朝廷遣守敬相视，滦河既不可行，泸沟舟亦不通，守敬因陈水利十有一事。……每十里置一闸，比至通州，凡为闸七，距闸里许，上重置斗门，互为提阏，以过舟止水。帝览奏，喜曰："当速行之。"(2572) |
| | | 634 | 守敬又言：于澄清闸稍东，引水与北霸河接，且立闸丽正门西，令舟楫得环城往来。(2572) |
| | | 635 | 元帅阿尤命禧率轻舟，夜衔枚入其阵中，插苇以识水之深浅。(2582) |
| | | 636 | 解诚，易州定兴人。善水战，从伐宋，设方略，夺敌船千计，以功授金符、水军万户，兼都水监使。焦湖之战，获战舰三百艘。宋以舟师来援，诚据舟厉声呵之，援兵不敢动，急移舟抵岸，乘势追杀之，夺其军饷三百余斛。(2584) |
| | | 637 | 宋以舟师横截汉水，兵不得渡，荣实战却之，获人百余，战船数十艘，察罕以闻，赐锦袍及银十五斤。又破宋军于太湖，赏银百两。已未，从世祖南征，驻阳罗渡。宋兵十万、舟二千迎战，横截江水。帝以荣实习于水，命居前列，遂取轻舟率麾下水校鏖战北岸，获宋大船二十，俘二百，溺死不可胜计，斩宋将吕文信。(2606) |
| | | 638 | 师还，安南以兵迎战，大战连日，水涸舟不能行，玉死焉。子辅袭万户。(2606) |
| | | 639 | 其地距京师九千余里，民俗不知陶冶，水无舟航。(2619) |
| | | 640 | 丞相脱脱主之甚力，有壬曰："浑河之水，湍悍易决，而足以为害，淤浅易塞，而不可行舟；况地势高下，甚有不同，徒劳民费财耳。"(2807) |

续表

| | | 641 | 陵民文甲无子，育其甥雷乙，后乃生两子，而出乙，乙俟两子行卖茶，即舟中取斧，并斫杀之，沈斧水中，而血渍其衣，迹故在。（2821） |
|---|---|---|---|
| | | 642 | 是月鸠工，七月凿河成，八月决水故河，九月舟楫通，十一月诸埽诸堤成，水土工毕，河复故道。（2868） |
| | | 643 | 黼还，谓左右曰："贼不利于陆，必由水道以舟薄我，苟失备御，吾属无噍类矣。"乃以长木数千，冒铁椎于杪，暗植沿岸水中，逆刺贼舟，谓之七星桩。会西南风急，贼舟数千，果扬帆顺流鼓噪而至，舟遇桩不得动，进退无措，黼帅将士奋击，发火翎箭射之，焚溺死者无算，余舟散走。（2938） |
| | | 644 | 其党张士诚杀李二，复为乱，戕参政赵琏，入据兴化，而水陆袭高邮，屯兵东门。纳速剌丁以舟师会诸军讨之。（2948） |
| | | 645 | 同行者立岸上，不能救。钰投溪拥镇出，镇得挽行舟以升。钰力惫，且水势湍急，遂溺死，尸流四十五里，得于滩。（2978） |
| | | 646 | 三玉佯许诺，因起更衣，自投江水而死。越三日，尸流至广瑞舟侧，广瑞识为女，收敛之。（3006） |
| | | 647 | 瓒言："近获生口，知宋调兵将攻涟水，且谍见许浦、射阳湖舟舰相望，势欲出胶西，向益都，请缮城堑以备。"（3071） |
| 23 元 史 | 水 舟 | 648 | 若以水陆缀涟，而遣舟师遵海以北，捣胶、莱之虚，然后帅步骑直指沂、莒、滕、峄，则山东非我有矣，岂可易视而不为备哉。（3072） |
| | | 649 | 瓒知城且破，乃手刃爱妾，乘舟入大明湖，自投水中。水浅不得死，为官军所获，缚至诸王合必赤帐前。（3072—3073） |
| | | 650 | 十一年三月，命凤州经略使忻都、高丽军民总管洪茶丘，以千料舟、拔都鲁轻疾舟、汲水小舟各三百，共九百艘，载士卒一万五千，期以七月征日本。冬十月，入其国，败之。而官军不整，又矢尽，惟房掠四境而归。（3096—3097） |
| | | 651 | 十一月，相吾答儿命也罕的斤取道于阿昔江，达镇西阿禾江，造舟二百，下流至江头城，断缅人水路；自将一军从骠甸径抵其国，与太卜军会。（3117） |
| | | 652 | 又言："今未附州郡凡十二处，每州遣一人招之。旧州水路，乞行省与陈安抚及宝脱秃花各遣一人乘舟招谕攻取。……"（3120） |
| | | 653 | 西南北岸皆水，至彭湖渐低，近瑠求则谓之落漈，漈者水趋下而不回也。凡西岸渔舟到彭湖已下，遇飓风发作，漂流落漈，回者百一。（3123） |
| | | 654 | 以汉、唐、宋观之，当其立国之初，亦颇有成法，及数传之后，骄侈生焉。往往取之无度，用之无节。于是汉有告缗、算舟车之令，唐有借商、税间架之法，宋有经、总制二钱，皆挤民以充国，卒之民困而国亡，可叹也已。（1561） |

续表

| | | | |
|---|---|---|---|
| 23元史 | 水舟 | 655 | 三十年，有星孛于帝座。帝忧之，夜召入禁中，问所以销天变之道，奏曰："风雨自天而至，人则栋宇以待之；江河为地之限，人则舟楫以通之。天地有所不能者，人则为之，此人所以与天地参也。且父母怒，人子不敢疾怨，惟准起敬起孝。故易震之象曰'君子以恐惧修省'，诗曰'敬天之怒'，又曰'遇灾而惧'。三代圣王，克谨天戒，鲜有不终。汉文之世，同日山崩者二十有九，日食地震频岁有之，善用此道，天亦悔祸，海内乂安。此前代之龟鉴也，臣愿陛下法之。"因诵文帝日食求言诏。（2099） |
| | | 656 | 文宗尝欲游西湖，自当谏曰："陛下以万乘之尊而泛舟自乐，如天下何？"不听。自当遂称疾不从行。文宗在舟中，顾谓台臣曰："自当终不满朕此游耶？"台臣尝奏除目，文宗以笔涂一人姓名，而缀将作院官闾闾之名。自当言："闾闾为人诙谐，惟可任教坊司，若以居风纪，则台纲扫地矣。"文宗乃止。已而出为陕西行台侍御史。（2272） |
| | | 657 | 母丧，哀毁逾礼，负丧渡江而风涛作，舟人以神龙忌尸为言，即仰天大呼曰："吾将祔母于先人，神奈何厄我也。"风遂止。（2292） |
| | | 658 | 翀曰："世祖立国，成宪具在，慎守足矣。譬若乘舟，非一人之力所能运也。"翀乃开壅除弊，省务为之一新。（2818） |
| | | 659 | 至顺间，永平庞遵，母病肿，三年不能起。忽思食鱼，遵求之市不得。归途叹恨，忽有鲤跃入其舟。作羹以献，母悦，病瘥。（2972） |
| | 船的补充 | 660 | 福建省左丞蒲寿庚言："诏造海船二百艘，今成者五十，民实艰苦。"诏止之。（155） |
| | | 661 | 御史中丞崔彧言："江南盗贼相继而起，皆缘拘水手、造海船，民不聊生，日本之役，宜姑止之。"（171） |
| | | 662 | 然风涛不测，粮船漂溺者无岁无之，间亦有船坏而弃其米者。至元二十三年始责偿于运官，人船俱溺者乃免。然视河漕之费，则其所得盖多矣。（1571） |
| | | 663 | 运司所言纲船作弊，盖因立法不严。失于关防所致。（1648） |
| | | 664 | 张文虎粮船以去年十二月次屯山，遇交趾船三十艘，文虎击之，所杀略相当。至绿水洋，贼船益多，度不能敌，又船重不可行，乃沉米于海，趋琼州。（3111） |
| 明史 | 水舟 | 665 | 五月，太祖谋渡江，无舟。会巢湖帅廖永安、俞通海以水军千艘来附，太祖大喜，往抚其众。而元中丞蛮子海牙扼铜城闸、马场河诸隘，巢湖舟师不得出。忽大雨，太祖喜曰："天助我也！"遂乘水涨从小港纵舟还，因击海牙于峪溪口，大败之，遂定计渡江。（3） |

| | | | |
|---|---|---|---|
| 明史 | 水舟 | 666 | 友谅兵号六十万，联巨舟为阵，楼橹高十余丈，绵亘数十里，旌旗戈盾，望之如山。丁亥，遇于康郎山，太祖分军十一队以御之。戊子，合战，徐达击其前锋，俞通海以火炮焚其舟数十，杀伤略相当。友谅骁将张定边直犯太祖舟，舟胶于沙，不得退，危甚，常遇春从旁射中定边，通海复来援，舟骤进水涌，太祖乃得脱。己丑，友谅悉巨舰出战，诸将舟小，仰攻不利，有怖色。太祖亲麾之，不前，斩退缩者十余人，人皆殊死战。会日晡，大风起东北，乃命敢死士操七舟，实火药芦苇中，纵火焚友谅舟。风烈火炽，烟焰涨天，湖水尽赤。友谅兵大乱，诸将鼓噪乘之，斩首二千余级，焚溺死者无算，友谅气夺。（7） |
| | | 667 | 九月己巳，渔于积水池，舟覆，救免，遂不豫。（143） |
| | | 668 | 十二年六月癸亥，山阳见黑龙，一龙吸水，声闻数里，摄舟及舟女至空而坠。（297） |
| | | 669 | 东南有胡甲山，隆舟水出焉，下流至平遥入汾。（644） |
| | | 670 | 山有三门，中曰神门，南曰鬼门，北曰人门，惟人门修广可行舟，鬼门最险。又南有囊水，一名永定涧，亦曰漫涧，西北入河。（661） |
| | | 671 | 都水典川泽、陂池、桥道、舟车、织造、券契、量衡之事。水利曰转漕，曰灌田。（1175） |
| | | 672 | 五月，大雷雨，复决沙湾北岸，掣运河水入盐河，漕舟尽阻。帝复命璞往。（1346） |
| | | 673 | 五年七月，河决汴梁土城，又决砖城，城中水丈余，坏官民舍过半。周王府宫人及诸守土官皆乘舟筏以避，军民溺死无算。（1347） |
| | | 674 | 今宜于河阴、原武、怀、孟间，审视地形，引河水注于卫河，至临清、天津，则徐、沛水势可杀其半。且元人漕舟涉江入淮，至封丘北，陆运百百八十里至淇门，入御河达京师。（1354） |
| | | 675 | 宜浚深广而又筑堤，以防水涨，筑坝以护行舟，皆不可缓。往时，淮水独流入海，而海口又有套流，安东上下又有涧河、马逻诸港以分水入海。（1357） |
| | | 676 | 总河都御史刘士忠开韩家坝外小渠引水，由是坝以东始通舟楫。（1381） |
| | | 677 | 时淮安霪雨连旬，黄、淮暴涨数尺，而山阳里外河及清河决口汇成巨浸，水灌淮城，民蚁城以居，舟行街市。久之始塞。（1381） |
| | | 678 | 迫引黄水入其中，波流迅急，沙随水下，率淤浅不可以舟。及漕舟将至，而骆马湖之溃决适平，舟人皆不愿由新河。（1382） |
| | | 679 | 滨河置舍五百六十八所，舍置浅夫。水涩舟胶，俾之导行。增置浅船三千余艘。（1388） |
| | | 680 | 临清至沙湾十二闸，有水之日，其势甚陡。请于临清以南浚月河通舟，直抵沙湾，不复由闸，则水势缓而漕运通矣。（1388） |

续表

| | | | |
|---|---|---|---|
| 明史 | 水舟 | 681 | 明年四月，决口方毕工，而减水坝及南分水墩先败，已复尽冲墩岸桥梁，决北马头，掣漕水入盐河，运舟悉阻。教谕彭埧请立闸以制水势，开河以分上流。（1389） |
| | | 682 | 然沙随水下，旋浚旋淤。今运舟由昭阳湖入鸡鸣台至沙河，迂回不过百里。（1391） |
| | | 683 | 一请于境山镇、徐、吕二洪之下，各建石闸，蓄水数尺以行舟，旁留月河以泄暴汛；（1391） |
| | | 684 | 漕运参将汤节又以洪迅败舟，於上流筑堰，逼水归月河，河南建闸以蓄水势。（1391） |
| | | 685 | 既而启闭不时，淤塞日甚，开朱家口引清水灌之，仅通舟。至是改建甘罗城南，专向淮水，使河不得直射。（1396） |
| | | 686 | 西风鼓浪，往往覆舟。陈瑄筑堤湖东，蓄水为运道。上有所受，下无所宣，遂决为八浅，汇为六潭，兴、盐诸场皆没（1397） |
| | | 687 | 于是凤阳巡抚都御史李三才建议自镇口闸至磨儿庄仿闸河制，三十里一闸，凡建六闸于河中，节宣汶、济之水，聊以通漕。漕舟至京，不复能如期矣。（1398） |
| | | 688 | 漕舟自奔牛溯京口，水涸则改从孟渎右趋瓜洲，抵白塔，以为常。（1404） |
| | | 689 | 廷臣上言："自新港至奔牛，漕河百五十里，旧有水车卷江潮灌注，通舟溉田。请支官钱置车。"诏可。（1404） |
| | | 690 | 然石闸虽建，蓄水不能多，漕舟仍入孟渎。（1404） |
| | | 691 | 漕运总兵官杨茂言："每岁自张家湾舍舟，车转至都下，雇值不赀。旧通惠河石闸尚存，深二尺许，修闸潴水，用小舟剥运便。"……上言："旧闸二十四座，通水行舟。但元时水在宫墙外，舟得入城内海子湾。今水从皇城金水河出，故道不可复行。……"（1408） |
| | | 692 | 洪武元年，太祖命汤和造海舟，饷北征士卒。天下既定，募水工运莱州洋海仓粟以给永平。（1410） |
| | | 693 | 自沂口至湖北崖约二十余里，于此卝一河以接伽口，引湖水灌之，运舟可直达伽口矣。（1418） |
| | | 694 | 但河身尚浅，水止二三尺，宜更凿四五尺，俾韩庄之水下接伽口，则运舟无论大小，皆沛然可达矣。（1418） |
| | | 695 | 此在伽下流，水平身广，运舟日行仅十里。然无他道，故必用之。（1420） |
| | | 696 | 重运空回，往来不相碍，回旋不相避，水常充盛，舟无留行。岁捐水衡数万金，督以廉能之吏，三年可竣工。（1420） |
| | | 697 | 元漕舟至封丘，陆运抵淇门入卫。今导河注卫，冬春水平，漕舟至河阴，顺流达卫。夏秋水迅，仍从徐、沛达临清，以北抵京师。（1422） |

续表

| | | | |
|---|---|---|---|
| 明史 | 水舟 | 698 | 金事刘清言："自沁决马曲湾入卫，沁、黄、卫三水相通，转输颇利。今决口已塞，卫河胶浅。运舟悉从黄河，尝遇险阻。宜遣官浚沁资卫，军民运船视远近之便而转输之。"诏下巡抚集议。明年，清复言："东南漕舟，水浅弗能进。请自荣泽入沁河，浚冈头百二十里以通卫河。"（1424） |
| | | 699 | 东下大同古定桥，抵宣府保安州，雁门、应州、云中诸水皆会。穿西山，入宛平界。东南至看舟口，分为二。（1426-1427） |
| | | 700 | 由是江、淮之舟达于胶莱。逾年，复浚新河，水泉旁溢，其势深阔，设九闸，置浮梁，建官署以守。（1429） |
| | | 701 | 胶莱新河在海运旧道西，王献凿马家壕，导张鲁、白、现诸河水益之。今淮舟直抵麻湾，即新河南口也，从海仓直抵天津，即新河北口也。（1429） |
| | | 702 | 应节至，谓南北海口水俱深阔，舟可乘潮，条悉其便以闻。（1429） |
| | | 703 | 才下数尺为砜砌石，又下皆沙，又下尽黑沙，又下水泉涌出，甫挑即淤，止深丈二尺。必欲通海行舟，更须挑深一丈。（1430） |
| | | 704 | 山阴西小江，上通金、严，下接三江海口，引诸暨、浦江、义乌诸湖水以通舟。江口近淤，宜筑临浦戚堰障诸湖水，俾仍出小江。（1439） |
| | | 705 | 山阳泾河坝，上接漕河，下达盐城，旧置绞关以通舟，岁久且敝，又恐盗泄水利，遂筑塞河口。（1439） |
| | | 706 | 近为潮水涌塞，江与田平，舟不能行，久雨水溢，邻田辄受其害。（1440） |
| | | 707 | 上流日微，水势日杀。黄浦、娄江之水又为舟师所居，下流亦淤。（1447） |
| | | 708 | 且宜修饬海舟，大小相比，或百或五十联为一鰺，募惯习水工领之，而充以原额水军，于诸海口量缓急置防。（1500） |
| | | 709 | 洪武初，于都城南新江口置水兵八千。已，稍置万二千，造舟四百艘。（1501） |
| | | 710 | 今召王复来，往返劳费，兼水溢旱蝗，舟车所经，恐有他虞。（2406） |
| | | 711 | 友谅骁将张定边直犯太祖舟，舟胶于浅，几殆。遇春射中定边，太祖舟得脱，而遇春舟复胶于浅。有败舟顺流下，触遇春舟乃脱。转战三日，纵火焚汉舟，湖水皆赤，友谅不敢复战。诸将以汉军尚强，欲纵之去，遇春独无言。比出湖口，诸将欲放舟东下，太祖命扼上流。（2476） |
| | | 712 | 以舟师徇黄杨山，败吴水军，获千户四十九人，拜平章政事。（2488） |
| | | 713 | 遂由蒙自径野蒲斩木通道，夺猛烈、拥华诸关隘。异舟夜出洮水，渡富良江，与辅会师。（2494） |
| | | 714 | 已，从徐达取淮东，张士诚遣舟师薄海安，太祖令永忠还兵水寨御之，达遂克淮东诸郡。从伐士诚，取德清，进克平江，拜中书省平章政事。（2523） |
| | | 715 | 进至瞿塘关，山峻水急，蜀人设铁锁桥，横据关口，舟不得进。永忠密遣数百人持糇粮水筒，异小舟逾山渡关，出其上流。（2524） |
| | | 716 | 攻张士诚异山水寨，引小舫绕敌舟。舟中多俯视而笑。（2547） |
| | | 717 | 从援南昌，大战鄱阳湖，擒水寨姚平章。太祖舟胶浅，德力战，身被九矢，不退。（2551） |

续表

| | | | |
|---|---|---|---|
| 明史 | 水舟 | 718 | 以舟师破海牙水栅，擒陈兆先，入集庆。擢建康翼统军元帅。(2571) |
| | | 719 | 太祖方驻师和阳，谋渡江，无舟楫。通海至，大喜曰："天赞我也。"亲往抚其军。而赵普胜叛去。元兵以楼船扼马场河等口。濒湖惟一港可通，亦久涸。会天大雨，水深丈余，乃引舟出江，至和阳。(2572) |
| | | 720 | 从克宁国，下水阳，因以舟师略太湖，降张士诚守将于马迹山，舣舟胥口。(2572) |
| | | 721 | 常遇春射中定边，通海飞舸来援，舟骤进水涌，太祖舟得脱。(2573) |
| | | 722 | 以东湖小渔舟从水关潜出，夜行昼止，半月始得达。太祖问友谅兵势。(2579) |
| | | 723 | 海龙中流矢死，国胜泅水得脱，抵金陵。从太祖战鄱阳。张定边直前犯太祖舟。(2580) |
| | | 724 | 从渡江，以舟师破元水军。授秦淮翼元帅。(2580) |
| | | 725 | 良用为舟师，死于水。中节好老子、太玄经，为道士。(2700) |
| | | 726 | 燕兵围济南。安营单家桥，谋出御河夺燕饷舟。又选善水卒五千人渡河，将攻德州。(2704) |
| | | 727 | 焚粮舟数万，河水尽热，鱼鳖皆浮死。(2718) |
| | | 728 | 辰修故闸，公私皆便。漕河易涸，仰练湖益水，三斗门久废。辰修筑之，运舟既通，湖下田益稔。(2771) |
| | | 729 | 十三年，瑄用故老言，自淮安城西管家湖，凿渠二十里，为清江浦，导湖水入淮，筑四闸以时宣泄。又缘湖十里筑堤引舟，由是漕舟直达于河，省费不訾。(2798) |
| | | 730 | 升等以舟师横击，大破之，馘斩数万，江水为赤，乘胜穷追。时天旱水浅，贼弃舟陆走。官军至，忽大雨水涨，遂毕渡。(2808) |
| | | 731 | 从征交阯，自个招市昇小舟入江，劫黎季犛水寨，破之。攻多邦城，先登。论功，还故官，调交州左卫。(2815) |
| | | 732 | 是年冬，大军逼缅甸，缅人以楼船载思任发觇官军，而潜以他舟载之归。骥知缅人资木邦水利为唇齿，且虑思机发将以献其父故仇之，故终不肯献思任发。(3033) |
| | | 733 | 停诸路之织造，罢不急之土木；汰仓局门户之内官，禁水陆舟车之进奉；出留中奏牍以达下情，省传奉冗员以慎名器；(3322) |
| | | 734 | 及被谪，怡然就道。夜过泷水，舟飘巨石上，缘石坐浩歌。家人后至，闻歌声乃檥舟以济。(3387) |
| | | 735 | 以小舟载薪，乘风纵火，焚其副舟，妃娄氏以下皆投水死。宸濠舟胶浅，仓卒易舟遁，王冕所部兵追执之。(3440) |
| | | 736 | 舟次徐州，覆水死。后赠光禄寺卿，予一子官。(3521) |
| | | 737 | 应轸率壮夫百余人列水次，舟至，即挽之出境。(3654) |

续表

| | | 738 | 民财日殚，嵩赏日积。于是水陆舟车载还其乡，月无虚日。所至要索供亿，势如虎狼。(3709) |
|---|---|---|---|
| 明史 | 水舟 | 739 | 时贼屯板江大洲，累石树栅，潜以舟来袭。锡伏舟败之，水陆并进。会凤翔等亦至，贼悉舟西遁。追击，连破数巢 (3747) |
| | | 740 | 水军沈蜑舟二十，生禽本豪。诸军竞进，大破之石茅洲。(3748) |
| | | 741 | 守仁追击至淡水洋，沉其舟二十。贼失利，复入潮州。(3908) |
| | | 742 | 分司南旺司兼督泉闸，驻济宁。泗水所注，瓒修金口坝遏之。造舟汶上，为桥于宁阳，民不病涉。(3922-3923) |
| | | 743 | 明年夏，芝龙剿贼福宁，红夷乘间袭陷厦门城，大掠。维琏急发兵水陆进，芝龙亦驰援，焚其三舟，官军伤亦众。寇乃泛舟大洋，转掠青港、荆屿、石湾。(4099) |
| | | 744 | 又三日北行，一鹭飞章告变，东厂刺事者言吴人尽反，谋断水道，劫漕舟，忠贤大惧。(4246) |
| | | 745 | 仲明闻之，伪函他死人头绐之曰："此有德也。"应龙率舟师抵水城。延之入，猝缚斩之，无一人脱者。(4300) |
| | | 746 | 盘江居云、贵交，两山夹峙，一水中绝，湍激迅悍，舟济者多陷溺。(4316) |
| | | 747 | 出辞祖墓，舟过西洋港，跃入水中，水浅不得死，舟人扶出之。(4407) |
| | | 748 | 士奇自以知兵也，曰："必报国仇。"遂留驻重庆，遣水师参将曾英击贼于忠州，焚其舟；遣赵荣贵御贼于梁山。(4552) |
| | | 749 | 尝夜泊洞庭，为盗窘，跃出堕水，再跃入洲渚。比晓，坐芦苇中，去泊舟数十丈。(4592) |
| | | 750 | 名衡、永福乘小舟至城头，周王率其宫眷及宁乡诸郡王避水栖城楼，坐雨绝食者七日。王燮以舟迎王，王从城上泛舟出，名衡等皆出。(4604) |
| | | 751 | 会贼舟泊鸭绿江，龙尽发水师剿之。(4660) |
| | | 752 | 大清兵过江，王航海遁。六月二日，煌赴水，舟人拯起之。居二日，复投深处，乃死。(4729) |
| | | 753 | 其年六月，言防江之策莫过水师，海舟议不可缓，请专委兵部主事何刚训练，从之。(4745) |
| | | 754 | 后航海至舟山，依黄斌卿。唐王在福建，授兵部右侍郎，总督水师。鲁王授官亦如之。鲁王航海之明年，廷扬督舟师北上，抵福山，次鹿苑。(4752) |
| | | 755 | 琼军渡河，抵梅林，中伏大败，还至河，争舟，多死于水。远生愤甚，五月朔，渡河再战，身先士卒，遇大兵，被获，复逃归。(4759) |
| | | 756 | 主事王其弘谓元吉曰："水师帅罗明受海盗也，桀骜难制，荣、遂球若慈母之奉骄子。且今水涸，臣舟难进，岂能如约。"不听。及八月，大兵闻水师将至，即夜截诸江，焚巨舟八十，死者无算，明受遁遁还，舟中火药戎器尽失。(4760) |

| | | | |
|---|---|---|---|
| 明史 | 水舟 | 757 | 良玉欲与同舟，不从，乃置之别舟，以副将四人守之。舟次汉阳门，乘间跌入江水。四人惧诛，亦赴水。腾蛟漂十余里，渔舟救之起，则汉前将军关壮缪侯庙前也。（4793—4794） |
| | | 758 | 伐石筑堤，作水门蓄泄，护濒江田，百姓咸赖。有坐盗麦舟者，论死数十人。（4804） |
| | | 759 | 永嘉侯朱亮祖尝率舟师赴北平，水涸，役夫五千浚河。克勤不能止，泣祷于天。忽大雨，水深数尺，舟遂达。民以为神。（4805） |
| | | 760 | 岁大水，居荒野沮洳中。其女适人者，操舟来迎，不许。（5153） |
| | | 761 | 梧艰归，舟次仪真，钦仰坠水死。金贞年甫十四，惊哭欲赴水从之，父母持不许。（5157） |
| | | 762 | 保善琴能书。帝屡赐牙章曰"光明正大"，曰"尔惟盐梅"，曰"汝作舟楫"，曰"鱼水相逢"，曰"风云际会"，所以待之甚隆。（5223） |
| | | 763 | 而御马监监丞李道方督理湖口船税，亦奏奉水沮商舟，陆截贩贾，征三解一，病国剥民。（5227） |
| | | 764 | 闰八月发南京。至清江浦，渔积水池，帝舟覆被溺，遂得疾。（5282） |
| | | 765 | 将渡，风大作，献忠怒，连巨舟千艘，载妇女焚之，水光夜如昼。（5339） |
| | | 766 | 寻大破贼于富良江，季犛父子以数舟遁去。诸军水陆并追，次茶笼县，知季犛走义安，遂循举厥江，追至日南州奇罗海口，命柳升出海追之。（5569） |
| | | 767 | 诸蛮惊起，不知所为，悉被刃，或落水死。和五等尽收其金宝、甲仗，驾舟以归。（5607） |
| | | 768 | 或泛舟，则酋跌坐床上，绣女列坐其下，与相向，或用以刺舟，威仪甚都。民多缚木水上，筑室以居，如三佛齐。（5613） |
| | | 769 | 国在山中，止数聚落。酋居吉力石。其水潴，舟不可泊。（5630） |
| | | 770 | 城居小冈上，西北临河。河名火站，水势冲急，架浮梁以渡，亦有小舟。（5767） |
| | | 771 | 既入关，则一切舟车水陆、晨昏饮馔之费，悉取之有司。（5774） |
| | | 772 | 纳失者罕，东去失剌思数日程，皆舟行。城东平原，饶水草，宜畜牧。（5777） |
| 明史 | 船的补充 | 773 | 当嘉靖中，廷臣纷纷议复海运，漕运总兵官万表言："在昔海运，岁溺不止十万。载米之舟，驾船之卒，统卒之官，皆所不免。今人策海运辄主丘濬之论，非达于事者也。"（1412） |
| | | 774 | 帝谕兵部曰："朝廷于军民，如舟车任载，不可偏重。有司宜审实，毋混。"（1508） |
| | | 775 | 初，韩林儿在滁州，太祖遣永忠迎归应天，至瓜步覆其舟死，帝以咎永忠。及大封功臣，谕诸将曰："永忠战鄱阳时，忘躯拒敌，可谓奇男子。然使所善儒生窥朕意，微封爵，故止封侯而不公。"及杨宪为相，永忠与相比。宪诛，永忠以功大得免。（2524） |

续表

| | | | |
|---|---|---|---|
| 明史 | 船的补充 | 776 | 侃至潞河遇圣寿节，焚香叩祝甚谨。或报参政项乔曰："小舟中有民服而祝圣者。"乔曰："必薛中离也。"迹之，果然。中离者，侃自号也。归家益力学，从游者百余人。隆庆初，复官，赠御史。（3642） |
| | | 777 | 捷春为人清谨，治蜀有惠政。士民哭送者载道，舟不得行，竞逐散官旗。（4512） |
| | | 778 | 君父之仇，置诸膜外。夫我即卑宫菲食，尝胆卧薪，聚才智精神，枕戈待旦，合方州物力，破釜沉舟，尚虞无救。（4695） |
| | | 779 | 子龙又言："中兴之主，莫不身先士卒，故能光复旧物。今入国门再旬矣，人情泄沓，无异升平。清歌漏舟之中，痛饮焚屋之内，臣不知其所终。其始皆起于姑息一二武臣，以至凡百政令皆因循遵养，臣甚为之寒心也。"亦不听。明年二月乞终养去。（4745） |
| | | 780 | 勋与郎官金简进谏曰："今内难虽除，外忧方大。伺我者顿刃待两虎之毙，而我酣歌漏舟之中，熟寝爇薪之上，能旦夕安耶？二王老于兵事，胡泄泄如此。"（4789） |
| | | 781 | 未几，四万骑薄城下，藩锡走告鲁王曰："郡有吏，国有王，犹同舟也。列城失守，皆由贵家惜金钱，而令窭人、饿夫列陣捍御。夫城郭者，我之命也。财贿者，人之命也。我不能界彼以命，而望彼界我以命乎？王诚散积储以鼓士气，城犹可存。不然，大事一去，悔无及矣。"王不能从。（4997—4998） |
| | | 782 | 臣濂闻君子之制行，能感于人固难，而能通于神明为尤难。今当患难危急之时，神假梦寐，挟以升舟，非精诚上通于天，何以致神人之佑至于斯也。（5130） |
| | | 783 | 臣濂既序其事，复再拜稽首而献铭曰：……天有显相，梦来紫衣。挟以登舟，神力所持，易死为生，寿跻期颐。（5131） |
| | | 784 | 白葛达，宣德元年遣其臣和者里一思入贡。其使臣言："遭风破舟，贡物尽失，国主倦倦忠敬之忱，无由上达。此使臣之罪，惟圣天子恩贷，赐之冠带，俾得归见国主，知陪臣实诣阙廷。庶几免责。"帝许之，使附邻国贡舟还国，谕之曰："仓卒失风，岂人力能制。归语尔主，朕嘉王之诚，不在物也。"宴赐悉如礼。及辞归，帝谓礼官曰："天时渐寒，海道辽远，可赐路费及衣服。"其国，土地瘠薄，崇释教，市易用铁钱。（5667） |
| | | 785 | 军卫无从措办，皆军士卖资产、鬻男女以供之，此造船之苦也。……船至张家湾，又雇车盘拨，多称贷以济用，此往来之苦也。（1279） |
| | | 786 | 初，船用楠杉，下者乃用松。三年小修，六年大修，十年更造。每船受正耗米四百七十二石。其后船数缺少，一船受米七八百石。附载夹带日多，所在稽留违限。一遇河决，即有漂流，官军因之为奸。水次折干，沿途侵盗，妄称水火，至有凿船自沉者。（1281-1282） |
| | | 787 | 万历元年，恭言："祖宗时造浅船近万，非不知满载省舟之便，以闸河流浅，故不敢过四百石也。其制底平、仓浅，底平则入水不深，仓浅则负载不满。又限浅船用水不得过六拿，伸大指与食指相距为一拿，六拿不过三尺许，明受水浅也。今不务遵行，而竞雇船搭运。雇船有三害，搭运有五害，皆病河道。请悉遵旧制。"从之。（1394） |

# 参考文献

专著

（按照拼音顺序升序排列）

（汉）班固：《汉书（简体字本）》，北京：中华书局，1999年。

（汉）孔安国传，（唐）孔颖达疏，李学勤主编：《尚书正义·十三经注疏》，北京：北京大学出版社，1999年。

（汉）司马迁：《史记（简体字本）》，北京：中华书局，1999年。

（后晋）刘昫等：《旧唐书（简体字本）》，北京：中华书局，2000年。

（晋）陈寿：《三国志（简体字本）》，北京：中华书局，1999年。

（梁）萧子显：《南齐书（简体字本）》，北京：中华书局，2000年。

（明）宋濂等：《元史（简体字本）》，北京：中华书局，2000年。

（明）宋应星：《天工开物》，潘吉星译注，上海：上海古籍出版社，2008年。

（南朝宋）范晔：《后汉书（简体字本）》，北京：中华书局，1999年。

（清）洪亮吉：《春秋左传诂20卷》，清光绪四年授经堂刻本。

（清）张廷玉等：《明史（简体字本）》，北京：中华书局，2000年。

（宋）欧阳修，宋祁：《新唐书（简体字本）》，北京：中华书局，2000年。

（宋）朱彧：《萍洲可谈》，北京：中华书局，2007年。

（唐）房玄龄等：《晋书（简体字本）》，北京：中华书局，2000年。

（唐）吴兢：《贞观政要》，张燕婴等译注，北京：中华书局，2012年。

（英）菲利普·鲍尔著，张慧哲译：《水，中国文化的地理密码》，重庆：重庆出版社，2021年。

（战国）屈原：《楚辞》，涂小马校，沈阳：辽宁教育出版社，1997年。

[德]弗里德里希·基特勒：《留声机电影打字机》，邢春丽译，上海：复旦大

学出版社，2017 年。

[德] 哈贝马斯：《公共领域的结构转型》，曹卫东等译，上海：学林出版社，1999 年。

[德] 汉娜·阿伦特：《人的境况》，王寅丽译，上海：上海人民出版社，2021 年。

[德] 黑格尔：《历史哲学》，王造时译，上海：上海书店出版社，2001 年。

[德] 马丁·海德格尔：《演讲与论文集》，孙周兴译，北京：生活·读书·新知三联书店，2005 年。

[德] 马克思·韦伯：《学术贵族与政治饭碗》，刘富胜译，北京：金城出版社，2019 年。

[德] 马克斯·韦伯《儒教与道教》，洪天富译，南京：江苏人民出版社，1995 年。

[法] 米歇尔·福柯：《规训与惩罚：监狱的诞生》，刘北成、杨远婴译，北京：生活·读书·新知三联书店，1999 年。

[法] 朱利安：《从存有到生活欧洲思想与中国思想的间距》，卓立译，上海：东方出版中心，2018 年。

[古希腊] 亚里士多德：《物理学》，张竹明译，北京：商务印书馆，2006 年。

[古希腊] 亚里士多德：《形而上学》，苗力田译，北京：中国人民大学出版社，2003 年。

[美] 弗兰西斯·福山：《历史的终结》，呼和浩特：远山出版社，1998 年。

[美] 黄仁宇：《明代的漕运》，北京：九州出版社，2019 年。

[美] 黄仁宇：《万历十五年》，北京：中华书局，2007 年。

[美] 李露晔：《当中国称霸海上》，邱仲麟译，桂林：广西师范大学出版社，2004 年。

[美] 丽莎·吉特尔曼：《纸知识：关于文档的媒介历史》，王昀译，上海：复旦大学出版社，2020 年。

[美] 曼纽尔·卡斯特：《传播力》，汤景泰译，北京：社会科学文献出版社，2018 年。

[美] 乔治·莱考夫，[美] 马克·约翰逊：《我们赖以生存的隐喻》，何文忠译，杭州：浙江大学出版社，2015 年。

[美] 塞缪尔·亨廷顿：《第三波：20 世纪后期的民主化浪潮》，欧阳景根译，北京：中国人民大学出版社，2013 年。

[美] 史华慈：《中国政治思想的深层结构》，许纪霖，宋宏（编）：《史华慈论

中国》，北京：新星出版社，2006年。

[美]斯塔夫里阿诺斯：《全球通史：从史前史到21世纪》（第7版）下册，董书慧等译，北京：北京大学出版社，2005年。

[美]唐纳德·J.蒙罗：《早期中国"人"的观念》，庄国雄等译，上海：上海古籍出版社，1994年。

[美]约翰·杜海姆·彼得斯：《对空言说：传播的观念史》，邓建国译，上海：译文出版社，2015年。

[美]约翰·杜海姆·彼得斯：《奇云：媒介即存有》，邓建国译，上海：复旦大学出版社，2020年。

[美]张光直：《考古学专题6讲》，北京：文物出版社，1986年。

[日]滨下武志：《近代中国的国际契机：朝贡贸易体系与近代亚洲经济圈》，北京：中国社会科学出版社，1999年。

[意]利玛窦：《利玛窦中国札记》，何高泽等译，何光武校，北京：中华书局，1983年。

[意]马可·波罗：《马可·波罗行纪》，冯承钧译，北京：商务印书馆，1936年。

[英]阿诺德·汤因比：《人类与大地母亲》，徐波译，上海：上海人民出版社，2001年。

[英]布莱恩·麦克奈尔：《政治传播学引论》，殷琪译，北京：新华出版社，2005年。

[英]加文·孟席斯：《1421：中国发现世界》，鲍家庆译，台北：台湾远流出版事业股份有限公司，2011年。

[英]李约瑟：《中国之科学与文明》第11册，陈立夫主译，台北：台湾商务印书馆1972年。

[英]李约瑟原著，柯林·罗南改编：《中华科学文明史（下）》，上海交通大学科学史系译，上海：上海人民出版社，2019年。

[英]约翰·达尔文：《帖木儿之后——1405-2000年全球帝国史》，黄中宪译，台北：台湾野人文化股份有限公司，2010年。

《马克思恩格斯选集（第1卷）》，北京：人民出版社，2012年。

《十八大以来重要文献选编》，北京：中央文献出版社，2016年。

《习近平谈治国理政（第一卷）》，北京：外文出版社，2014年。

《习近平谈治国理政（第二卷）》，北京：外文出版社，2017年。

白文刚：《中国古代政治传播研究》，北京：中国社会科学出版社，2014年。

柏拉图：《理想国》，吴献书译，南京：译林出版社，2011 年。

陈国明：《中华传播理论与原则》，台北：五南图书出版股份有限公司，2004 年。

陈梦家：《殷虚卜辞综述》，北京：科学出版社，1956 年。

陈贞寿：《图说中国海军史（古代—1955）》，福州：福建教育出版社，2002 年。

程俊英：《诗经译注》，上海：上海古籍出版社，2004 年。

杜石然主编：《中国科学技术史（通史卷）》，北京：科学出版社，2016 年。

方勇译注：《孟子》，北京：中华书局，2010 年。

费孝通：《乡土中国（修订版）》，上海：上海人民出版社，2013 年。

冯时：《文明以止：上古的天文、思想与制度》，北京：中国社会科学出版社，2018 年。

冯友兰：《中国哲学简史》，北京：北京大学出版社，1996 年。

葛兆光：《思想史研究课堂讲录》，北京：生活·读书·新知三联书店，2005 年。

顾颉刚：《古史辨（第一册）》，上海：上海古籍出版社，1982 年。

郭沫若：《中国古代社会的研究（外二种）上册》，石家庄：河北教育出版社，2000 年。

何国卫：《中国木帆船》，上海：上海交通大学出版社，2019 年。

胡百精：《共识与秩序：中国传播思想史》，北京：中国人民大学出版社，2022 年。

黄锡木，卓新平中文主编（托马斯·奥登英文主编）：《古代经注·创世记1—11 章》（卷一），石敏敏译，上海：华东师范大学出版社，2014 年。

黄炎培：《八十年来》，北京：文史资料出版社，1982 年。

贾冬梅，苏立昌：《从认识语言学角度解读中国传统哲学中的"天"》，天津：南开大学出版社，2015 年。

金观涛，刘青峰：《观念史研究：中国现代重要政治术语的形成》，北京：法律出版社，2009 年。

金冠军，戴元光：《中国传播思想史》，上海：上海交通大学出版社，2005 年。

金秋鹏：《中国古代的造船与航海》，郑州：中州古籍出版社，2020 年。

荆学民：《政治传播活动论》，北京：中国社会科学出版社，2014 年。

卡尔·马克思，弗里德里希·恩格斯：《马克思恩格斯文集（第 1 卷）》，北京：人民出版社，2009 年。

卡尔·马克思，弗里德里希·恩格斯：《马克思恩格斯文集（第 2 卷）》，北京：人民出版社，2009 年。

李民，王健：《尚书译注》，上海：上海古籍出版社，2012 年。

李学勤主编：《字源》，天津：天津古籍出版社；沈阳：辽宁人民出版社，2012 年。

李元书：《政治体系中的信息沟通——政治传播学的分析视角》，郑州：河南人民出版社，2005 年。

李智：《从媒介工具论到媒介存在论：西方媒介思想的演变》，北京：中国传媒大学出版社，2022 年。

梁启超：《梁启超文集》，北京：北京燕山出版社，1997 年。

林国华：《在灵泊深处：西洋文史发微》，北京：北京大学出版社，2014 年。

林语堂：《中国新闻舆论史》，王海译，北京：中国人民大学出版社，2008 年。

刘向撰，卢元骏注释：《说苑今注今译》，天津：天津古籍出版社，1977 年。

卢嘉锡总主编：《中国科学技术史·交通卷》，北京：科学出版社，2016 年。

卢嘉锡总主编：《中国科学技术史·人物卷》，北京：科学出版社，2016 年。

卢嘉锡总主编：《中国科学技术史·通史卷》，北京：科学出版社，2016 年。

罗颀：《物原》，北京：中华书局，1985 年。

毛泽东：《毛泽东选集（第三卷）》，北京：人民出版社，1991 年。

牟复礼：《中国思想之渊源》，王重阳译，北京：北京大学出版社，2016 年。

潘天波：《变化的传播偏向》，北京：中国社会科学出版社，2014 年。

钱穆：《民族与文化》，北京：九州出版社，2019 年。

钱穆：《中国历代政治得失》，北京：九州出版社，2012 年。

钱穆：《中国历史研究法》，北京：九州出版社，2011 年。

邵培仁，姚锦云：《华夏传播理论》，杭州：浙江大学出版社，2020 年。

盛国荣：《西方技术思想研究：一种基于西方哲学史的思考》，北京：中国社会科学出版社，2011 年。

孙旭培：《华夏传播论》，北京：人民出版社，1997 年。

王国维：《观堂集林·外二种》，石家庄：河北教育出版社，2003 年。

王义桅：《再造中国——领导型国家的文明担当》，上海：上海人民出版社，2017 年。

王煜：《中国古船录》，上海：上海交通大学出版社，2020 年。

王兆春：《中国科学技术史（军事技术卷）》，北京：科学出版社，2016 年。

王治河：《福柯》，长沙：湖南教育出版社，1999 年。

吴思：《潜规则：中国历史中的真实游戏》，昆明：云南人民出版社，2004 年。

吴文涛，张善良：《管子》，北京：北京燕山出版社，1995 年。

吴予敏：《无形的网络：从传播学的角度看中国的传统文化》，北京：国际文化出版公司，1988 年。

习近平：《之江新语》，杭州：浙江人民出版社，2007 年。

席龙飞，唐浩，鞠金荧：《舟船桥梁》，上海：长江出版社，2019 年。

席龙飞：《中国古代海洋船舶》，深圳：海天出版社，2019 年。

席龙飞等编：《中国科学技术史（交通卷）》，北京：科学出版社，2016 年。

谢清果：《华夏文明与传播学本土化研究》，北京：九州出版社，2016 年。

谢清果：《华夏文明与舆论学中国化研究》，北京：九州出版社，2018 年。

许纪霖，刘擎主编：《新天下主义》，上海：上海人民出版社，2015 年。

许倬云：《说中国：一个不断变化的复杂共同体》，北京：北京大学出版社，2016 年。

余英时：《论天人之际：中国古代思想起源试探》，北京：中华书局，2014 年。

袁珂校释：《山海经校释》，上海：上海古籍出版社，1985 年。

张分田：《民本思想与中国古代统治思想（上）》，天津：南开大学出版社，2009 年。

张昆：《政治传播与历史思维》，武汉：华中科技大学出版社，2010 年。

张星久：《圣王的想象与实践：中国古代君权的合法性研究》，上海：上海人民出版社，2018 年。

章巽：《我国古代的海上交通》，北京：商务印书馆，1986 年。

赵诚：《甲骨文与商代文化》，沈阳：辽宁人民出版社，2000 年。

赵敦华：《西方哲学简史》，北京：北京大学出版社，2021 年。

赵尔巽：《清史稿》，北京：中华书局，1977 年。

赵云泽：《作为政治的传播：中国新闻传播解释史》，北京：中国人民大学出版社，2017 年。

中共中央党史和文献研究院，中央"不忘初心、牢记使命"主题教育领导小组办公室编：《习近平关于"不忘初心、牢记使命"论述摘编》，北京：党建读物出版社，中央文献出版社，2019 年。

中共中央党史和文献研究院：《十九大以来重要文献选编（上）》，北京：中央文献出版社，2019 年。

中共中央文献研究室：《邓小平思想年谱》，北京：中央文献出版社，1998 年。

中共中央文献研究室：《十八大以来重要文献选编（中）》，北京：中央文献出版社，2016 年。

中共中央文献研究室：《习近平关于社会主义政治建设论述摘编》，北京：中央文献出版社，2017 年。

中共中央文献研究室编：《十六大以来重要文献选编》（中），北京：中央文献出版社，2006 年。

中共中央宣传部：《习近平新时代中国特色社会主义思想学习纲要》，北京：学习出版社，人民出版社，2019 年。

朱传誉：《中国民意与新闻自由发展史》，台北：正中书局，1974 年。

朱维铮主编：《利玛窦中文注译集》，上海：复旦大学出版社，2001 年。

Dan D. Nimmo and Keith R. Sanders，Handbook of Political Communication，Beverly Hill，CA：Sage Pablications，Inc，1997

M. Cornford，"Plato's Commonwealth，"in the unwritten philosophy and other essays，London：Cambridge University Press，1950


期刊

艾菊红：《泼水节与古代上巳节的比较》，《云南社会科学》2003 年第 2 期。

贝淡宁，吴万伟：《论中国垂直模式的民主尚贤制——对读者评论的回应》，《文史哲》2018 年第 6 期。

贝淡宁，由迪：《中国的垂直民主尚贤制及其启示》，《探索与争鸣》2020 年第 6 期。

卞冬磊：《传播思想史的"两条河流"》，《国际新闻界》2016 年第 8 期。

卜松山，赵妙根：《时代精神的玩偶——对西方接受道家思想的评述》，《哲学研究》1998 年第 7 期。

陈东有：《中国是一个海洋国家》，《江西社会科学》2011 年第 1 期。

陈来：《〈周易〉中的变革思想》，《社会科学研究》2019 年第 2 期。

陈卫星，黄华：《2014—2016 年中国的传播思想史研究》，《国际新闻界》2017 年第 1 期。

陈永森：《民本位与官本位论析》，《广东社会科学》2001 年第 2 期。

陈永森：《儒家的民本思想与王权主义》，《江西社会科学》2001 年第 8 期。

陈幼堂，张掌然：《三个船喻对生命文化学研究的启示》，《长沙理工大学学报（社会科学版）》2015 年第 5 期。

邓建国：《传播学的反思与重建：再读 J.D. 彼得斯的〈对空言说：传播的观念史〉》，《国际新闻界》2017 年第 2 期。

邓建国：《从认识论到本体论：彼得斯〈奇云〉中的"媒介道说"》，《新闻记者》2019 年第 11 期。

邓曦泽：《天命、君权与民心的纠缠——中国古代政治合法性观念研究》，《四川大学学报（哲学社会科学版）》2019 年第 5 期。

刁生虎：《水：中国古代的根隐喻》，《中州学刊》2006 年第 5 期。

丁守和：《"天""人"关系的思考》，《传统文化与现代化》1997 年第 1 期。

丁帅，王国胜：《习近平关于党的政治建设重要论述的三维解读》，《理论探索》2022 年第 2 期。

方芳：《中西方"水喻"认知象似性考释》，《铜陵学院学报》2016 年第 2 期。

冯时：《观象授时与文明的诞生》，《南方文物》2016 年第 7 期。

弗里德里希·基特勒：《走向媒介本体论》，胡菊译，《江西社会科学》2010 年第 4 期。

盖佳择，杨富学：《基督教、佛教与摩尼教对汉文景教文献的影响——以"船喻"为中心》，《中东研究》2019 年第 1 期。

郭小安，赵海明：《媒介的演替与人的"主体性"递归：基特勒的媒介本体论思想及审思》，《国际新闻界》2021 年第 6 期。

郭沂：《中国哲学的元问题、组成部分与基本结构》，《哲学研究》2022 年第 11 期。

郭长刚：《"新轴心时代"与全球治理体系变革》，《探索与争鸣》2020 年第 3 期。

贺银垠，尚庆飞：《中国道路与"历史终结论"的终结》，《人民论坛》2021 年第 26 期。

洪坚：《论红船精神与党的群众路线——舟水关系的当代诠释》，《嘉兴学院学报》2015 年第 2 期。

侯东阳：《林语堂的新闻舆论观——评林语堂的〈中国新闻舆论史〉》，《新闻与传播研究》2001 年第 2 期。

胡百精：《重返基源问题：中国传播思想史的知识建构》，《中国人民大学学报》2021 年第 4 期。

胡伟：《民心是最大的政治——习近平关于民主重要论述的理论基础》，《毛泽东邓小平理论研究》2018 年第 8 期。

胡翼青，谌知翼：《作为媒介性的生成性：作为世界的媒介》，《新闻记者》2022 年第 10 期。

胡翼青：《媒介视角与传播学的想象力：以传播政治经济学为个案》，《新闻与传播评论》2020 年第 4 期。

黄旦：《媒介考古：与小人儿捉迷藏》，《国际新闻界》2021 年第 8 期。

黄旦：《听音闻道识媒介——写在"媒介道说"译丛出版之际》，《新闻记者》2019 年第 9 期。

黄旦：《云卷云舒：乘槎浮海居天下——读〈奇云〉》，《新闻大学》2020 年第 11 期。

黄兴运，覃修桂：《体验认知视角下"水"的概念隐喻——基于语料的英汉对比研究》，《山东外语教学》2010 年第 6 期。

贾冬梅，蓝纯：《"water"与"水"的认知词义的对比分析》，《外语教学理论与实践》2010 年第 3 期。

姜庆环，杨大成，宋建中：《舟泛水上心系于水——中国共产党保持先进性的规律性认识》，《陶瓷研究与职业教育》2006 年第 1 期。

蒋永福，赵莹：《中国古代对民间文献活动的控制史论（下）》，《图书馆理论与实践》2015 年第 12 期。

荆学民，段锐：《政治传播的基本形态及运行模式》，《社会科学文摘》2017 年第 1 期。

荆学民，苏颖：《中国政治传播研究的学术路径与现实维度》，《中国社会科学》2014 年第 2 期。

荆学民，施惠玲：《政治与传播的视界融合：政治传播研究五个基本理论问题辨析》，《现代传播》2009 年第 4 期。

荆学民，赵洁：《特质与效能：中国政党政治基础上的政治传播析论》，《学术界》2019 年第 12 期。

荆学民：《探索中国政治传播的新境界》，《中国人民大学学报》2016 年第 4 期。

荆学民：《中国政治传播研究的学术路径与现实维度》，《中国社会科学》2014 年第 2 期。

李波：《〈史记〉中的船和舟》，《中国典籍与文化》2008 年第 3 期。

李慎明：《"鱼水关系"还是"舟水关系"？》，《领导文萃》2011 年第 24 期。

李小光：《太一与中国古代水崇拜——以彩陶文化为中心的考察》，《宗教学研究》2009 年第 2 期。

梁茜茜：《浅析地理环境对海洋文明发展的影响——以希腊城邦国家为例》，《文史博览（理论）》2014 年第 6 期。

林毅：《重塑民主：全过程人民民主对西方民主的超越》，《探索》2022 年第 2 期。

刘海龙，于瀛：《概念的政治与概念的连接：谣言、传言、误导信息、虚假信息与假新闻的概念的重构》，《新闻界》2021 年第 12 期。

刘巍：《"民心"决定论的困境——以秦亡汉兴为例》,《北京理工大学学报（社会科学版）》2015 年第 4 期。

卢继元，张国：《从"舟水关系"到"鱼水关系"》,《党政论坛》2013 年第 3 期。

孟凯：《论"民贵君轻"与"君舟民水"——先秦儒家民本思想研究》,《北京工业大学学报（社会科学版）》2013 年第 4 期。

潘祥辉：《传播之王：中国圣人的一项传播考古学研究》,《国际新闻界》2016 年第 9 期。

潘祥辉：《宣之于众：汉语"宣"字的传播思想史研究》,《新闻与传播研究》2018 年第 4 期。

邱江波：《从舆论学角度看中国古代谏诤现象》,《社会科学家》1991 年第 3 期。

任锋：《大一统与政治秩序的基源性问题：钱穆历史思维的理论启示》,《人文杂志》2021 年第 8 期。

任锋：《论作为治体生成要素的民心：一个历史政治学的分析》,《天府新论》2021 年第 1 期。

任锋：《如何理解"史华慈问题"？》,《读书》2010 年第 6 期。

任吾心：《天人关系是中国哲学的基本问题吗？——论"天人合一"的内涵》,《河北学刊》1990 年第 6 期。

邵培仁，姚锦云：《传播受体论：庄子、慧能与王阳明的"接受主体性"》,《新闻与传播研究》2014 年第 10 期。

邵钦瑜，冯蕾：《"概念隐喻"理论兴起的动因》,《南通大学学报（社会科学版）》2017 年第 6 期。

孙玮：《从新媒介通达新传播：基于技术哲学的传播研究思考》,《暨南学报（哲学社会科学版）》2016 年第 1 期。

唐晓峰：《中国的"两河文明"》,《中国国家地理》2001 年第 4 期。

王保国：《评荀子的君本论和君民"舟水"关系说》,《史学月刊》2004 年第 11 期。

王建国、唐辉：《论党的政治建设中政治概念的内涵》,《理论视野》2022 年第 3 期。

吴飞：《何处是家园？——传播研究的逻辑追问》,《新闻记者》2014 年第 9 期。

吴予敏：《从"零"到一：中国传播思想史书写的回顾和展望》,《国际新闻界》2018 年第 1 期。

吴予敏：《中国传播观念史研究的进路与方法》,《新闻与传播研究》2008 年第

3 期。

吴自斌：《文化传统与政治文明发展》，《学海》2006 年第 2 期。

伍伯常：《北宋初年的北方文士与豪侠——以柳开的事功及作风形象为中心》，《清华学报（台湾）》2006 年第 2 期。

习近平：《以史为鉴、开创未来　埋头苦干、勇毅前行》，《求是》2022 年第 1 期。

习近平：《在党史学习教育动员大会上的讲话》，《求是》2021 年第 7 期。

夏劲，陈茜：《中西两种科学文化背景下的郑和下西洋和地理大发现之比较》，《自然辩证法通讯》2006 年第 4 期。

夏勇：《民本与民权——中国权利话语的历史基础》，《中国社会科学》2004 年第 5 期。

向柏松：《中国水崇拜与古代政治》，《中南民族学院学报（哲学社会科学版）》1996 年第 4 期。

肖冬华：《中国古代思想中的"水"》，《兰台世界》2012 年第 10 期。

谢清果，陈昱成：《"风草论"：建构中国本土化传播理论的尝试》，《现代传播（中国传媒大学学报）》2015 年第 9 期。

谢清果，王皓然：《"内圣外王"与"哲人王"：中西政治传播观念比较分析》，《新闻大学》2022 年第 7 期。

谢清果，王婕：《〈庄子〉对"交流失败"的求解——从与彼得斯〈对空言说〉比较的视角》，《新闻爱好者》2020 年第 6 期。

谢清果，王婕：《趣时以和：〈周易〉的时空传播观》，《贵州社会科学》2021 年第 7 期。

谢清果，王婕：《水舟论：中国古代政治权力博弈下的民心传播隐喻》，《福建师范大学学报（哲学社会科学版）》2022 年第 2 期。

谢清果，王婕：《同归殊途：彼得斯与庄子对"交流失败"原因的比较研究》，《东南传播》2019 年第 12 期。

谢清果：《文明共生论：世界文明交往范式的"中国方案"——习近平关于人类文明交流互鉴重要论述的思想体系》，《新疆师范大学学报（哲学社会科学版）》2019 年第 6 期。

许苏民：《古代圣哲的诡谲微笑——论 20 世纪中国社会思潮与传统文化的关系》，《华东师范大学学报（哲学社会科学版）》2010 年第 2 期。

许伟利，周可荣：《从"水"的隐喻看中西文化的差异》，《云南民族大学学报（哲学社会科学版）》2006 年第 4 期。

宣长春，林升栋：《管窥中西方传统说服的原型及其内在逻辑》，《学术研究》2019 年第 6 期。

薛忠义，刘志成，刘舒：《中国共产党政治传播机制探析》，《东北师大学报（哲学社会科学版）》2012 年第 4 期。

杨国桢：《中华海洋文明论发凡》，《中国高校社会科学》2013 年第 7 期。

姚锦云：《再论庄子传播思想与"接受主体性"——回应尹连根教授》，《国际新闻界》2019 年第 2 期。

叶方兴：《作为传统政治话语的"民心"：蕴涵及其功能》，《河南师范大学学报（哲学社会科学版）》2010 年第 5 期。

张丹：《中国古代王权合法性建构一种舆论学视角的考察》，《新闻界》2019 年第 3 期。

张晋藩：《中国古代国家治理的重心——"民惟邦本，本固邦宁"》，《国家行政学院学报》2017 年第 4 期。

张开焱：《巫术转化路径与中希神话差异性叙事传统的生成》，《中国比较文学》2018 年第 2 期。

张雷，鲁春霞，李江苏：《中国大河流域开发与国家文明发育》，《长江流域资源与环境》2015 年第 10 期。

张三夕，李明勇：《海德格尔媒介本体论思想阐述》，《华中师范大学学报（人文社会科学版）》2017 年第 5 期。

张世英：《中国古代的"天人合一"思想》，《求是》2007 年第 7 期。

张文英：《中国古代舆情表达方式探析》，《天府新论》2013 年第 2 期。

张祥龙：《技术、道术与家——海德格尔批判现代技术本质的意义及局限》，《现代哲学》2016 年第 5 期。

张晓东：《郑和下西洋的海权性质》，《史林》2021 年第 4 期。

张耀天，沈伟鹏：《周易历史哲学视域下的时空观探析》，《理论界》2010 年第 9 期。

赵汀阳：《中国哲学的身份疑案》，《哲学研究》2020 年第 7 期。

赵云泽：《"传播"即"政治"——"政治传播"视角下的中国传播史研究框架》，《郑州大学学报（社会科学版）》2017 年第 4 期。

郑震：《差序格局与地位格局——以亲亲与尊尊为线索》，《社会科学》2021 年第 1 期。

周敏凯，赵盈：《转型民主问题与现代民主形态多种属性研究——兼析亨廷顿的转型民主观》，《同济大学学报（社会科学版）》2014 年第 3 期。

朱凤祥:《传统中国"忠""孝"矛盾的理论基因和实践表征》,《云南民族大学学报(哲学社会科学版)》2007年第3期。

Gyuchan, J.(2004). Redoing critical studies in nature: A suggestion for the articulation of cultural studies and ecology. Korean Journal of Communication Studies, 12(5), 50-60

Kirsty Best(2010). Redefining the Technology of Media: Actor, World, Relation, Techne: Research in Philosophy & Technology, 14(2), 140-157